LÉON BERTRA

LA CHASSE

ET LES

CHASSEURS

AVEC UNE PRÉFACE

PAR JULES JANIN

PARIS

E. DENTU, ÉDITEUR

LIBRAIRE DE LA SOCIÉTÉ DES GENS DE LETTRES

PALAIS-ROYAL, 13 ET 17, GALERIE D'ORLÉANS

1862

AVIS AU LECTEUR

Celui-là, je vous l'annonce et je vous le donne en toute sécurité, comme un maître ès arts cynégétiques.

— Qu'en savez-vous? dira le lecteur; de quel droit vous faire, ici, le répondant de ces fêtes de la vie au grand air, de la liberté en pleine campagne, et des batailles qui se livrent sous le couvert des grands bois?

Vous n'en savez rien; jamais, au grand jamais, vous n'avez vu la meute à la poursuite du cerf, le daim arrêté dans sa course, tout au plus, Jeannot lapin au beau milieu de la rosée. On vous connaît, mon bonhomme; on vous sait goutteux, pansu et titubant dans les sentiers les mieux sablés. Vous préférez la rêverie à la perdrix grise, et le bruit des paroles élégantes au rappel de la caille verte au mois de mai. Donc, ne nous parlez

point de la chasse et des chasseurs. On ne vous écouterait guère, on ne vous écouterait pas.

— C'est très-bien dit, ami lecteur, je suis tout à fait
de votre avis. J'ai même une histoire à l'appui de votre
dire. Un jour que je traversais le haras de Viroflay,
l'heureux propriétaire de ces prairies me faisait admirer un jeune poulain, fils de bonne mère et de père
illustre, qui venait d'apparaître à la douce clarté du
jour; même il cherchait un nom pour ce héros des vic-
toires futures; un nom qui retentît des pelouses de
Chantilly aux arènes du Champ de Mars. Il le voulait
appeler *Bonne-Aventure* ou *Taglioni*.

— Faites mieux, lui dis-je, et donnez-lui mon nom :
J. J. Voici vingt ans que je travaille à le tirer de la foule
et des bruits de chaque jour. — Soit fait ainsi que vous
le voulez, reprit cet éleveur imprudent... et le nouveau-
né fut appelé : J. J.

Mais quoi! le nom du bonhomme et du goutteux
porta malheur à ce frêle enfant qui semblait réservé à
de si légères destinées. Il engraissa de bonne heure...
il était poussif à trois ans; bref, il tourna plus mal que
le cheval de Goldsmith : *Calamité,* ou le cheval de
Sterne, qui s'appelait *Dos-de-Violon.*

C'était à la même heure où mademoiselle Déjazet se
fâchait tout rouge, et menaçait d'un procès un mal-
avisé gentleman qui avait donné le nom de *Miss Déjazet*
à une jument victorieuse dans toutes les courses.

D'où il suit, au premier abord, que je n'ai pas le
droit de me mêler à ces grandes disputes pour la couronne, au milieu de la poussière ardente des jeux Olym-

piques, et pourtant je maintiens ma proposition première : écoutez et lisez ce Léon Bertrand, le chasseur, aussitôt qu'il parle ou qu'il écrit des bonheurs de la chasse. Il est vrai que je ne connais rien à ce grand art, et que c'est à peine si l'on m'a vu, dans toute ma vie, une ou deux fois :

> ... Armé d'un fusil inhumain,
> Qui jamais, par bonheur, n'a fait feu dans ma main.

Mais je connais l'homme, en revanche, et depuis longtemps, et j'ai le droit d'affirmer que, si celui-là ne sait pas son métier aussi bien que M. Thiers, que M. Guizot et M. Ingres savent le leur, ce serait à désespérer de ces grands mots : Volonté, Talent, Passion, Expérience.

Il n'avait pas douze ans qu'il savait déjà reconnaître, on ne sait à quels indices, le cerf, le sanglier et le daim; ses oreilles intelligentes où retentissaient encore les premiers bruits de la langue athénienne, percevaient sûrement le chant du faisan dans les taillis, le cri de la bartavelle dans les coteaux, l'appel amoureux de la caille dans les luzernes incendiées. C'étaient là ses églogues. Virgile et Théocrite firent place au premier chevreuil qui eut le guignon de succomber sous cette main encore inhabile. Beaucoup mieux qu'il ne distinguait Cicéron de Tacite, et de Virgile, Horace, il distinguait (j'en enrageais) le croûlement de la bécasse de la plainte du courlis; il se reconnaissait comme un vrai faune à travers les mystères, les silences, les repaires de la futaie; il dormait volontiers s'il fallait écrire un thème ou déchiffrer une version; mais, sitôt qu'il était étendu sur le lit de camp de quelque garde, il ne dormait que d'un œil, et, devançant le jour, ce paresseux que toutes les cloches du collége avaient grand'peine à réveiller, était le premier vêtu, le premier debout, le premier en chasse. Il savait beaucoup mieux le nom des traqueurs : Pierre, Antoine et Malicorne, que le nom des combattants de l'*Iliade*. Il eût donné Achille, Patrocle et les deux Ajax, pour un sourire des deux valets de chiens : *la Trace* ou *la Ramée*. Ah! c'était un triste écolier, mais un rude chasseur! Il avait déjà deux fusils, deux paires de guêtres, une poire à poudre ornée sur ses deux faces d'une tête de Diane et d'une tête d'Actéon qu'il avait échangés contre sa grammaire de Burnouf, son dictionnaire de Planche, et ses deux dictionnaires de Noël. Il eût hésité à vous dire s'il préférait Ésope à Phèdre, et Plaute à Térence... Mais il distinguait parfaitement la *cendrée*, du n° 4, la balle mariée, de la balle franche, et la poudre fine d'Esquerdes, de la poudre suisse à gros grains. Même il se plaisait, Dieu me pardonne, et sauf votre respect! à étudier les fumées et les *laissées*, les empreintes et les *vol-celets*. Nous l'appelions déjà « Bas-de-Cuir! » par allusion au roman de Cooper qui venait de paraître. Il était très-gentil en ce temps-là. Les filles des gardes champêtres l'arrêtaient au passage, et MM. leurs pères, en le regardant de leur petit œil fauve, se disaient entre eux, que ce jeune bandit serait avant peu un « braconnier fini. »

Horresco referens!... Je le rapporte avec horreur; effectivement, à quinze ans, il était déjà la terreur des gardes. On eût dit, à le voir franchissant la haie et le fossé, traversant la muraille, passant la rivière à la nage, et se glissant dans le parc le mieux fermé, que ce gredin-là n'avait aucune idée, aucun respect de la propriété d'autrui; ajoutez aucune déférence pour l'ordre et le rang, la décoration, le nom propre et voire la Majesté du propriétaire.

Il a tué sous son nez les faisans d'un maréchal de France; il a roulé sous ses fenêtres, les lièvres d'un membre du conseil général; il se moquait de M. le maire, et venait jusqu'en son enclos, fusiller ses perdrix innocentes. Que dis-je? Il a rapporté du gibier des Menus-Plaisirs du roi Louis-Philippe, et ce n'est pas le roi qui le lui avait donné! Le conservateur des forêts se signait à ce nom funeste, et le bruit courut, dans les *Guêpes* d'Alphonse Karr, que, surpris en pleine maraude, il avait été pendu, haut et court, entre deux renards. Malheureusement ce juste bruit ne s'est pas confirmé.

Une fois, avec son ami Théodose Burette, sur les bords des étangs de Saclay, où ces deux scélérats allaient tirer des canards sauvages, disaient-ils, ils ont frappé, au beau milieu de son corps, une innocente bichaille; elle allait trottant menu, devant soi, pour amuser les beaux messieurs de Bois-Doré; sur son cou *de cygne*, elle portait un collier rose, une *faveur* que mademoiselle Armande avait promis d'échanger contre un baiser, à qui lui ramènerait, saine et sauve, sa biche favorite. Ah! les coquins! ils ont tué la pauvrette; ils se sont partagé la faveur rose qu'ils ont portée à quelque Amaryllis de la *Tête-Noire* ou du *Grand Cerf*, dédaigneux du chaste baiser de la comtesse Armande... On n'a jamais vu pareil brigandage aux pays conquis : jamais les bouviers normands de Guillaume le Bâtard n'ont plus maltraité le gibier et les blondes filles des propriétaires saxons.

Moi, qui vous parle, en maudissant le destin qui m'attachait à ce sacripant précoce, un jour que je l'avais mis aux arrêts, pour avoir assassiné des pigeons voyageurs qui étaient venus se poser sur le toit inhospitalier de la ferme, je l'ai surpris qui tirait dans les fossés du château de malheureux brochets, confiants dans l'élément liquide, et très-étonnés d'être frappés au défaut de la cuirasse, à l'instant même où ils flânaient au soleil !

Donc, vous voyez que j'en puis répondre, et que c'est mon droit d'attester au frontispice illustré de ce livre à plume et à poil, que ce Phœbus, ce Dufouilloux et ce Salnove des temps modernes est un être accompli en toutes sortes de ruses, rubriques, expériences, fascinations chasseresses. Il sort de la chasse, il en a le fumet. Ses discours ne sont que perdreaux, perdrix, cailles, faisans, cul-blancs, râles de genêt. Ses rêves ne sont que bécasses, outardes, canards sauvages, canes-petières.

Ses grandes journées appartiennent au cerf dix-cors, au sanglier solitaire, à la bête puante, au loup, au renard, à la fouine, au biographe, à tout ce qu'on accroche et pend en guise d'exemple à la porte des châteaux vermoulus ; ses plaisantes journées, son rien-à-faire et ses délassements, les voici : lièvre en plaine au déboulé, et lapin sous bois au juger. Ses vrais amis, des gaillards de sa trempe et de son espèce, à la jambe

alerte, au jarret d'acier, au regard coup-de-feu, je vais
vous les dire : Gérard *le tueur de lions*, le premier de
tous, semblable à l'astre qui brille seul dans un ciel se-
rein; *Alexandre Dumas, Adolphe d'Houdetot, Edmond
Lemasson, Toussenel*, puis feu Elzéar Blaze et surtout
feu Deyeux, ce brave et galant homme, ami du maréchal
Gérard, le compagnon d'Horace Vernet. De sa main mu-
tilée (il l'avait perdue à la chasse). M. Deyeux eut l'honneur d'écrire, sous forme de dictons, une suite de conseils excellents à l'usage des chasseurs novices, et ces
conseils, mon bachelier les sait par cœur bien mieux
qu'il n'a jamais su les *Racines grecques* :

> Le lièvre saute : tire au bond,
> Et fais qu'il saute sur ton plomb.

> Avant de fermer l'un des yeux,
> Prends soin de les ouvrir tous deux.

> Jamais ne tire dans le bois
> Sans y regarder à deux fois [1].

Brave Deyeux! c'était un exemple, un rare esprit, un
noble cœur, un chasseur parfait. On lui doit, entre
autres inventions, la *poignée du fusil*, cette plaque de
sûreté qui met à l'abri la main du tireur, quand par
hasard le canon éclate. Hélas! Deyeux imagina cette
garantie quand son arme eut éclaté sous sa main. Pour
lui, l'invention arrivait trop tard. Mais toute sa vie ne
s'est-il pas inquiété de ses amis plus que de lui-même? Il

[1] Le *Vieux Chasseur*, par Deyeux, chez Tresse, Palais-Royal, galerie
de Chartres, 2 et 3.

est mort! les hôtes des forêts n'ont pas porté son deuil.

Or voici déjà trente années que l'auteur du présent livre est tout simplement un des premiers chasseurs du monde. On raconte que les coqs bartavelles, dans un enivrement indicible, se font prendre, au premier appel de la perdrix. Ce Léon Bertrand est une espèce de bartavelle, en ce sens. La chasse est pour lui un irrésistible enivrement; il lui appartient de l'âme et du corps... du *cor* aussi. J'en atteste au besoin ses trente fanfares, semblables à autant de drames palpitants où tout se trouve : action, passion, contentement, douleur, triomphe enfin... Il en a écrit les paroles, il en a composé la musique, et de sa voix métallique, doublée de cuivre (*auricalcho*), et toute semblable à la trompette (*tubæque æmula*), il les récite aux échos charmés.

Le château en retentit; la maison bourgeoise en est toute réjouie, et le garde enchanté sous son chaume ébranlé, les chante au berceau de son premier-né.

JULES JANIN.

Juin 1862.

LA CHASSE

AU DIX-NEUVIÈME SIÈCLE

I

L'OUVERTURE DE LA CHASSE

L'âge d'or du chasseur. — L'âge de fer. — Les ordonnances de
1601 et de 1669. — La loi s'humanise. — Les lois cynégétiques
de l'an de grâce 1857. — Conseils aux conscrits avant la bataille.

> Omnia animalia quæ terræ, mari, cœlo capiuntur, id
> est, feræ, bestiæ, volucres, pisces, capientium fiunt; quod
> enim nulli est, id ratione naturali occupanti comeditur.
>
> (JUS ROMANUM.)

> « Tous les animaux qui courent, nagent ou volent, de-
> puis le tigre et le lapin jusqu'à l'alouette et au goujon,
> appartiennent à qui s'en saisit; gibier qui n'a pas de
> maître, est le dîner tout trouvé du chasseur. »
>
> (Traduction libre.)

Il fut un temps, comme on voit, temps d'heureuse mémoire, où la chasse était un droit tout naturel qu'on ne disputait à personne : véritable âge d'or du chasseur, où l'on ne
connaissait encore ni messiers, ni gardes champêtres, ni bons
gendarmes; où l'on n'allait point demander à son tribun

un certificat de bonne vie et mœurs pour obtenir plus tard du consul la permission de prendre la voie Appienne, un carquois sur l'épaule ou un long javelot à la main.

Point de varennes alors, point de fiefs, de capitaineries, de haute et basse justice; patricien ou plébéien, roturier ou noble, chacun entrait en chasse partout où bon lui semblait, depuis les ides de mars jusqu'aux *calendes grecques*, et malheur au pauvre gibier; Diane sait si chevreuils et faisans, lièvres et perdrix, tombaient comme grêle sous la dent du premier vilain, l'un frappé par un dard au milieu de sa course rapide, l'autre renversé d'un coup de fronde du sommet de l'arbre où il se réfugiait, ou *mortellement atteint* dans son vol par le fer *d'une flèche empennée.*

En fait de conservation, il n'y avait qu'une seule réserve, et aussi bien celle-là je l'eusse respectée le premier, car c'est la reconnaissance du peuple qui la gardait : c'était l'enclos des oies du Capitole.

Ainsi se trouvaient tranchées de prime-abord chez les Romains, ces maîtres de l'univers, tant de questions ardues qui nous divisent aujourd'hui, nous autres, mauvais petits propriétaires jaloux que nous sommes.

Point de matière à procès; pas moyen de plaider, d'avocasser, d'endormir, à force de grimoire, et son auditoire et ses juges;

Car à cet égard la loi était précise et formelle :

Quod nulli est, id ratione naturali occupanti comeditur; en d'autres termes, ce qui n'appartient à personne, est à tout le monde; maxime un peu subversive il est vrai, un peu large, un peu saint-simonienne, qui deviendrait dangereuse de nos jours, si l'on en étendait l'application trop loin, mais assez bien inventée, ce me semble, pour ce pauvre diable de plébéien, né chasseur, qui ne possédait pas un arpent et que tentait parfois, sur la propriété d'autrui, l'aspect d'une proie sûre et facile.

Incontestable alors, comme on pense, était le droit de suite, qui depuis a donné naissance à mille discussions et à mille procès.

Incontestable encore celui de traverser, avec une arme, le champ d'un de ses voisins, et d'aller ramasser dans son bois la pièce de gibier que l'on avait blessée ; droit douteux maintenant, contesté par l'un, reconnu par l'autre et sur lequel sont intervenus vingt arrêts qui n'ont rien fixé de certain.

Enfin, grâce à cette sage disposition de la jurisprudence romaine qui, en matière de chasse, n'admettait ni larcin ni vol : *omnia animalia quæ terræ, mari, cœlo capiuntur, id est, feræ, bestiæ, volucres, pisces, capientium fiunt ;* maxime admirable que je voudrais voir gravée, en lettres d'or, sur tous les poteaux de la plaine, comme Harpagon, sa sentence favorite : *Il faut manger pour vivre et non point vivre pour manger;* il y avait de moins dans la langue latine, cette langue modèle, deux mots dont notre vocabulaire si pauvre s'est enrichi :

Braconnier et *braconnage!* Mots malsonnants, flétrissants, honteux, qui nous mènent tout droit au parquet de M. le procureur du roi, quand ils se bornent à nous conduire là, et qu'il nous a bien fallu créer pour qualifier, dans notre législation à nous, un nouveau genre de malfaiteurs, une nouvelle espèce de délits.

Et quand, à part tous ces nombreux avantages, — voyez

un peu la chance des heureux chasseurs de ce siècle ! — on veut bien se donner la peine de réfléchir qu'aucun d'eux *n'ayant inventé la poudre*, aucun d'eux par conséquent ne se trouvait dans la nécessité d'acheter au fisc le droit si cher d'en brûler ; qu'un arc, un épieu, quelques flèches, suffisaient, comme armes, aux malins du temps, tandis que les moins adroits usaient de ruse et de finesse ; quand on se représente quelle belle carrière avaient à exploiter alors, *tous les tendeurs de lacs, tirasses, tonnelles, traîneaux, bricoles de cordes et fil d'archal, pièces et pans de rets, collets, filets, halliers de chanvre ou de soie ;* tous les *affûteurs, oiseleurs, panneauteurs,* et autres honnêtes fainéants qui exerçaient en paix leur industrie, sans craindre, en cas de surprise, de passer, pour la première fois, sous les verges d'un impitoyable licteur, et de se voir, pour la seconde, bannis un lustre entier du Latium ; franchement, je le demande à mes estimables confrères, ne regrette-t-on pas, ne fût-ce que par curiosité, de n'avoir pas vécu huit jours sous cet adorable régime, qui fut, je le répète, le véritable âge d'or du chasseur?

Malheureusement ce joli petit temps, si divertissant, si bien trouvé, si commode, où la terre n'eût pas manqué d'être dépeuplée, si chaque Actéon eût pu tirer sans danger quinze coups à la minute, comme cela se voit aujourd'hui ; ce temps de jubilation et de liesse, où le gibier, qui ne coûtait rien au pauvre, était toujours payé son poids de sesterces par le cuisinier des ventrus du jour, Lucullus gastronomes, auxquels il fallait chatouiller le palais, et dont la table n'était bien servie qu'autant qu'elle offrait, comme entremets, une coquille de cervelles de cailles ou un sauté de langues d'autruches, ce

temps, dis-je, quelque jovial qu'il fût, ne pouvait être d'é-
ternelle durée.

S'il fut un moment, par un caprice de messire Julius Cé-
sar, ce grand voleur de provinces et de peuples, auquel il
avait pris fantaisie, un beau matin, de faire du monde les
faubourgs de Rome; s'il fut un moment où le droit universel
se confondit dans le droit romain, et où, nous autres barbares,
nous usâmes sans nous en douter du bénéfice de la loi commune, chassant en bons bourgeois l'aurochs dans nos solitudes
des Gaules, et terrassant avec des molosses d'Épire les ours
et les élans de nos forêts, il se rencontra plus tard une
autre époque, où tout changea complétement de physionomie.

Quelle révolution, bon Dieu! dans les mœurs, dans les
lois, dans les usages : la chasse, dont jusque-là l'exercice
était demeuré libre, ne fut pas même alors un droit inhérent
à la propriété ; loin de là, elle fut sévèrement interdite à
tous, pour être confisquée au profit d'un seul.....

Nos grands-pères les Francs, les descendants des Gaulois,
ces intrépides chasseurs, se métamorphosèrent en batteurs
de grenouilles ; et désormais tout le gibier qui dévorait
leurs moissons, sans qu'ils eussent seulement la permission
d'y toucher, alla engraisser la Féodalité, ce Gargantua à
l'immense gosier, monstre toujours gorgé et toujours insatiable.....

En 1601 et 1607, un homme eût été pendu pour avoir osé
assommer un cerf qui mangeait ses choux ou ses pommes [1].

En 1669, c'est-à-dire soixante ans plus tard, la destruc-

_____

[1] Ordonnance de 1601. Art. xiv.

tion d'une rabouillère par un paysan, le fit assimiler à un voleur [1].

Et enfin, chose monstrueuse à penser et à dire, lorsqu'on songe qu'on était sous le règne du grand roi, l'enlèvement d'un œuf de caille, cette misérable peccadille! se paya cent livres d'amende pour la première fois, deux cent livres la seconde, vingt coups d'étrivières et cinq ans de bannissement, pour la troisième [2].

Ainsi le décréta Louis XIV, ce monarque qui fut non moins jaloux de ses plaisirs, que ne l'avaient été avant lui François Ier et Henri IV : pour quiconque a lu sa fameuse ordonnance sur la chasse, rendue en 1669, à Saint-Germain-en-Laye, ordonnance tout arbitraire, qui resta longtemps la base de la police des forêts du royaume, il est facile de se convaincre qu'elle ne fut, à proprement parler, qu'une seconde édition, un peu amendée, des édits de ses prédécesseurs.

A part la peine de mort qu'il supprima, il en fut sous son règne absolument comme sous les autres règnes : le droit de chasse demeura une des prérogatives de la couronne, et devint une de ces faveurs spéciales que le roi seul se réserva d'accorder. Parmi ceux qui la sollicitèrent, la plupart ne l'obtinrent que difficilement, avec restriction et réserves ; encore pour cela, fallait-il être noble.

Car pendant que, d'un côté, tout *gentilhomme possesseur de biens seigneuriaux* eut la faculté de chasser *sur les terres de sa dépendance avec ses oiseaux, son fusil ou ses chiens, pourvu que ce fût à une lieue des plaisirs de Sa Majesté;* qu'on lui permit de *courir* tout espèce de bêtes noires ou fau-

---

[1] Ordonnance de 1669. Art. x.
[2] *Ibid.*, art. viii.

ves, *pourvu que ce fût à trois lieues*, à l'exception du *cerf*
toutefois, dont le laisser-courre n'appartient qu'au roi ;

Que le *gentilhomme sans haute justice* eut le pouvoir de
tuer un lièvre *dans l'étendue de ses fiefs ;*

Qu'enfin celui qui n'avait *ni fiefs, ni seigneuries*, mais
qui était *de sang noble*, fut autorisé à tirer *dans ses enclos,
bois et jardins;*

D'un autre côté, par une injustice révoltante que l'on a
peine à concevoir, non-seulement le *roturier* n'eut pas
même la liberté de sortir avec un fusil, il ne put même pas
chasser, sous les peines de droit, sur les *terres roturières*
dont il avait hérité de ses pères.

Défenses furent faites à tout sujet indistinctement, noble
ou non, qui se trouva posséder un parc, un jardin, un
verger ou tout autre bien clos de murs, enclavé dans l'é-
tendue d'une capitainerie royale (et il y en avait seulement
six dans les environs de Paris, savoir : Saint-Germain, Livry,
Monceaux, Vincennes, la varenne du Louvre et le bois de
Boulogne), défenses lui furent faites, *à peine de dix livres
d'amende*, de pratiquer à sa muraille *aucuns trous, cou-
lisses*, ni *autre passage* qui pût donner accès à un misérable
lapin.

Et ce que l'on refuserait à croire, si l'on n'avait sous les
yeux le texte même de l'ordonnance, on alla jusqu'à lui
fixer, pour l'enlèvement de sa récolte, une époque déterminée
avant laquelle il n'était pas libre, quelle que fût d'ailleurs
l'exigence de la saison, *à moins d'encourir la confiscation
et l'amende arbitraire*, de faucher un pied carré d'herbe
dans son champ ou dans sa prairie [1].

____

[1] Ordonnance de 1669. Art. xiv, xv, xvii, xxi, xxiii et suiv.

Ainsi fut faite, il y a à peine un siècle et demi, la part du gentilhomme chasseur et celle du roturier propriétaire : parts inégales toutes deux, et dont la plus grosse, comme on voit, fut elle-même bien mince, bien étroite, bien circonscrite, surtout quand on la compare à la latitude sans bornes naguère octroyée par le droit romain.

Quant à nous autres, bons bourgeois, habitants des cités et des villes, innocentes gens que l'on décore à juste titre du surnom mérité de badauds; qui ne possédons ni fiefs, ni seigneuries, ni prés, ni enclos, ni bourgognes; qui n'avons pas un pouce de terrain sous la calotte du ciel, et qui n'en aimons pas moins à dire, comme un autre, *ma meute, mon fusil et mes chevaux;* qui respirons, depuis le matin jusqu'au soir, l'atmosphère chaude et enfumée de nos rues étroites et malsaines, et qui nous épanouissons si bien la rate au soleil, quand par hasard il nous arrive, une pauvre petite fois la semaine, de nous risquer, le carnier sur le dos, dans la plaine; si vous désirez savoir quel était notre lot, à nous, comment nous étions traités dans cet équitable partage, je m'en vais citer l'article qui nous concerne; il est assez curieux pour que je le rapporte en termes officiels : Dieu l'entende, et le grand saint Hubert aussi !

« Faisons défenses aux marchands, artisans, *bourgeois et habitants des villes, cités,* bourgs, paroisses, villages et hameaux, non possédant fiefs, seigneurie et haute justice, de chasser en quelque lieu, sorte et manière, et sur quelque gibier de poil ou de plume que ce puisse être, à peine de cent livres d'amende pour la première fois, du double pour la seconde, et pour la troisième d'être attaché trois heures au carcan du lieu de leur résidence, à jour de marché, et banni durant trois années du ressort de maîtrise, sans que, pour quelque cause que ce soit, les juges puissent remettre ou modérer la peine, à peine d'interdiction. »

Oui, messieurs, telles étaient nos franchises, ni plus ni moins : aussi conviendrez-vous facilement avec moi, que ce que nos pères avaient de mieux à faire en pareil cas, était de rester au coin du feu, à soigner leur marmite, en attendant qu'il y tombât du ciel la poule au pot promise par ce bon Henri IV ; et que si tel était encore aujourd'hui le bon plaisir qui nous fit la loi, nous ne risquerions rien d'imiter le brave Entelle et de dire comme lui : *hic cestus artemque repono*, en déposant pour toujours, dans quelque coin obscur, nos armes désormais inutiles.

Mais heureusement qu'il n'en est point ainsi, en l'an de grâce 1837, dans ce siècle de progrès et de raison, sous le régime paternel qui nous gouverne.

Sa Majesté le grand roi a vécu ; messeigneurs les seize grands Maîtres de ses Eaux et Forêts ont vécu, et, avec eux, les Maîtres particuliers, les Capitaines, les Lieutenants de chasses, les Huissiers, Sergents, Greffiers, Gardes-plaine, tant à pied qu'à cheval, tout ce personnel onéreux, justiciable de la Table de marbre ; l'ordonnance de 1669 elle-même est morte, ou s'il en reste encore quelque vestige dans la police actuelle des bois de la couronne, c'est que là précisément est une lacune que notre législation, j'espère, ne tardera pas à combler.

Il n'y a que le gibier qui ait survécu à ce grand désastre, se perpétuant d'année en année, échappant à tous les massacres, même aux trois immortelles journées ; toujours traqué, poursuivi, tourmenté, et cependant toujours aussi abondant.

Encore quelques semaines d'attente, et notre longue impatience sera enfin satisfaite : la chasse, qui depuis six mois était fermée pour tous, s'ouvrira non-seulement pour Paris, mais pour tous les départements qui l'environnent. Plus heureux que ne le furent nos bons aïeux, chacun de nous, moyennant la somme modique de quinze francs, aura le droit d'entrer en guerre, armé de toutes pièces, et de s'aventurer, comme combattant, dans cette vaste lice qui sera bientôt arrosée du sang de tant d'innocentes victimes.

Préparez-vous donc, joyeux champions : vous, illustres vétérans, que vos triomphes de l'an passé ont justement enorgueillis ; vous, pauvres maladroits à qui la main tremble encore en vous rappelant vos fautes et vos défaites. Apprêtez-vous aussi, timide et jeune débutant, qui, pour la première fois, échappez à l'œil maternel, et venez vous mêler dans nos rangs, pour prendre part à la bataille et essayer d'y gagner vos éperons.

L'action sera chaude, je vous en préviens d'avance, car si j'en juge par certaines escarmouches d'avant-garde auxquelles je me suis déjà trouvé pour ma part dans les plaines boisées de la Brie, l'ennemi est formidable et nombreux; mais qu'importe?

> Sont-ils nombreux, leurs escadrons?
> Demandait un jeune trompette;
> Roland dit : Nous les compterons
> Le lendemain de leur défaite.

Avant de vous mettre en campagne, n'oubliez rien du matériel indispensable à tout bon chasseur. Je m'inquiète peu de l'uniforme : déguisez-vous ainsi qu'il vous plaira, excepté toutefois en président de Cour royale ou en capucin de l'ordre

des moines blancs, comme au salon dernier ce gros joufflu
de frère Balzac, les couleurs trop éclatantes ne convenant
point pour cette guerre de tirailleurs où l'un des plus grands
avantages consiste à voir sans être vu. Couvrez enfin votre
chef à votre fantaisie : d'un large feutre gris à la Cromwell,
de la classique casquette à visière verte, vulgairement nommée plat-à-barbe ; même de l'immortel bonnet de coton de
notre ami J. J., cette coiffure à part, qui vous siérait moins
bien j'en suis sûr, qu'à cette honnête et spirituelle figure.

Ce que je vous recommande spécialement, ce sont les munitions, entendez-vous : d'abord le plomb, les bourres, la
poudre ; ensuite une foule d'accessoires qui tiennent peu de
place dans un carnier : l'amorçoir à capsules, le tournevis,
le tire-bourre, l'épinglette, objets de peu de valeurs par eux-
mêmes, et toujours nécessaires en chasse.

Puis enfin, comme il arrive une heure dans la journée où
de part et d'autre on a besoin de reprendre haleine ; heure
accablante s'il en fût, où le soleil darde sur notre tête ses
rayons à pic et brûlants ; où les perdreaux dispersés se dérobent
çà et là sous les épais couverts de la plaine, tandis que notre
chien, sans nez, halète avec une langue d'un pied, derrière nos
talons tout poudreux ; ne négligez pas non plus les productions
de l'art de gueule, recommandées par le maître ; soyez sûr
que vous les apprécierez à ce moment de repos et de trève,
alors que vous et vos compagnons, mollement étendus à
l'ombre, sur le sol émaillé de la prairie, vous boirez gaiement à la santé des morts, et puiserez, dans un repas cham-
pètre, une ardeur et des forces nouvelles.

« L'assemblée se fera en quelque beau lieu, sous des arbres,
auprès d'une fontaine ou ruisseau, là où les veneurs se doi-

vent tous rendre. Cependant le sommelier viendra avec trois bons chevaux chargés d'instruments pour *arrouer* le gosier, comme cotrets, barreaux, barils, flacons et bouteilles, lesquelles doivent être pleines de bons vins d'Arbois, de Beaune, de Chaloce et de Grave. Lui, étant descendu de cheval, les mettra à rafraîchir en l'eau, ou bien les pourra faire refroidir avec du camphre; après il étendra la nappe sur la verdure. Ce fait, le cuisinier s'en viendra chargé de plusieurs bons harnois de gueule, comme jambons, langues de bœuf fumées, groins et oreilles de pourceau, cervelas, eschinées, pièces de viande de saison, carbonades, jambons de Mayence, pâtés, longes de veau froides couvertes de poudre blanche, et autres menus suffrages pour remplir le boudin, lequel il mettra sur la table.

« Lors, le Roi ou le Seigneur, avec ceux de sa table, étendront leurs manteaux sur l'herbe et se coucheront de côté, dessus, buvant, mangeant, riant et faisant grande chère; et s'il y a quelque femme de réputation au pays qui fasse plaisir aux compagnons, elle leur sera allègue... en attendant le rapport à venir. »

Telle est la halte de chasse que Jacques du Fouilloux, qui s'y connaissait, j'espère, prescrit aux grands seigneurs de son époque, en l'an 1620 : il y a tout à l'heure de cela trois siècles.

Pourquoi n'userions-nous pas à notre tour de ces doctes et sages préceptes ?

Nous vivons aujourd'hui en véritables grands seigneurs, simples bourgeois que nous sommes.

Nous chassons comme eux, nous buvons et faisons bonne chère comme eux.

Et qui sait, si en suivant la recommandation de du Fouilloux jusqu'au bout, nous n'aurions pas sur eux quelque avantage?

Nous qui avons composé ce joyeux refrain :

> Vive la chasse !
> Elle surpasse
> Tous les plaisirs
> Qui charment nos loisirs !
> Et la jeunesse
> Redit sans cesse
> Que son retour
> Fait triompher l'amour !

II

LA CHASSE A COURRE ET LES VENEURS DE BANLIEUE

Une parodie ridicule. — De l'écurie à la plaine d'Antony. — Les
courses au clocher de la vallée de Bièvre. — Une chasse au renard. — Franconi et son cerf *Coco*. — Le baron Georges Schickler à Rambouillet. — Un épisode de chasse aux étangs de Saclay.
— Les habits rouges et la casaque du galérien. — Comme quoi
une biche n'est pas un canard.

De toutes les parodies imaginables, la plus bouffonne, à
mon sens, et en même temps la plus triste, c'est sans contredit celle que nous donnent chaque année quelques-uns de nos
élégants de Paris dans le spectacle d'une chasse à courre. A
voir cette longue procession, hommes et femmes, chiens et
chevaux, qui, à un jour donné, s'en vont arpentant la plaine,
les uns hurlant, les autres sonnant du cor, tous faisant un
vacarme horrible, et pourquoi, grand Dieu! pour suivre, à
portée de fusil, un misérable animal qui, le matin encore,

était à l'écurie, mangeant à l'auge commune, je le demande
de bonne foi, tout vrai chasseur ne se sent-il pas dans l'âme
un sentiment de honte et de pitié?

Eh! de par saint Hubert, mon patron, quelle rage vous
pousse, messeigneurs, et vous surtout, mes nobles écuyères,
qui montez si dextrement vos blanches haquenées? Que si-
gnifient ces joyeuses fanfares? Pourquoi ce nombreux équipage? Pourquoi tout ce tumulte et ces cris? Votre limier a donc
eu le nez fin, votre piqueur la main heureuse? Où la bête a-
t-elle fait sa nuit? Combien a-t-elle vidé d'enceintes? En a-t-
on revu par corps ou par pied? La voie est-elle chaude ou
haute? Hélas! j'en rougis pour vous; mais, tandis qu'en bas
vos chevaux hennissent et blanchissent leur frein, tandis que
la meute impatiente s'anime au bruit de la trompe, ouvrez
une fenêtre et levez les yeux : voyez-vous l'avenue du château, et à quelques pas de l'avenue, cette espèce d'animal sans
nom, tranquillement couché dans l'herbe de la prairie? Eh
bien! c'est là votre proie, c'est là l'animal de meute, car
c'est là qu'est votre brisée.

On sonne le départ. Tout s'agite, tout se met en mouvement; le cerf seul reste immobile. Or sus! mes maîtres, habiles! le vent est frais, la journée sera bonne. Qui de vous
débusquera de l'herbe du pré, ce superbe animal, qu'il a fallu
deux heures avant, chasser à coups de fouet de son humble
litière? C'est à peine s'il dresse la tête, hébété qu'il est de
sa liberté nouvelle. Enfin, au tumulte qui se fait autour de
lui, aux aboiements de la meute qui approche, l'œil ardent, la
voix rauque et sanglante, aux regards timorés et confus de
ces chevaux, la nuit dernière ses compagnons et maintenant
ses ennemis, il comprend que c'est à lui que toute cette foule

s'adresse, il se lève, fait un bond, s'arrête, écoute, écoute encore, et, quand il ne doute plus, il se décide et part.

Mais où ira-t-il quand il aura franchi ces vingt arpents de prairie? A quel bois assez épais, à quelles cimes assez escarpées confiera-t-il sa fuite incertaine, lui qui fut ravi tout jeune à ses forêts, si même il y est né, et à qui sa mère n'a enseigné ni ses retraites, ni ses ruses? Où sont Fontainebleau et ses rochers à pic, Compiègne et ses hautes futaies, Rambouillet et ses vastes étangs? Où sont Villers-Cotterets, Chantilly, Sénart, tous ces grands bois fameux, au fond desquels, à défaut d'un asile, il eût du moins trouvé, comme tant d'autres, un trépas illustre et glorieux? Son champ de bataille, à lui, ce sera la plaine d'Antony ou de Sceaux, c'est-à-dire un à-vue perpétuel, sans change, sans retour, sans prendre haleine; sa pièce d'eau, l'eau bourbeuse d'un fossé, et son lit de mort, le fumier de quelque basse-cour.

Telle est pourtant la pitoyable contrefaçon qu'on nous a faite du plus noble passe-temps qui existe. Voilà quel est, en peu de mots, le résumé de la chasse à courre, telle qu'elle nous a été importée d'Angleterre par quelques habitués de Tortoni, prétendus amateurs qui agissent, en tout, plutôt par ton que par goût, et qui n'ont de science en rien, pas même en vénerie.

Ils ont débuté par les courses au clocher, ces courses si célèbres chez nos voisins d'outre-mer, et si bien appropriées à la nature du pays, pays accidenté s'il en fut, où le moindre champ a sa haie, la plus petite habitation son fossé ou son mur de clôture.

Un beau jour, on les a vus se réunir à cheval au pied des aqueducs de Buc, débûcher tous à un signal, traverser d'un trait la plaine de Jouy, cette jolie petite prairie, unie comme les toiles qui la couvrent, et franchir sans sourciller les quatre pieds de la Bièvre, cet infect et méchant ruisseau où l'on n'a même pas jeté une planche en guise de pont, de peur de faire injure à un écolier de sixième. Rien ne manquait à cette comédie. Habit rouge, bottes à revers, culotte de peau, c'était à s'y méprendre pour l'exactitude du costume. La gravité anglaise elle-même, ce flegme imperturbable que tout véritable gentleman ne dépouille jamais, soit qu'il figure à une séance du parlement, soit qu'il assiste à la strangulation d'un rat ou bien à un combat de coqs, y était observée avec assez de scrupule. Au milieu de tout cela, l'on n'avait oublié qu'une chose, mais la plus importante de toutes, celle d'où dépend le véritable succès, celle qui partout fait la gloire du triomphe : le mérite de la difficulté vaincue.

De cette essai malheureux, qui n'eut aucune espèce de retentissement, et que l'on n'a même pas songé à renouveler depuis, heureusement pour nous! ces messieurs sont passés à la chasse au renard, autre parodie non moins burlesque que la première, mais qui devait en être la conséquence naturelle.

Vous n'avez pas été sans doute, dans vos promenades sur le boulevard Italien, sans rencontrer un de ces petits savoyards qui sollicitent votre intérêt, en vous présentant un pauvre animal honteux, dont le regard oblique s'attache au vôtre, comme si, pour sa part, il implorait aussi votre pitié? Tantôt c'est un singe, le malicieux Jean-Bonhomme, revêtu de son uniforme de rigueur, uniforme en drap rouge, qui tient précisément le milieu, ne vous en déplaise, messieurs, entre l'habit de tenue du chasseur à courre parisien et celui du marchand de vulnéraire suisse; tantôt c'est un animal venu de moins loin pour partager la modeste fortune de son maître, mais auquel son maître tient encore davantage, car c'est un ami qu'il a élevé, celui-là, un ami qui vient comme lui du fond de ses montagnes.

A cet œil à demi éteint, à ce museau sans moustaches, à cette fourrure terne et sale, à cette queue déshonorée et presque nue, vous auriez peine, n'est-ce pas, à reconnaître un renard? Eh bien! un beau matin, malgré sa triste métamorphose, l'infortuné s'est trahi. Passant par là, un de nos amateurs l'a flairé; et voyez jusqu'où peut pousser la rage! ils n'ont pris ni trêve ni repos tant qu'ils n'ont pas eu séparé ces deux amis. L'enfant et l'animal se sont quittés à regret, l'un prévoyant son destin, l'autre accusant le sort qui le forçait de vendre son camarade. Le jour de chasse a été pris, le rendez-vous fixé, la meute réunie, et vingt chasseurs au moins se sont assemblés pour voir lâcher, du fond d'un sac, ce pauvre diable de renard dépaysé et perdu, qui à dix minutes de là, succombait ignominieusement, dans un coin obscur de grange, sous la dent roturière d'un chien de ferme.

Leur renard étranglé, ils ont acheté un chevreuil; après le chevreuil, un daim; après le daim, que sais-je? un daguet, une deuxième tête, une biche, remontant ainsi par ordre de noblesse jusqu'au cerf lui-même, auquel ils se sont arrêtés, faute de pouvoir aller plus loin; et chaque fois, cela est triste à penser et à dire, la cérémonie s'est bornée à la répétition de la même plaisanterie, à cette différence près néanmoins que les remplaçants devenant plus rares à mesure qu'il a fallu monter en grade, on s'est contenté bientôt d'un hallali factice, et que le même animal, pris et repris, a souvent servi jusqu'à trois fois.

Eh ! messieurs, pourquoi rapetisser ainsi la plus belle passion, pourquoi ridiculiser à plaisir le plus noble des exercices? Vous n'êtes pas assez grands seigneurs pour chasser à cheval? Résignez-vous et faites tout bonnement comme tant d'autres, chassez à pied, ce qui vous amusera bien davantage. Croyez-vous donc qu'il suffise, pour être réputé bon veneur, d'avoir ses piqueurs et sa meute? Mais à ce compte, mes maîtres, je sais tel estimable marchand de chiens du faubourg qui, en se réunissant à quelques sonneurs de trompe ses amis, serait pour le moins tout aussi bon chasseur que vous. Ce qu'il faut avant tout, comprenez-le donc enfin, c'est une forêt, et une forêt peuplée de gibier ; car à quoi bon sans cela le chenil et l'écurie? C'est pour le moins un luxe inutile; d'autres diraient plus ridicule encore qu'onéreux.

En France, où l'on pardonne difficilement toute espèce de mauvaise comédie, il n'y a qu'un homme auquel le public ait permis de se moquer impunément de lui, comme vous le faites, et, dans le fond, cet homme était plus excusable que vous. Il s'est avisé aussi, lui, de vouloir nous donner ses chasses à courre ; mais les siennes du moins avaient deux avantages sur les vôtres, avantages incontestables, immenses. D'abord elles s'exécutaient aux flambeaux, ce qui est d'une galanterie digne du grand roi; ensuite, cela soit dit en passant, sans vouloir vous faire tort en quelque chose, non-seulement en fait de chevaux et de chiens il était encore mieux monté que vous, mais chaque soir et à chaque chasse, il comptait autour de lui une foule nombreuse de spectateurs, qui tous, petits et grands, jeunes ou vieux, l'applaudissaient avec frénésie, battant des pieds et des mains toutes les fois que son brave cerf Coco débùchait de la coulisse pour passer et repasser majestueusement à travers un taillis de toile peinte.

Croyez-moi, ne vous amusez plus à ces jeux d'enfants; laissez à Franconi sa part et son privilége, privilége dont il n'a pas même abusé autant que vous, le pauvre homme ! puisqu'une fois son cerf mort, comme meurent la plupart des vôtres, d'épuisement et de fatigue, il s'est arrêté là, et n'a pas même songé à lui donner un successeur.

Aujourd'hui que l'État a mis à l'enchère la location de ses plus beaux domaines, que ne commencez-vous par louer une résidence royale, avant d'entretenir à grands frais un équipage si riche et si nombreux? Prenez exemple sur autrui : imitez un homme qui sera toujours notre maître à tous en vénerie, et que certes vous ne récuserez pas pour modèle, lui auquel était réservée la gloire de précéder le vieux duc de Bourbon à Mortefontaine, et qui plus tard devait remplacer Charles X lui-même dans le plus beau des chassés royaux, après Fontainebleau et Compiègne. Faites comme il fait à Rambouillet : attaquez-moi un vieux dix-cors, qui ait connaissance de deux ou trois forêts, qui vous mène des étangs de Saint-Hubert aux étangs de Villebon ou de Sèvres ; mettez-moi sur les dents quelque bon loup, ou mieux encore quelque bon ragot, quelque honnête sanglier de trois ans, qui débute à l'attaque par une petite pointe de cinq à six lieues, qui fasse hardiment tête aux chiens, qui ne se laisse coiffer qu'après vous en avoir décousu une demi-douzaine des plus mordants; rapportez-le-moi non pas vivant et muselé, dans une espèce de méchant fourgon, mais mort glorieusement, mort

au champ d'honneur, couvert d'écume, de poussière et de
sang, et couché comme un vaillant guerrier sur les corps de
ses ennemis ; faites ainsi, et nous applaudirons tous à votre
triomphe, comme nous avons applaudi, l'an passé, l'honorable
M. Schickler, lorsque, parti le matin de chez lui, à la tête de
sa meute entière, nous l'avons vu, le soir, lui cinquième,
escorté de quatre chiens seulement, et sur son même cheval,
venir prendre son cerf, de Rambouillet au pied des bois de
Marnes, c'est-à-dire à près de quinze lieues de distance du
lancer de son animal.

Voilà une chasse à courre ! voilà un cerf ! voilà un digne et
vaillant équipage ! Mais vous, pauvres chasseurs parisiens, où
sont jusqu'à présent vos lauriers, combien, à votre compte, de
têtes ainsi forcées et conquises, combien d'hallalis debout ou
par terre, combien de chaudes ou de froides curées ? A votre
honte et au grand regret de vos chiens, je ne connais dans
tous les fastes de votre histoire qu'une sanglante journée, et
quelque confusion qui puisse résulter pour moi d'y avoir pris
une part malheureusement trop active, je ne veux pas terminer sans confesser naïvement ici, en expiation de vos pé-
chés et des miens, tous les détails de cette piquante aventure, laissant à l'impartialité du lecteur le soin d'apprécier
les faits, et d'accorder à qui de droit l'absolution de ses
fautes.

Il y a de cela trois ans. C'était au mois de janvier, je crois,
si ce n'était en décembre. Nous chassions, l'ami Théodose
Burette et moi, sur les bords de l'étang de Saclay, si l'on peut
appeler un étang cette espèce de trou à grenouilles, que
j'ai souvent traversé à pied sec, et où j'ai vu, d'une année
à l'autre, un troupeau de moutons remplacer une couvée de

judelles. Un vent glacé chassait sur Bièvre des hauteurs du Petit-Bicêtre, et venait en tourbillonnant s'engouffrer dans l'entonnoir que forme la queue de la chaussée. Il y avait deux bonnes heures au moins que nous battions les roseaux, pataugeant dans l'eau jusqu'au genou, ni plus ni moins que ces vieux grognards de Raffet, embourbés, comme nous, au beau milieu d'un marais, et dont l'un dit gravement aux autres :

« Ici, il est défendu de fumer, mais il est permis de s'asseoir. »

Nous étions gelés tous deux, et, de guerre lasse, nous allions quitter la partie, quand tout à coup, ô miracle ! à l'instant même où nous sortions de l'onde, qu'apercevons-nous, grand Dieu ! je vous le donne en cent, je vous le donne en mille, chasseurs qui m'écoutez; et si jamais, à l'aspect d'une pièce à belle portée, votre cœur délicieusement ému a bondi malgré vous de joie, de crainte et d'espérance, jugez de ce qui se passa dans notre esprit : une biche, oui, messieurs, une biche qui, nous prenant sans doute, au milieu de nos joncs, pour quelque fleuve Scamandre, s'avançait droit sur nous sans la moindre méfiance. La voir, l'attendre, l'ajuster et tirer, tout cela fut plus prompt que la pensée. Nos deux coups ne firent qu'un, et la pauvre bête était morte, avant que l'un de nous eût songé à cet article terrible qui a dû embarrasser tant de fois la conscience singulièrement étroite de certains permissionnaires scrupuleux :

Défenses expresses lui sont faites :

1° De...... etc., etc.;

2° D'attaquer, suivre, tirer ou prendre aucune autre espèce de gibier que le lièvre, le lapin, la perdrix, les oiseaux de passage et les animaux nuisibles, y compris le sanglier.

Le malheur fait, nous nous regardâmes un instant, mon compagnon et moi, de l'air le plus comique du monde. Nous ne disions rien, mais que de choses dans notre éloquent silence !

« Elle y est ! m'écriai-je enfin. — Quelle chance ! » me répondit mon ami, et comme Médor et Phane, nos deux chiens, étaient déjà tout à leur besogne, moins étonnés de notre bonne fortune que nous ne l'étions nous-mêmes, nous courûmes enfin les rejoindre, nous félicitant réciproquement de ce singulier hasard, et offrant un tableau qui ne s'est peut-être pas vu depuis, celui de deux chasseurs d'accord, en présence d'une proie commune. Mais, ô douleur ! ô regrets tardifs et superflus ! jugez ce que nous devînmes l'un et l'autre, à l'aspect de ce malheureux animal. Vous savez l'étonnement du loup de la fable, lorsqu'il aperçoit le col pelé du chien :

Chemin faisant, il vit son col pelé :
Qu'est cela ? lui dit-il. — Rien. — Quoi ! rien ? — Peu de chose.
— Mais encor ? — Le collier dont je suis attaché,
De ce que vous voyez est peut-être la cause.

Eh bien ! figurez-vous un peu quelle fut notre surprise : notre biche avait, non pas la marque d'un collier, mieux que cela, messieurs, comme la biche de Geneviève de Brabant, elle portait un véritable collier de faveur rose. Le ruban dénoué, je le mettais tristement dans mon carnier avec tout l'empressement d'un preux qui serre l'écharpe aux couleurs de sa belle, quand soudain l'air apporte à nos oreilles un mélange bizarre de sons lointains et confus. « Entendez-vous ? Ce sont des chiens qui chassent, n'est-ce pas ?.... Des chiens qui donnent sur une voie... celle de notre animal peut-être...

plus de doute, c'est cela..... ils approchent..... voilà la trompe, voilà le bruit des hommes et des chevaux ! »

Et à l'instant nous sommes enveloppés, Théodose Burette et moi, par une vingtaine de chasseurs désappointés et en courroux, au milieu desquels deux ou trois dames en amazone, faisaient une petite moue charmante qui leur allait à ravir. Je vous ferai grâce, comme on nous le fit à nous-mêmes, des compliments d'usage entre gens civilisés, qui se saluent pour la première fois. A quelle sorte d'explication pouvait descendre une aussi noble assemblée, composée de jeunes seigneurs aussi élégants, dans un pareil équipage, et avec un tel train, vis-à-vis deux pauvres diables de manants, aussi crottés que mal vêtus, dont le costume eût pu servir, au besoin, pour la tenue classique d'un Robert-Macaire ! Après quelques reproches d'une part, beaucoup d'excuses de l'autre, nous nous disposions, comme on dit, à tirer nos grègues, sans même daigner assister à la curée, spectacle plus nouveau pour ces messieurs que pour nous-mêmes, quand l'un de nos amateurs, alors groupés autour de l'animal, laissa échapper dans son oraison funèbre, un *faut-il être maladroits!* qui faillit un instant nous compromettre tous. « Maladroits ! maladroits ! » répéta dans une sainte colère Théodose, mon susceptible ami. (On l'eût appelé voleur, assassin, faussaire, qu'on ne lui eût pas fait une injure plus grave à lui, qui avait la prétention d'être le premier tireur de Paris.) « Mais y pensez-vous, monsieur? » Et il ramassait nos bourres encore fumantes. « Mais comptez donc, comptez ; quarante-cinq pas au moins, monsieur, plein travers, un coup superbe ! » Et là-dessus il fallait le voir joignant l'action aux paroles, et mesurant avec tout le sang-froid possible, au milieu de l'hilarité générale, à quelle distance

nous avions tiré. « Maladroits ! » reprit-il avec une indignation toujours croissante, tout fier d'avoir trouvé cinq pas de
plus sur la portée présumée : « Je ne sais, monsieur, si c'est
votre habit rouge qui vous donne le droit de nous traiter
ainsi; mais moi aussi...; » et en même temps il se débar-
rassait de sa blouse, pour montrer aux regards stupéfaits de
l'assemblée une magnifique casaque de galérien toute neuve,
empruntée le matin aux costumes d'atelier de notre ami Eugène Giraud : « Moi aussi j'ai un habit rouge ! et maintenant,
si vous n'êtes pas content, nous sommes à pied, vous êtes
à cheval, libre à vous de nous suivre dans le marais, où, si
vous le permettez, nous allons continuer notre partie ! »

Et ce qui fut dit fut fait sans opposition aucune : si bien
que, dans cette grave affaire, tout compte établi,

*Autant de tués que de blessés, il n'y eut personne de
mort.*

Hormis la pauvre biche et un imprudent corbeau gris,
qui venait luttant contre le vent, pour passer au-dessus de
nos têtes, et qu'un coup de fusil de l'impitoyable Burette
abattit, non sans un juste orgueil, au beau milieu de l'assistance.

Deux heures après nous traversions la plaine, mon ami
et moi, riant sous cape de notre aventure. Arrivés à Bièvre,
nous montâmes dans un mauvais coucou, où nous trouvâmes
deux confrères. C'étaient deux de ces estimables chasseurs
parisiens sur lesquels la caricature a barbouillé tant de pages, et qu'elle nous a toujours dépeints dans un attirail plus
que grotesque, tandis qu'elle pouvait emprunter plus haut de
bien meilleurs modèles. Cette fois, j'en suis fâché pour elle,
mais si la caricature se fût trouvée là, la caricature aurait eu

tort. D'abord le ridicule fusil qu'elle leur suppose était tout simplement une fort belle arme de chez Baucheron-Pirmet ou Lepage, je ne sais trop lequel des deux. Ensuite, un superbe chien anglais, pure race, avait remplacé le caniche, cette création fantasque de l'artiste; et quant aux carniers, ils contenaient tous deux, comme pour faire honte aux nôtres, non pas de maigres lapins de choux, achetés chez la première laitière venue, mais l'un six belles perdrix, et l'autre deux faisans et un joli lièvre trois quarts, que nous n'eussions dédaignés ni vous ni moi, je vous jure.

Pour égayer le voyage, nous nous racontâmes mutuellement notre journée, et comme j'achevais le récit de la nôtre, qui n'avait pas médiocrement intéressé l'auditoire, quoiqu'elle n'eût pas été très-productive, nous partîmes d'un éclat de rire fou, en voyant tout à coup l'ami Burette, qui depuis la chute du jour, ronflait au fond de la voiture à étourdir un sourd, s'agiter convulsivement comme un homme aux prises avec un rêve, saisir brusquement le bras de son voisin, et répéter entre ses dents et avec variantes, son exclamation énergique :

« Maladroits, monsieur, maladroits ! une biche... soixante-quinze pas... en cul... du plomb à bécassine ! »

III

LE SANGLIER (ÉTUDE CYNÉGÉTIQUE)

Parenté compromettante du sanglier. — Ses différents noms suivant ses différents âges. — Connaissances du sanglier. — La
chasse aux chiens et la chasse en battue. — Les traques de la
Champagne. — La chasse à courre. — Une histoire de table
d'hôte. — Le père Pivert et le successeur de M. de Crac. — Un
mystificateur mystifié.

> Page qui chevauchez
> Dans la forêt lointaine,
> Si n'est que vous cherchez
> Une perte certaine,
> Fuyez incontinent,
> Car la bête est debout :
> Grand seigneur et manant
> Sont gibier qu'il décout.
> *(Ancienne ballade.)*

Après le cerf et le daim, ces animaux innocents et paisibles, qui tiennent à juste titre le premier rang parmi les
hôtes de nos forêts, et dont la chasse sera toujours, quoi
qu'on en dise, le passe-temps favori des princes et des rois,
il n'est pas à coup sûr de proie plus noble et plus belle, que
cet animal redouté et redoutable, qui a su racheter par la ter-

reur de son nom, par la vigueur de ses moyens de défense,
par sa brutale et farouche énergie, une parenté grossière et
trop réelle, dont on lui a fait souvent un véritable reproche.
Le laisser-courre du sanglier est un des plus fatigants et des
plus difficiles, au dire même des meilleurs piqueurs; mais
comme on n'est point exposé au change, à moins qu'au moment de l'attaque il n'y ait plusieurs bêtes en bauge, une
fois l'animal lancé et bien donné aux chiens, il est rare de
ne pas réussir, surtout si l'on distribue bien ses relais.

On se sert de différents termes pour connaître des sangliers, et ces termes varient à mesure qu'ils vieillissent : en
naissant, ils s'appellent marcassins; ils gardent ce nom jusqu'à
six mois, époque à laquelle ils quittent la livrée. Depuis six
mois jusqu'à un an, on les nomme bêtes rousses, à cause de la
couleur de leurs soies; pendant leur seconde année, comme ils
ne se séparent pas encore les uns des autres, on les désigne
sous le nom de bêtes de compagnie. De deux à trois ans, ils
prennent celui de ragots, et abandonnent leurs camarades
pour battre seuls les forts et les taillis. Lorsque l'animal a
ses trois ans révolus, on le dit sanglier à son tiers an; quartannier, de quatre à cinq ans, époque à laquelle il se défend
vigoureusement contre toute espèce d'attaques, même contre
celle de plusieurs loups réunis; et enfin, passé ce temps, on
ne le nomme plus que vieux sanglier, grand sanglier, quelquefois sanglier miré ou solitaire. Quant à la femelle, chacun sait qu'on la dit laie à tout âge.

Le sanglier tient de bien près à une famille immonde,
avec laquelle il ne fait évidemment qu'une seule et même
espèce : et malgré l'opinion de certains auteurs, qui oppo-
sent, dans la conformation externe du sanglier et du cochon,

quelques différences assez sensibles, comme le naturel de ces animaux se rapproche beaucoup, qu'ils ont, à peu de chose près, les mêmes mœurs, les mêmes goûts, les mêmes habitudes, et qu'enfin ils produisent ensemble des individus capables d'engendrer à leur tour, caractère qui constitue, au dire des naturalistes, l'unité et la constance d'une race, il faut bien nous décider, à notre grand regret, à les placer sur la même ligne. Disons mieux : l'un, est l'animal sauvage, l'autre, l'animal domestique. Tous deux ont les mêmes imperfections, quant aux formes; seulement l'un a conservé dans l'état de nature les qualités que donnent en partage l'indépendance et la liberté, tandis que l'autre a tellement dégénéré dans l'esclavage, qu'il est devenu pour ainsi dire le plus brut et le plus grossier des quadrupèdes.

Comme il n'y a qu'une très-longue pratique qui puisse mettre un veneur en état de distinguer ces deux animaux par les traces, et que les meilleurs valets de limiers s'y trompent eux-mêmes quelquefois, surtout dans la saison où l'on envoie les porcs à la glandée, je vais commencer par enseigner ici ce que m'ont appris, à cet égard, plusieurs années d'étude et d'expérience.

Le sanglier, dans ses allures, met la trace de derrière dans celle de devant, et en dehors si c'est un mâle. Il appuie plus de la pince que du talon, et marche le pied serré, à moins qu'il n'aille pas d'assurance ; il donne des gardes en terre en les élargissant. Le cochon, au contraire, va toujours les quatre pieds ouverts; il appuie beaucoup plus du talon que de la pince, comme tous les animaux domestiques, que la surabondance de nourriture rend lourds et pesants, et il ne met pas son pied de derrière dans celui de devant. Ses gardes sont plus petites que celles du sanglier ; il en pique droit en terre sans les écarter ; enfin il a la jambe et les allures moins larges, et le dessous de sa sole est charnu, ce qui fait paraître les côtés plus gros et la forme de son pied plus ronde. Une autre observation non moins importante, c'est que le sanglier, dont la hure est plus allongée et plus forte que celle du cochon, fait ses boutis beaucoup plus profonds, et qu'il vermille presque toujours en fusée dans le même sillon, tandis que le cochon fouille plus légèrement, tantôt à droite, tantôt à gauche. Dans certaines contrées où l'on rencontre des verrats tout noirs, des cochons étrangers naturalisés en France, tels que les tonquins ou cochons de Siam, et quelques autres métis à demi sauvages, fruit de l'accouplement d'un porc avec une laie, ou d'un sanglier mâle avec une truie, il arrive quelquefois que lorsqu'on revoit l'un de ces animaux par corps, on se trouve pour ainsi dire plus embarrassé qu'avant, et cela se conçoit d'autant mieux, que les allures et la couleur se rapprochent alors davantage. Dans ce cas, il ne faut rien oublier de tout ce qui peut aider l'œil à établir la moindre nuance entre le sanglier et le cochon domestique. L'un (le cochon) a la tête grosse, le groin court et camus, les oreilles longues, inclinées et pendantes. L'autre (le sanglier) a la hure plus allongée, la partie inférieure du boutoir plus arquée, les défenses plus grandes et plus tranchantes, les écoutes plus roides et plus petites. Ces oppositions sont faciles à saisir, et pour peu qu'un veneur y prenne garde, il ne s'exposera pas, à la suite d'un rembûchement honteux, à divertir les autres à ses dépens, et à recevoir, comme certain amateur de ma connaissance, un pied de cochon en guise de bouquet, la veille au soir de la Saint-Antoine.

Telles sont les principales différences qui existent entre le sanglier et le porc ; elles exigent une telle habitude de pratique que bien des piqueurs, je le répète, même des plus habiles, restent parfois dans le doute, et que parmi les nombreux écrits des divers auteurs qui ont traité de l'art de la vénerie, depuis J. du Fouilloux, Salnove, Antoine Gaffet, sieur de la Briffardière, Clément Chappeville, Le Verrier de la Conterie, Goury de Champgrand et autres, jusqu'à l'ouvrage plus récent du comte Desgraviers, lieutenant de louveterie et commandant des Véneries du prince de Conti, c'est tout au plus s'il s'en rencontre deux qui soient parfaitement d'accord sur cette matière. Quant aux connaissances qui servent à distinguer les sangliers entre eux, elles ne sont pas, à beaucoup près, aussi difficiles à saisir.

Une bête mâle de compagnie a la trace de devant plus grande que celle de derrière ; les pinces sont plus arrondies que celles de la laie ; l'animal a aussi les gardes mieux tournées, la pointe un peu en avant et le talon plus large. Comme ses suites commencent à le gêner quand il marche et le forcent à écarter les cuisses, il pose toujours sa trace de derrière dans celle de devant, un peu à côté et en dehors.

La laie a la trace plus longue et les pinces plus pointues. Son talon est plus étroit ; les côtés, qui sont un peu usés chez le sanglier, sont plus tranchants chez elle, ainsi que les gardes, qui sont plus hautes et rapprochées l'une de l'autre. Elle en donne rarement en terre, et quand cela lui arrive, on voit qu'elles sont peu écartées et coupantes. Enfin, sa trace est un peu ouverte, devant comme derrière, surtout si c'est une jeune bête, et celle de derrière, au lieu de se placer en dehors, se pose en dedans dans celle de devant.

Le sanglier à son tiers an est plus bas jointé; son talon s'élargit, ses pinces deviennent grosses et rondes; ses gardes, de leur côté, s'abaissent et s'écartent davantage, et plus l'animal vieillit, plus il en donne en terre dans toute leur longueur.

Les quartanniers et autres grands sangliers se jugent par leurs traces, qui sont encore plus fortes et plus larges : les pinces de celles de devant sont plus grosses et plus arrondies; les côtés deviennent moins tranchants, le talon s'étend, les éponges s'usent au niveau de la sole; ils ont généralement les allures plus grandes; leurs gardes, qui sont bien plus ouvertes, sont tout à fait rapprochées des talons, comme ils marchent fort lourdement, en raison de leur pesanteur et de leur volume, leur empreinte est toujours profonde, même sur un sol assez dur, et on y remarque de grandes et grosses rides qui indiquent, en raison de leur dimension, quelle est la vieillesse de l'animal; ils mettent la trace de derrière sur le talon, ou à moitié de la trace de devant et en dehors.

Il y a des sangliers qui ont, de même que chez les animaux à tête, une pince plus longue que l'autre ; cette pince, que l'on appelle connaissance, quand il s'agit du cerf, du daim et du chevreuil, prend ici le nom de pigache.

Les sangliers sont plus ou moins répandus dans les différentes contrées de l'Europe et de l'Asie; ils sont très-communs en Afrique, puisque dans la campagne d'Alger, et surtout aux environs d'Oran et de Bone, on en rencontre des troupeaux entiers, que les Arabes chassent à cheval et à coups de lance. Les demeures qu'ils affectionnent le plus dans nos pays, où nous sommes plus à même d'apprécier au juste leurs goûts et leurs habitudes, sont les grands bois entrecoupés de marais, de prairies et de plaines; ils aiment surtout les hautes futaies, où croissent beaucoup de fougères et de houx, et c'est là qu'ils se mettent d'ordinaire en bauge, sous les plus épaisses broussailles. Leur nourriture, en forêt, se compose d'herbes, de champignons et de diverses espèces de fruits. Ils. recherchent beaucoup les vers de terre et les racines de carottes sauvages qu'ils fouillent avidement avec leurs boutoirs ; ils apprécient singulièrement encore les châtaignes, les faînes, les noisettes, les glands ; et quoiqu'ils ne soient pas précisément carnivores, ils se jettent quelquefois sur la chair morte, sans doute alors par nécessité plutôt que par instinct, et dévorent jusqu'aux jeunes animaux, tels que levrauts, lapereaux et jeunes faons, qu'ils rencontrent sur leur passage. En été, ils quittent les forts pour s'approcher des bordures et se mettre plus à portée des blés, des seigles et des avoines, où ils font la plus grande partie de leurs nuits. En automne, ils donnent aux arbres à fruits, aux champs de sarrazin, de betteraves et de pommes de terre, et principalement aux vignes, dans lesquelles ils commettent d'autant plus de dégâts qu'ils goûtent pour ainsi dire à chaque grappe et laissent l'une pour entamer l'autre.

C'est dans cette saison que ces animaux sont le plus gras, et cela s'explique par la nourriture abondante dont ils regorgent ; aussi ne tardent-ils pas à entrer en chaleur, échauffés qu'ils sont par leur porchaison, et c'est ordinairement dans les premiers jours de décembre, que le rut des plus vieux commence, pour durer au plus trois ou quatre semaines. Les plus jeunes le tiennent un peu après ; ils se retirent alors dans les bois les plus reculés et les plus solitaires, battant, la nuit, les routes et les chemins, répandant sur leur passage une odeur de musc insupportable, et se livrant entre eux,

pour se disputer les laies, des combats si furieux et si acharnés qu'ils se font souvent aux épaules et au cou de larges et
profondes blessures.

Les laies portent quatre mois; elles font leurs petits tantôt
en mars et en avril, tantôt en mai et en juin, suivant qu'elles sont plus ou moins vieilles, et que leur rut a été plus ou
moins tardif. En général, la première portée d'une laie n'est
pas nombreuse; mais une bête de trois ans est presque aussi
féconde qu'une truie, et produit assez souvent de huit à
dix marcassins. A peine les a-t-elle mis bas, qu'elle se re-
cèle au milieu des forts les plus épais, afin de pourvoir à
leur sûreté, et même il n'est pas rare à cette époque qu'elle
se fasse accompagner par quelque vieux sanglier qui soit en
état de protéger sa famille contre les attaques des loups et
de l'homme.

Il n'y a que deux manières de chasser le sanglier : aux
chiens courants ou en battue. La dernière de ces deux méthodes est employée avec succès dans les pays de bois mal
percés, où il est presque impossible de forcer un animal par
la difficulté même du terrain; mais, dans les forêts bien
coupées et convenables à un équipage, la première, quoique
plus meurtrière, est, suivant moi, bien préférable.

C'est en Champagne, dans les bois de MM. Fouschard et de
Sérilly, bois qui touchent à la forêt d'Othe, au milieu d'un
pays inculte et désert, dont l'aspect sauvage attriste les regards, et où pourtant ma pensée se reporte sans cesse,
parce qu'il y a là pour moi tout un monde idéal de vivants
souvenirs; c'est en Champagne, dis-je, que se sont passées
sous mes yeux les plus belles battues aux sangliers qu'il soit
possible de faire; j'ai compté quelquefois des compagnies en-

tières de dix-huit à vingt bêtes, laies, marcassins, bêtes
rousses, ragots, quartanniers et autres, qui traversaient intrépidement d'un bois d'un quart d'arpent à un autre, sous
le feu de huit ou dix tireurs; et j'avouerai, à la honte de ces
messieurs, non à la mienne, car, étant presque enfant, on
me permettait tout au plus alors d'être simple spectateur
de l'action, que, dans ces sortes de rencontres, soit l'embarras du choix, soit l'effet de la première surprise, les rangs
ne s'éclaircissaient pas souvent, et que la plupart du temps
toute la bande, comme le bataillon sacré, restait ferme et
inébranlable. En revanche, on réussissait mieux contre chaque individu, qui, pris isolément, payait souvent de sa peau
l'insolent bonheur de la masse, et il n'était pas rare de nous
voir, à la nuit tombante, après trois ou quatre heures de
chasse, descendre, comme un long convoi, le sentier en spi-
rale qui conduit de la forêt au village de Veaumort, où nous
faisions notre entrée aux acclamations de la foule, mourant
de faim, épuisés de fatigue et portant en triomphe cinq ou
six gros sangliers, agréablement confondus avec autant de
renards et de loups, plus souvent avec pareil nombre de chevreuils, dont la plupart de ces bois abondent.

Une remarque qui m'a frappé dans ce pays, et que je n'ai
pas eu occasion de renouveler ailleurs, quoique j'aie beaucoup chassé depuis, tant au Nord qu'au Midi de la France,
c'est l'usage où l'on est de se servir, pour ces espèces de traques, d'une échelle de six à sept pieds, munie d'une corde et
de deux crampons en fer, que l'on fixe solidement, de battue
en battue, à portée des meilleures coulées ou passages. Cette
échelle ne diffère de l'échelle ordinaire qu'en ce que deux
des derniers barreaux de son extrémité supérieure sont rem-

placés par des petites planches en bois, larges de douze à
quinze pouces, destinées, l'une à asseoir le chasseur, l'autre
à placer ses pieds, tandis que deux branches en cerceau partent, à peu près à pareille hauteur, de chacun des montants, et
servent à appuyer les coudes, absolument comme les bras d'un
fauteuil. Ce procédé, qui est fort simple en lui-même, présente deux inconvénients que j'ai reconnus plus tard : l'un,
qui n'est pas très-important, c'est qu'il exige un tiers de plus
de rabatteurs, chaque tireur étant obligé de se faire escorter
d'un homme dont les fonctions consistent à porter son échelle
et à la placer et déplacer au besoin, durant tout le cours de
la journée. L'autre, beaucoup plus grave, c'est qu'une fois
le chasseur perché sur cette espèce de sellette, il lui devient
non-seulement impossible de faire feu derrière lui, mais
même très-difficile de tirer sur sa droite, surtout en cas de
surprise, de sorte qu'à l'aide de ce moyen, on se trouve perdre deux chances sur quatre. Quant aux avantages, ils sont
nombreux, et j'avoue qu'ils m'ont séduit tout d'abord, tant
ils sont réels et incontestables. Le premier, et l'un des plus
grands, c'est que le gibier ne vous évente jamais et arrive,
sans vous voir, se jeter presqu'au pied de votre arbre. Le
second, c'est que, tout au contraire, moins on est aperçu par
lui, et mieux on le découvre, parce que la vue s'étendant
assez loin au point d'élévation d'où l'on domine, on est souvent prévenu cinq minutes d'avance, surtout si l'enceinte est
coupée d'accidents de terrain, de la direction que prend un
loup, un sanglier ou un chevreuil. Le troisième avantage,
qui n'est pas à dédaigner non plus, c'est qu'au moment où
les traqueurs approchent de vous, si un animal s'est coulé à
bas bruit dans la battue, et que tout à coup il débûche,

comme cela se voit très-fréquemment, vous ne courez jamais risque, en le tirant, de blesser un de vos hommes, votre coup portant de haut en bas et piquant droit en terre dans un angle presque perpendiculaire. Enfin, le quatrième et dernier, c'est que dans le cas où un sanglier est blessé, il n'est jamais à craindre pour son antagoniste, qui a tout le temps de recharger son arme, et qui n'est pas exposé, s'il ne sait pas jouer des jambes, à se pendre comme un écureuil après quelque méchant baliveau, pendant que l'animal lui laboure les fesses, ou bien à s'amuser à la cligne-musette avec lui, en prenant pour rempart le tronc de quelque gros arbre.

La chasse à courre du sanglier, que je place, je le répète encore, bien au-dessus de celle en battue ou traque, est également belle en bien des forêts de France ; mais malheureusement l'une n'est pas à comparer à l'autre, par tous les frais et tout l'attirail qu'elle nécessite. Non-seulement elle exige un piqueur intelligent et habile qui entende parfaitement toutes les parties de son métier, mais elle demande encore un équipage nombreux et vaillant, plus complet peut-être que pour tout autre animal ; car, bien que M. de Buffon prétende qu'il ne faut pas chasser le sanglier avec les bons chiens courants ordinaires, qu'on leur gâterait le nez, que des mâtins un peu dressés suffisent, je ne crains pas d'affirmer le contraire, et de mettre en fait que, pour courre le sanglier dans les règles, il est de rigueur d'avoir une meute de trente chiens au moins, et des meilleurs possibles, comme pour le cerf, le daim et le chevreuil, de manière à former les trois hardes d'habitude, qui sont, comme chacun sait, les chiens d'attaque, la vieille meute, et le dernier relais ou les six chiens.

Ce serait bien ici le cas de discuter une question importante, qui me paraît encore indécise, quoiqu'elle ait souvent divisé bien du monde, et qu'elle se présente chaque fois qu'il s'agit de recruter un équipage : celle de savoir, parmi les chiens courants, quels sont ceux de meilleure espèce. Nos plus grands veneurs ne sont point d'accord sur ce point : les uns préfèrent les chiens français ; les autres donnent la palme à ceux de nos voisins d'outre-mer ; il en est même qui ne composent leur remonte que de bâtards provenant du croisement des deux races ; mais, outre qu'un pareil débat nous mènerait fort loin, surtout s'il fallait entrer dans toute la discussion du pour et du contre ; sans vouloir ranger personne à mon avis, je dirai seulement, dût-on m'accuser d'écouter en cela certain esprit de nationalité, que, pour mon compte, les chiens d'ordre français sont les chiens que je place avant tous les autres, et que parmi eux les vendéens, les normands, les chiens du Poitou, de la Saintonge, et du Perche, sont les variétés que j'estime le plus.

Je suis loin de contester aux chiens anglais leur plus brillante qualité, la vitesse ; mais cet avantage même les rend extrêmement chiches de voix, pauvres et mal ralliants dans les changes et retours ; et comme, à la chasse, ce que j'aime avant tout, c'est le vacarme et le bruit, les aboiements des chiens mêlés au son de la trompe, tout ce tumulte, toute cette harmonie sauvage de hurlements, de cris et de fanfares, que les échos répètent ; sous ce rapport, je leur préfère les chiens français, qui sont, il est vrai, un peu plus lents, mais qui sont mieux gorgés, mieux collés à la voix, et qui n'ont ni moins de hardiesse ni moins de courage. De même qu'en fait de cheval de chasse, dussé-je passer aux yeux des amateurs pour un profane, pour un homme sans discernement et sans goût, je déclare hautement que je ne troquerais jamais un bon cheval normand ou limousin de demi-sang contre le plus bel irlandais possible.

On détourne le sanglier comme le cerf, mais il faut être encore plus matinal, le sanglier se rembûchant de très-bonne heure, et diriger sa quête suivant que la saison où l'on se trouve le comporte. Si l'on est en hiver ou au printemps, on fera les routes qui s'enfoncent en forêt, en appuyant toujours du côté des plus grands forts, dans les bas-fonds les plus épais; si c'est en été ou en automne, on tiendra de préférence les lisières de bois qui avoisinent la plaine, parce qu'alors les sangliers donnent aux grains, et qu'une fois qu'ils en ont goûté, ils ne manquent pas d'y venir toutes les nuits. On ne négligera pas non plus de visiter les mares, les queues d'étangs et autres endroits marécageux, qu'ils fréquentent beaucoup dans ces deux saisons, et où ils vont se mettre aux souillards. Lorsqu'on en reverra de bon temps sur les bords, si le limier s'en rabat chaudement, il faudra lui laisser travailler la voie, suivre l'animal à travers bois jusqu'au premier chemin, et là le briser courre pour prendre les devants, et recommencer ainsi, d'enceinte en enceinte, jusqu'à ce qu'on le rembûche.

Le rapport fait, le rendez-vous pris et les relais disposés, on passe au laisser-courre, qui est à peu près le même que pour le fauve; seulement, au moment où l'on découple, il faut avoir soin de parler aux chiens en termes beaucoup plus pleins et plus forts, et de brosser vigoureusement à travers le fourré, en les quittant le moins possible, surtout si c'est un grand sanglier qu'on lance, parce que l'animal, ne s'intimidant pas facilement, se laisse souvent aboyer, d'étant, immobile et ferme au milieu de sa bauge, et devient alors dangereux pour les vieux chiens, qu'il éventrerait tous jusqu'au dernier. Une fois le sanglier debout, le premier veneur qui le verra criera *wlaut* au lieu du mot *tayaut*, terme réservé au daim, au chevreuil ou au cerf, et sonnera en même temps le lancer à vue à pleine trompe, sans cesser de piquer à la queue des chiens, qu'il appuiera fréquemment à l'aide de tous les tons d'usage. En cas de défaut, on prendra pour le relever les mêmes précautions qu'à l'attaque, dans la crainte que l'animal, qui est traître, ne fasse alors quelque coup de Jarnac et ne mette hors de combat une bonne partie de l'équipage.

Les vieux sangliers étant lourds et pesants, leurs retours ne sont jamais considérables : ils les font habituellement, à droite ou à gauche, dans le sens où ils percent, et quand les chiens les ont relancés une fois ou deux, ils ne se font plus chasser que de très-près, en sorte que deux heures suffisent pour les laisser-courre ordinaires, témoins ceux du feu duc de Bourbon, qui duraient rarement davantage. Les bêtes de compagnie sont plus difficiles à forcer et donnent quelquefois le double de tablature, d'abord parce que, étant moins chargées de graisse, elles s'échauffent et se fatiguent moins vite; ensuite parce qu'on perd un temps infini, au moment du lancer, quand il s'agit de les séparer entre elles. Lorsque le sanglier est sur ses fins, et que, dans l'impossibilité de faire un pas de plus, il s'accule contre une cépée ou un tronc d'arbre, les soies hérissées, la hure blanche d'écume, décidé à faire résolûment tête à ses ennemis, on l'abat d'un coup de carabine, et aussitôt qu'il est mort et que les chiens ont joui, on se hâte de lui couper les suites, dont l'odeur est si forte, qu'elle infecterait toute la chair.

La curée du sanglier ne se fait pas sur place comme celle du cerf; on se contente de lever la trace droite de devant, que l'on présente, après l'avoir tressée convenablement, au maître de l'équipage. Cette opération terminée, on sonne la retraite-prise et on enlève l'animal sur un fourgon, où l'on met également les chiens boiteux ou décousus, dont on fait le pansement sur la place si la blessure est grave.

Telle est dans son entier la chasse du sanglier, l'une des plus belles et des plus difficiles que je sache; comme cet animal fait beaucoup de pays, et qu'en été il passe presque toutes ses nuits en plaine, dans les emblavures, les braconniers, et bien des honnêtes propriétaires, jaloux de leurs récoltes, en tuent souvent un grand nombre à l'affût, surtout par les beaux clairs de lune; mais il faut avoir soin de bien se placer au-dessous du vent et d'observer le plus profond silence, parce que ces animaux ont l'ouïe et l'odorat si fins, qu'ils rebroussent chemin au plus petit bruit et à la moindre émanation qui les frappe. Pour ma part, je n'ai jamais eu occasion d'en surprendre ainsi; mais je me rappelle qu'ayant un jour été coucher en forêt, chez le garde d'un de mes parents, il y a de cela plusieurs années, nous fûmes réveillés dès le matin par un sabotier nommé Simon, qui venait, disait-il, d'en blesser un, deux heures auparavant, comme il était à l'affût dans sa vigne. Nous nous levâmes, et, arrivés avec lui sur les lieux, nous vérifiâmes le fait. A en juger par le pied, l'animal devait être énorme : il faisait sang d'un côté, cinquante pas après le coup, et cinquante pas plus loin il faisait sang de l'autre. Comme il avait été obligé, pour retourner au bois, de gravir une côte escarpée, on voyait qu'il n'y était parvenu qu'avec effort, et de larges caillots indiquaient les endroits

4.

où il s'était arrêté pour souffler et reprendre haleine. Entré
dans le taillis, nous pensions le trouver mort à cent pas, tant
il perdait de sang par sa blessure; mais qu'on juge un peu
de notre surprise, il avait traversé plus de trois cents arpents
de forêt, et ce ne fut qu'à plus de trois quarts de lieue de là,
que le garde l'acheva d'un coup de fusil, au moment où il
essayait encore de se relever pour charger son chien et le
découdre. C'était un vieux solitaire, le plus gros de tous ceux
que j'aie vus. La hure était monstrueuse, et les défenses,
que j'ai conservées comme curiosité, avaient huit pouces
neuf lignes.

La chasse étant un thème qui prête beaucoup aux ampli-
fications de rhétorique, on s'imagine bien que celle du sanglier, si féconde en événements, si riche en émotions de toute
espèce, n'est pas une des dernières à faire les frais d'imagination de certains beaux parleurs. J'ai beaucoup entendu de
récits merveilleux en ce genre, et ils ont toujours eu le talent
de m'ennuyer souverainement, sans que je me sois donné la
peine de les révoquer un instant en doute, les prenant pour
ce qu'ils valaient, c'est-à-dire pour de mauvaises plaisanteries
auxquelles il ne convenait même pas de répondre. Cependant
je l'ai vu faire une fois avec tant d'esprit et d'à-propos, dans
des circonstances si amusantes, que je ne puis m'empêcher de
terminer mon article par cette petite anecdote. Mes lecteurs
en feront comme moi leur profit, et l'appliqueront dans l'occasion à qui de droit, si par hasard un bavard les fatigue.

Il y a environ huit ans que j'étais allé, avec un de mes
amis, passer le mois d'août à Dieppe. C'était la saison des bains;
madame la duchesse de Berry s'y trouvait, cette bonne et aimable princesse qui animait tout à sa suite, et qui, là surtout,

a laissé un long deuil dont MM. Mira et consorts auront bien
de la peine à rompre la monotonie. La ville était un petit
Paris, le rendez-vous de tout ce que le grand Paris, la province et l'étranger renferment de jolies femmes, d'amateurs
élégants et fashionables. Comme les logements étaient hors
de prix, nous nous étions contentés, mon ami et moi, d'une
chambre à deux lits que nous sous-louait une bonne petite
vieille, et des croisées de laquelle nous admirions en artistes
ce sublime et magnifique tableau que l'on appelle la mer.
Nous dinions à l'hôtel de l'Europe, à une table d'hôte fort
bien composée, où l'on trouvait moyen de nous servir du
poisson frais, ce qui n'arrive pas toujours dans les ports de
la Manche, pourvoyeurs exclusifs du gouffre commun, la capitale. Notre société se montait à quinze ou seize personnes
à peu près, hommes et femmes. Il y avait, entre autres, un
lieutenant-colonel, M. L..., sa femme et sa fille, jeune et
charmante personne, à qui sa mère ne le cédait ni en grâces
ni en amabilité ; la séduisante madame de P... et son amie
madame G..., jolie veuve de six mois à peine, qui pleurait
encore son mari, et qui avait de trop beaux yeux pour rester
longtemps dans les larmes ; les deux fils d'un des premiers
négociants de Paris, bons et spirituels jeunes gens que je ne
nommerai pas; un peintre de marine devenu célèbre aujour-
d'hui; et, pour comble de bonheur, pas un seul agent de
change. On conçoit qu'avec de tels éléments rien ne s'oppo-
sait à ce que la réunion fût gaie et aimable.

La conversation roulait sur tout, tantôt partielle, tantôt
générale, et toujours, par exemple, dans les limites du meilleur goût. Il y avait quinze jours que cet état de choses durait, chacun regrettant pour sa part que la fin du dîner arrivât

si vite, quand survint tout à coup, au nombre de nos convives, une espèce de gros provincial qui faillit tout gâter par son insupportable bavardage. C'était bien le plus grand hâbleur que je sache. Il ne fut pas assis à notre table, que l'on n'entendit plus ronfler, d'un bout à l'autre, que sa parole glapissante et criarde. Il était, à l'en croire, l'un des meilleurs chasseurs de son département, au fond duquel il eût aussi bien fait de rester, et il n'était venu à Dieppe, disait-il, escorté par un lourdaud indigène qu'il avait affublé d'un chapeau à trois cornes et décoré du nom pompeux de son garde, que pour se donner le plaisir de tirer des oiseaux de mer, le seul gibier qu'il n'eût pas tué dans sa province. Tous les jours c'étaient, comme vous pensez, des histoires à la façon de M. de Crac, histoires plus invraisemblables peut-être, racontées sans gaieté, sans malice, avec un aplomb et une crudité incroyables, et accompagnées chaque fois d'un : *N'est-ce pas, père Pivert?* (car, au dîner, son garde bas-breton se transformait en domestique), tout à fait dans le goût du fameux : *Demandez plutôt à Lazarille?* Enfin cela devenait si violent, que c'était à n'y plus tenir, et que les dames avaient pris le parti de se retirer au dessert, nous laissant aux prises avec ce détestable bavard. Un jour qu'elles venaient de se lever de table, à la suite d'une chasse au sanglier à la façon de ce monsieur, récit plus embrouillé, plus merveilleux, plus prodigieux que tous les autres, où il ne s'agissait de rien moins que d'un piqueur éventré et de dix ou douze chiens décousus. « Parbleu! monsieur, se mit à dire avec un admirable sang-froid, en s'adressant en face à l'éternel conteur, le lieutenant-colonel L..., qui jusque-là n'avait pas ouvert la bouche; parbleu! monsieur, ce que vous nous contez là est bien étonnant, mais vous m'en

voyez moins surpris qu'un autre, car je suis un peu du métier (justement il rentrait, en costume de chasseur, de parcourir les falaises de Dieppe), et, étant à la chasse, il m'est
arrivé, à peu près dans les mêmes circonstances qu'à vous,
une aventure bien plus dramatique et bien plus bizarre. »

A ces mots tout l'auditoire se recueillit, ne sachant si l'in-
terlocuteur plaisantait, tant il avait pris un air sérieux et grave.

— Nous chassions, comme vous, un sanglier, continua-t-il;
c'était une bête de quatre à cinq ans..... un cartonnier, je
crois...

— Quartannier, fit d'un ton imposant notre provincial,
alors tout oreilles.

— Quartannier, soit... Il y avait deux grandes heures que
nous courions après lui, trois fois nous l'avions perdu et retrouvé... Cinq de nos chiens étaient restés sur le carreau,
horriblement mutilés...

— Décousus, reprit encore notre homme; le terme est
décousu.

— Enfin, la nuit venait, et pour ma part, n'ayant pas une
grande connaissance de la forêt, je m'apprêtais à en sortir, dans
la crainte de m'y perdre, quand en descendant un étroit sentier, le long d'un ravin, j'aperçois l'animal qui venait droit
à moi.

LE PROVINCIAL. — Ah! ah!

LE LIEUTENANT-COLONEL. — Bien d'autres auraient perdu
la tête à ma place.

LE PROVINCIAL. — Oh! oh!

LE LIEUTENANT-COLONEL. — Je ne me déconcerte pas.

LE PROVINCIAL. — Je l'espère.

LE LIEUTENANT-COLONEL. — J'arme mon fusil...

LE PROVINCIAL. — Comment, votre fusil n'était pas armé, monsieur? quelle faute!

LE LIEUTENANT-COLONEL. — Je lui tire mon premier coup.

LE PROVINCIAL. — Bravo!

LE LIEUTENANT-COLONEL. — Il rate...

LE PROVINCIAL. — Ah! diable!

LE LIEUTENANT-COLONEL. — L'animal continue d'avancer... je ne m'émeus pas davantage.

LE PROVINCIAL. — Très-bien.

LE LIEUTENANT-COLONEL. — Je l'attends à dix pas. Quand il est à dix pas, je lui lâche mon second coup.

LE PROVINCIAL. — Bravo! bravissimo! Et puis alors?

LE LIEUTENANT-COLONEL. — Et puis alors, monsieur, le sanglier se retourne et me fait ça :

IV

LE DAIM (ÉTUDE CYNÉGÉTIQUE)

Caractères distinctifs du daim et du cerf. — Nombreuses variétés
de l'espèce. — La venaison du daim appréciée en Angleterre.
— Ses habitudes et sa chasse. — Un déplacement à Mortefontaine. — Une hallucination nocturne.

La chasse du daim est une des connaissances les plus in-
complètes en vénerie ; la zoologie elle-même, cette infatigable causeuse, a glissé rapidement sur l'histoire naturelle d'un
animal qui méritait à tous égards mieux qu'une honorable
mention, et c'est tout au plus si M. de Buffon, qui a consacré le quart d'un volume à la description du cerf, a daigné
accorder au daim quelques pages. En cela le veneur et l'historien ont eu tort : il ne fallait point sacrifier ainsi à l'habitant indigène de nos forêts, l'hôte étranger qu'on a contraint
à y prendre place, oublier, pour celui qui brille au premier
rang, l'individu modeste qui vient après ; et c'était au contraire le cas pour notre Pline moderne, l'écrivain aux réha-

bilitations équitables, de se rappeler ce qu'il avait dit ailleurs au sujet de l'âne :

« Qu'il serait par lui-même et pour nous le premier, le plus beau, le mieux fait, le plus distingué des animaux, si dans le monde il n'y avait pas de cheval. »

Le daim, en effet, n'a pas d'autre tort que l'âne : « Comme lui, il est le second au lieu d'être le premier, et par cela seul il semble à peine mériter qu'on s'en occupe. C'est la comparaison qui fait qu'on le mésestime : on le regarde, on le juge, non pas en lui-même, mais relativement au cerf. On ne veut pas se rappeler qu'il a comme son rival un nom, une patrie, une famille; qu'il possède aussi bien que lui toutes les qualités de sa nature, tous les dons attachés à son espèce, et on ne pense qu'à la figure et aux qualités du cerf qu'on daigne lui attribuer quelquefois, mais toujours à son désavantange. »

Pour nous, qui n'aimons pas les préventions injustes, nous ne nous contenterons pas de dire du daim, comme la plupart de nos auteurs cynégétiques, qu'aucune espèce n'est plus voisine de celle du cerf, et que conséquemment tout ce qui a été enseigné pour la chasse de l'un, peut s'appliquer à la chasse de l'autre. S'il y a entre ces deux animaux quelque rapport de conformation externe, ce qu'il est impossible de nier, c'est une erreur, nous dirons plus, c'est une hérésie monstrueuse dans laquelle nous savons gré à d'Yauville de n'être pas tombé, que d'assimiler leur nature, que de leur prêter exactement les mêmes habitudes et les mêmes mœurs, et par suite d'établir pour tous deux un cours de vénerie identique.

D'origine différente, le cerf et le daim n'ont véritablement aucun degré de parenté qui les lie : n'en déplaise au célèbre

Linnée qui, dans sa grande classification des quadrupèdes, appelle improprement ce dernier *cervus dama*; ce sont deux races distinctes et bien tranchées que, malgré leur ressemblance extérieure, il ne faut point s'aviser de confondre. Elles sont l'une à l'autre, par une progression décroissante, ce que sont dans la filiation des êtres, différentes espèces voisines :

— Le loup, le renard. — Le lièvre, le lapin. — La perdrix, la caille. — Le corbeau, la corneille. — La fouine, le putois.

Et s'il nous est permis de descendre jusqu'aux derniers anneaux de cette chaîne immense, ce que sont entre eux deux individus qui se touchent encore de plus près, sans établir non plus une même famille. — Le rat, et son pendant, sa miniature, la souris.

A l'instar de tous ces animaux qui se rapprochent sous plus d'un point de vue, et qui pourtant, loin de produire ensemble, se fuient et ne se mêlent jamais, le cerf et le daim ne forment aucune race intermédiaire. Il est même rare, ainsi que cela se voit aussi à l'égard du lièvre et du lapin, de trouver des daims dans les pays qui sont peuplés de beaucoup de cerfs, à moins qu'on ne les y ait transportés ; et ce sentiment d'aversion d'une espèce pour l'autre, cette antipathie naturelle, est la preuve la plus convaincante de la distance qui les sépare.

Habitant les mêmes lieux, soumis aux mêmes dangers et aux mêmes besoins, il n'est pas étonnant qu'ils partagent un peu le même genre de vie. Mais aussi ce sont là leurs plus grands points de rapprochement, une même demeure, une similitude d'appétits grossiers, et enfin une communauté de périls qui les exposent journellement aux mêmes ennemis. Passé cela, ils ne se ressemblent plus guère pour peu qu'on les observe avec des yeux attentifs, ni par les mœurs, ni par les habitudes, ni par les ressources d'instinct. Chez l'un et l'autre individu, ce sont autant de nuances différentes qu'il faut étudier avec soin; nuances d'autant plus difficiles à saisir, qu'elles sont pour ainsi dire imperceptibles, et d'autant plus importantes toutefois, que de leur appréciation plus ou moins juste, dépendent précisément toute la science et le talent d'un veneur.

Le daim est un animal des climats tempérés : on n'a point encore réussi à le naturaliser en Russie, et l'on n'en trouve que fort peu dans les forêts de la Suède et des autres pays tout à fait au Nord. Sa patrie primitive est le midi de l'Europe, la Moldavie, la Grèce, le Levant, l'Asie Mineure et la Perse, sans oublier la Chine où on le dit aussi fort commun.

Beaucoup plus gros que le chevreuil, il tient à peu près le milieu entre celui-ci et le cerf : il a environ quatre pieds de longueur sur trois pieds de haut, et pèse ordinairement, quand il a atteint toute sa force, c'est-à-dire lorsqu'il est dix-cors, de cent cinquante à deux cents livres. Le cou un peu ramassé, les jambes petites proportionnellement au volume de son corps, il a peut-être le port moins noble que le cerf, mais en revanche il n'est point déshonoré, comme ce dernier, par une queue écourtée et sans grâce. La sienne, de moitié plus longue, lui descend presque jusqu'aux jarrets qu'elle accompagne avec aisance.

La femelle du daim s'appelle *daine* et non pas *dine*, comme la nomment mal à propos quelques chasseurs. Ses petits, qui portent les six premiers mois le nom de *faons*, l'échangent, les six mois suivants, contre celui de *hères*; ils prennent ensuite successivement et à mesure qu'ils avancent en âge, les dénominations de *daguets*, de *deuxième*, *troisième* et *quatrième têtes*, jusqu'à ce qu'ils deviennent comme le cerf, *daims dix-cors jeunement*, *daims dix-cors vieillement*, et enfin *grands* ou *vieux daims*.

Nulle espèce de bête fauve n'est sujette à un plus grand nombre de variétés que celle-ci, et cela s'explique non-seulement par son origine étrangère, mais encore par son éducation qui, en beaucoup d'endroits, est pour ainsi dire domestique. Ainsi on connaît des daims blancs et noirs; on en voit d'autres qui sont variés de diverses nuances, telles que le jaune paille, le jaune rougeâtre, le gris, le brun, le brun foncé, le noir; et enfin on en rencontre quelques-uns, mais rarement, qui sont mouchetés de toutes ces bigarrures.

Différents de pelage, ils diffèrent aussi en grosseur, surtout lorsque l'on compare ceux d'un pays avec ceux d'un autre. Et à cet égard on cite principalement, outre les daims d'Allemagne, un peu plus forts que nos daims à nous, ceux d'Espagne d'abord qui sont presque aussi grands que nos cerfs, mais qui ont le cou moins gros et la couleur plus obscure, avec la queue noirâtre, non blanche par-dessous, et plus longue que celle des daims communs; ceux de Virginie ensuite, qui sont remarquables par la grosseur de leurs daintiers et dont la taille approche des daims d'Espagne.

Nous ne nous arrêterons point à décrire toutes ces variétés qui se bornent en France à quelques individus isolés, renfermés la plupart du temps dans des parcs. Pauvres pri-

sonniers nés esclaves auxquels on ne peut même pas appliquer ce vers du poëte :

Et patriam moriens reminiscitur Argos!

Nous ne nous occuperons ici que de l'étude du daim ordinaire, la plus intéressante pour nous, puisque l'animal
qu'elle concerne est le plus commun dans nos forêts et le
seul véritablement libre.

La couleur des deux sexes pendant l'été, est belle et agréablement variée ; la face et la partie supérieure du cou sont
d'un brun noir; le fond de la couleur de la partie supérieure
du corps est d'un joli brun marron parsemé de petites taches
blanchâtres, et cette riche nuance est relevée par une large
bordure blanche très-apparente qui part des deux côtés infé-
rieurs des épaules et vient en mourant rejoindre la queue
qui est noire en dessus et blanche en dessous. Les côtés,
sous la bordure, sont ainsi que les jambes d'un fauve rous-
sâtre, et le surplus de la partie inférieure du corps est d'un
blanc jaunâtre.

L'hiver, la couleur change. Elle devient d'un brun olive
sur le corps, d'un gris foncé sur les côtés et d'un blanc sale
en dessous; les taches s'effacent presque entièrement et ne se
distinguent plus que sur les cuisses. Ce pelage, que l'animal
prend vers la fin de novembre, dure jusqu'au mois de mai
ou de juin, époque où la mue lui rend sa parure d'été.

Le bois du daim, ornement dont la daine est privée comme
la biche, ne ressemble nullement à celui du cerf : plus plat,
plus étendu en largeur et à proportion plus garni d'andouillers, il est aussi plus courbé en dedans, et il se termine,
comme la tête du renne, par une longue et large empaumure

aplatie et dentelée tout autour du bord extérieur que l'on désigne sous le nom de palette, et à la forme comprimée de
laquelle le daim doit l'épithète de *platyceros*, sous laquelle
Pline l'a distingué.

C'est à huit ou neuf mois environ que le jeune faon, qui
vient de prendre le nom de hère, commence à pousser ses
premières dagues. Recouvertes d'abord d'une peau veloutée
qui ne tombe que vers la fin du mois d'août, époque à laquelle l'animal touche au bois, elles n'atteignent pas la première année plus de cinq à six pouces de hauteur. Au mois
de juin suivant (il a alors deux ans accomplis) le daguet met
bas sa tête pour en allonger une nouvelle. Cette fois il ne
met pas plus de deux mois et demi ou trois mois à la refaire,
et elle est entièrement solidifiée, de même que chez un vieux
daim, dès les premiers jours de septembre. La troisième année les empaumures commencent à paraître; la quatrième,
le bois se développe et prend de l'accroissement ; et enfin,
les années suivantes, à mesure que le daim avance en âge, on
voit son empaumure s'étendre, ses andouillers devenir plus
nombreux, ses meules plus hautes et ses échancrures plus
profondes. Le bois d'un très-fort daim pèse rarement plus de
douze à quinze livres.

Il est évident, en se basant sur le calcul que nous venons
de faire, que les daims mettent le même temps environ à
devenir dix-cors que les cerfs ; aussi s'y prend-on de la même
manière pour juger leurs têtes : on compte le nombre d'andouillers qu'il y a depuis le bas jusqu'au haut de la palette,
devant comme derrière, en supposant toujours existants,
comme pour le cerf, les trois andouillers du merrain, qu'ils
y soient réellement ou non ; s'il y a trois andouillers à chaque

palette, on dit que l'animal porte douze bien semés ; s'il y en
a deux d'un côté et trois de l'autre, on dit au contraire qu'il
porte douze mal semés ; ainsi de suite.

La tête du daim tombant plus tard que celle du cerf, l'é-
poque du rut est aussi reculée pour lui d'une quinzaine de
jours à trois semaines. Il ne commence qu'au milieu d'octobre pour finir du quinze au vingt novembre, au lieu d'avoir
lieu comme celui du cerf, depuis septembre jusqu'à la mi-
octobre. Les daims raient alors assez fréquemment, mais
d'une voix basse et comme entrecoupée, que Bechstein compare avec assez de justesse à la voix rauque d'un homme qui
ferait de grands efforts pour vomir. Ils sont en état d'engendrer et de produire depuis l'âge de deux ans jusqu'à leur
quinzième ou seizième année ; mais bien qu'au moment du
rut, ils se livrent entre eux des combats opiniâtres, ils ne s'ex-
cèdent ni ne s'épuisent pas autant que le cerf. Loin de battre
comme lui les forêts et la plaine, ils ne s'écartent pas beaucoup de leur pays pour chercher des daines, et le mâle le plus
vigoureux ne sert guère plus d'une douzaine de femelles.

La daine porte huit mois et quelques jours, le même espace de temps que la biche. Elle met bas un mois plus tard
qu'elle, vers le milieu de juin ou le commencement de juillet.
Elle produit ordinairement un faon, quelquefois deux, très-
rarement trois ; et ce n'est qu'au renouvellement du rut, qu'elle
se sépare de sa progéniture qui recommence souvent après à
la téter et à la suivre. Les jeunes daims portent la livrée comme
les faons des chevreuils et des cerfs ; mais ils sont moins précoces que ceux-ci pour s'aventurer avec leur mère au gagnage.
Assez habituellement ils demeurent trois semaines, un mois,
cachés dans le fort pendant que la daine s'écarte pour viander

le soir dans quelque taille voisine; ce n'est que passé cette époque, qu'ils l'accompagnent hardiment partout.

On sait que les cerfs vivent de trente-cinq à quarante ans : moins considérable, la durée de la vie d'un daim ne se prolonge pas au delà d'une vingtaine d'années, différence notable qu'il est bon de ne point oublier, bien qu'elle ne soit pas la seule qui distingue entre elles ces deux familles; mais du reste ce plus ou moins de longévité n'a rien qui doive surprendre, c'est une conséquence toute naturelle du développement plus ou moins prompt que l'un et l'autre animal subissent ; car il est reconnu que dans tous les êtres, à commencer par l'homme, la durée de la vie est proportionnée à celle de l'accroissement.

Parfaitement acclimaté dans toutes les contrées méridionales et tempérées de l'Europe, le daim est cependant moins répandu en France qu'il ne l'est dans quelques contrées de l'Allemagne; en Angleterre surtout, où sa venaison, plus délicate en effet que celle du cerf, n'est pas appréciée aujourd'hui, puisque, si l'on en croit la chronique, l'immortel Shakespeare, qui était un peu braconnier avant d'être poëte, manqua se faire pendre pour avoir volé un daim en escaladant les murs de je ne sais plus quel parc, un soir qu'il y avait relâche au théâtre de Londres, et par conséquent point de chevaux à tenir en main à la porte du Covent Garden d'alors.

Aux environs de Paris, où cet animal réussissait assez bien il y a une dizaine d'années, on a peine désormais à en rencontrer quelques-uns en liberté : et encore le peu qui aient échappé aux destructions de fauves qu'on a faites, sont-ils parqués, comme un ornement inutile, derrière les grilles de quelque résidence royale, comme à Saint-Germain, à Marly, au Raincy, par exemple, tandis que Rambouillet, Chantilly, Compiègne, ces belles et hautes futaies, si vastes, si aérées, si touffues, sont devenues d'immenses déserts dont le bruit du cor ne trouble plus, qu'à de rares intervalles, le silence et la solitude.

A qui la faute? Nous en sommes fâché pour l'administration forestière actuelle; mais il faut le dire à sa honte cependant, c'est à elle qu'on doit demander compte, après les héros de juillet toutefois, de cet universel veuvage, à elle qui a fait massacrer en détail ce que le Gargantua révolutionnaire n'avait pas pu dévorer en trois jours. A peine le gibier traqué en tous sens par cette vaste meute humaine prète à s'entre-déchirer pour se disputer quelques lambeaux palpitants, eut-il soufflé et repris haleine, qu'une nouvelle attaque, mieux combinée cette fois, et dirigée par de plus savantes manœuvres, vint le relancer encore au fond de ses forêts : et notez bien que ce ne fut plus un combat partiel à soutenir contre des agresseurs dont le nombre faisait toute la force, ce fut une guerre d'extermination, une proscription générale, la nuit, le jour, en tous lieux, sans merci, sans pitié, sans chances de salut aucunes; car un marché avait été passé entre l'administration et des entrepreneurs que nous pourrions citer; et l'on conçoit que, chaque bête vendue sur pied, il fallait bien, au jour dit, abattre et livrer la marchandise.

C'est ainsi que nous avons vu nous-même égorger dans une étroite enceinte de Verrières, ce joli buisson si admirablement percé pour une chasse à courre, treize misérables cerfs et biches, acculés derrière un panneau qu'ils eussent défoncé d'un coup de tête, les nobles bêtes! c'est ainsi que dans Meudon on a détruit jusqu'à cinquante grands animaux dans un seul mois; c'est ainsi qu'on a dépeuplé Sénart, qu'on a ruiné Fontainebleau, Ermenonville, et tant d'autres bois giboyeux que toute une Vénerie royale avait naguère animés de sa pompe : et le tout pourquoi? pour se faire les pourvoyeurs des Chevet de la halle, et empêcher de crier quelques-uns de nos badauds aboyeurs, en leur distribuant, à bas prix, leur part de venaison et de curée.

Et qu'on ne vienne pas nous dire après tout, que c'était uniquement dans l'intérêt de l'agriculture, que le fauve endommageait par ses excursions nocturnes. Mauvaise excuse, messieurs, et qui déguise mal l'arrière-pensée d'une mesquine économie. Avant 1830, le gibier ne se gênait certes pas pour aller aux gagnages sur les propriétés riveraines des bois. Il faisait de même sa nuit dans les emblaves. Mais savez-vous comment on y remédiait alors? On nommait des experts, on estimait contradictoirement le dommage, et de bonnes indemnités étaient allouées aux voisins, indemnités qu'ils en sont à regretter aujourd'hui, attendu que souvent elles leur rapportaient plus que leurs récoltes. Voilà comment on s'y prenait à cette époque[1], et certes cela valait un peu mieux, cette façon d'agir était un peu plus noble que ces destructions sans nécessité, faites dans l'intérêt particulier de la liste civile, non dans un but d'utilité publique; misérable spéculation, trafic honteux, peu dignes de ceux qui les ont

---

[1] « Dans une seule année, la liste civile de Charles X paya cent mille francs d'indemnités aux propriétaires riverains des bois de la Couronne, pour les dégâts que le fauve avait commis, cet excellent prince ne voulant pas que ses plaisirs fussent une charge pour ses sujets. » (*Traité général des eaux et forêts, chasses*, art. CERF.)

ordonnés, quels qu'ils soient. Nous ne sommes plus au temps de Charlemagne; et, s'il était permis alors de vendre les légumes des jardins impériaux, ce n'est pas une raison pour trafiquer, comme on l'a fait il y a six ans, du gibier des forêts royales.

Le daim se plaît mieux dans les taillis de bois à feuilles, que dans ceux qui sont composés d'arbres résineux. En général aussi, il recherche de préférence les terrains dont le sol est sec et élevé, les collines boisées, entrecoupées de champs cultivés et de prairies. Les massifs continus lui conviennent moins que ces espèces de buissons. Il se cantonne comme le chevreuil, et de même que lui, il ne s'éloigne jamais à de bien grandes distances de la contrée qu'il a choisie; ce n'est que dans les hivers rigoureux, à la suite d'une longue disette, qu'il se décide à chercher fortune dans un pays plus favorable; encore ses voyages ne s'étendent-ils souvent qu'à deux ou trois lieues et revient-il presque toujours à la fonte des neiges se fixer de nouveau dans sa patrie adoptive.

Sa nourriture se compose des mêmes aliments que celle de la plupart des autres bêtes fauves; cependant, moins difficile que le cerf, il mange beaucoup de choses que celui-ci refuse : aussi conserve-t-il mieux sa venaison, car il ne paraît pas, au dire général, que le rut, suivi des froids les plus rudes et les plus rigoureux, le maigrisse et l'altère; il est presque dans le même état toute l'année. Parmi les fruits qu'il recherche avec avidité, on cite les châtaignes, les glands, les poires et les pommes sauvages. Il est aussi très-friand des jeunes pousses de la plupart des arbres à feuilles; mais, comme il broute de très-près, le bois coupé par sa dent repousse beaucoup plus difficilement que celui qui a été endommagé par le cerf, en sorte qu'il cause aux taillis un tort assez considérable. Les jeunes mangent plus vite et plus avidement que les vieux.

En forêt, ces animaux se tiennent presque toujours en hardes ; cependant les mâles d'un certain âge s'isolent quelquefois comme les cerfs, et il n'est pas rare, hors le temps du rut, d'en trouver deux ou trois seulement réunis ensemble. Dans les parcs, lorsqu'ils se trouvent en grande quantité, dit M. de Buffon, ils forment ordinairement deux troupes qui sont bien distinctes, bien séparées et qui bientôt deviennent ennemies, parce qu'elles veulent également occuper le meilleur endroit du parc. Chacune de ces troupes a son chef qui marche le premier, et c'est le plus fort et le plus âgé ; les autres suivent et tous se disposent à combattre pour chasser l'autre troupe du bon pays. Ces combats, ajoute-t-il, sont singuliers par la disposition qui paraît y régner. Ils s'attaquent avec ordre et se battent avec courage, se soutiennent les uns les autres, et ne se croient pas vaincus par un seul échec ; car le combat se renouvelle tous les jours, jusqu'à ce que les plus forts chassent les plus faibles et les relèguent dans le mauvais pays. Nous ignorons si cette particularité est juste. Toutefois nous devons avouer avoir interrogé à ce sujet un vieux garde de l'un des comtés de l'Angleterre le plus peuplé en daims, puisque le parc et la forêt de Windsor s'y trouvent ; et cet homme, très-expert du reste sur cette matière, nous a certifié que, pendant trente années de service, il n'avait rien observé de semblable.

La chasse du daim est royale : elle ne ressemble point à celle du cerf et mériterait par cette raison seule un équipage à part; cependant la Vénerie du Roi, qui avait autrefois son vautrait et sa louveterie, c'est-à-dire une meute pour le sanglier et pour le loup, n'a jamais eu de service particulier affecté à cette espèce de chasse. En 1789, c'était l'équipage du chevreuil qu'on employait pour forcer le daim; et plus tard, en 1814, lors du rétablissement de la Vénerie, ce fut l'équipage du cerf, le seul que l'on remonta pour l'usage du comte d'Artois et de ses fils, et le seul qu'il conserva comme roi de France.

En voici l'état en 1830 :

SERVICE D'HONNEUR. — Un premier veneur chargé du service du grand veneur; un lieutenant commandant; un lieutenant; un premier page; un second page.

CHENIL. — Un premier piqueur; un premier piqueur piquant; deux piqueurs de vénerie; deux valets de limiers à cheval; quatre valets de limiers à pied; trois valets de chiens à cheval; neuf valets de chiens à pied; un *idem* surnuméraire; un boulanger; cent quarante chiens courants; quarante-quatre limiers.

ÉCURIE. — Un premier piqueur; un sous-piqueur; un premier brigadier; quatre brigadiers; dix-neuf palefreniers; quatre surnuméraires; un sellier; six postillons; un délivreur de fourrages; deux conducteurs de voitures; un artiste-vétérinaire; un brigadier-infirmier; quatre-vingt-dix chevaux.

Nos lecteurs ne nous sauront pas mauvais gré, je pense, de rapprocher ce document authentique, des accusations de folles dépenses, si souvent reprochées aux goûts frivoles de S. M. Charles X.

On juge le daim comme on juge le cerf, par la *tête*, le

pied, les *foulées*, les *portées*, les *fumées* et les *abattures*. Toutes ces connaissances étant en petit les mêmes que celles qui ont été décrites au sujet de ce dernier animal, nous ne parlerons ici que du *pied* et des *allures*.

Le pied d'un daim dix-cors a beaucoup de ressemblance au premier coup d'œil avec celui d'un cerf daguet ; mais néanmoins un veneur expérimenté s'y trompe rarement, et, quelle que soit la similitude de ces deux pieds, il distingue facilement l'un et l'autre, tant par la comparaison que par l'ensemble de leur forme. Cet écueil une fois évité, tout le reste n'est plus qu'une routine, car le pied du daim diffère de celui de la daine, le pied d'un vieux daim de celui d'un jeune de la même manière que pour le cerf, c'est-à-dire que le daim a plus de pied de devant que de derrière, tandis que la daine, de même que la biche, a autant de pied de devant que de derrière. Il a les pinces de devant plus rondes, la sole plus large, les côtés moins tranchants, plus de talon, les os mieux tournés et la jambe plus large que la daine, qui a le pied de devant plus creux, les pinces plus aiguës, la sole moins large, les côtés plus tranchants, plus mal tournés, et qui d'ailleurs est plus haut jointée. Le daim a aussi les allures mieux réglées, plus larges, et il se retarde plus ou moins, à proportion de son âge.

Le cerf, qui va et vient toute la nuit et parcourt souvent de fort grandes distances, simule quelquefois plus d'un faux rembûchement avant de rentrer au fort, ce qui fait que toute la science d'un bon piqueur et d'un limier de créance échoue quelquefois contre ses manœuvres. Il n'en est pas de même pour le daim. Comme on sait ordinairement les cantons où se tiennent les différentes hardes, et qu'on est toujours à peu près sûr de les rencontrer là, ou dans les enceintes voisines, il est inutile de se donner la peine de détourner l'animal qu'on veut chasser. On découple seulement cinq ou six chiens sages pour fouler la contrée où la harde se trouve, et quand, une fois les animaux mis debout, on est parvenu à en séparer un daim mâle, ce qui n'est pas toujours une opération très-facile, on découple la meute et on la rallie aux premiers chiens.

Dès ce moment la chasse du daim est commencée, et c'est alors que l'on peut observer combien elle diffère de celle du cerf.

Moins entreprenant que ce dernier, l'animal ne prend point de parti. Il va et vient sur les mêmes voies, faisant des détours multipliés, cherchant à se dérober aux chiens ; et, comme il ne s'écarte jamais beaucoup de sa troupe, il y rentre et s'y mêle à tout instant, ce qui demande une extrême attention pour parer aux inconvénients du change. Ses dé-bùchers sont courts, et si quelquefois il se forlonge, ce qui n'arrive que rarement, il revient bientôt au lancer, aug-mentant ses ruses et ses retours, à mesure que ses forces diminuent.

Enfin est-il sur le point d'être forcé, comme s'il ne se fiait plus à la vigueur d'un jarret qu'il sent tout prêt à trahir son courage, il ne fait plus que tourner sur lui-même, souvent dans un espace de quelques arpents. Sa course n'est plus une fuite. Ce sont des bonds, des sauts, des allées et venues per-pétuelles, toute une étude de combinaisons astucieuses qui dénotent chez lui plus d'instinct que chez le cerf, efforts inu-tiles qui, loin de lui sauver la vie, ne font que présager sa fin prochaine ; car c'est là un signe infaillible auquel on ne se trompe jamais, et plus les chiens tombent de fois en défaut, plus il est certain que l'hallali approche.

Une particularité qu'il est essentiel de noter, et qui distingue encore le daim du cerf, c'est que, lorsqu'il est sur ses fins et qu'il bat l'eau en se jetant, soit dans un étang, soit dans une rivière, il ne se hasarde point à la traverser dans un endroit large et profond, et que la plupart du temps il reprend pied du même côté par où il est entré, pour revenir dans le canton qu'il habite.

Il y a deux sortes de curée pour le daim comme pour le cerf : la *curée chaude* et la *curée froide*.

La première est celle qui se fait sur les lieux mêmes, immédiatement après la mort de l'animal. C'est la meilleure pour bien former un équipage ; car non-seulement elle accoutume les jeunes chiens à bien goûter la voie, mais elle habitue les vieux, qui comptent sur cette récompense, à ne pas s'écarter trop en forêt et à se rallier promptement au bruit des autres.

Lorsque l'animal est à terre, le premier piqueur lève le pied droit ainsi que les daintiers et la langue, pour les remettre au commandant qui les présente au maître de l'équipage lorsqu'il assiste à la chasse. Si le commandant ordonne de faire *curée chaude*, les valets de chiens déshabillen' le daim ; on lève les filets destinés au commandant, et chacun des veneurs présents a sa part des cuisses et des épaules, si toutefois c'est l'usage de l'équipage.

Cela fait, on recouvre la carcasse du daim avec la nappe dont on a eu soin de ne pas séparer la tête. On place le massacre, le nez contre terre et le bois en l'air dans l'attitude d'un daim qui serait à la reposée ; on sonne un à vue en secouant la tête de l'animal, puis, après une fanfare pendant laquelle on tient sous le fouet la meute impatiente, sur un signe du commandant, on enlève tout à coup la nappe en criant aux chiens : *tayaut, tayaut, hallali, valets, hallali!*

On veille pendant leur repas à ce qu'ils ne se battent point entre eux ; et lorsqu'il ne reste plus que les os, on les fait retirer, puis on les ramène au chenil en sonnant la retraite-prise et après les avoir recouplés et mis en hardes.

La *curée froide* ne se fait que le soir ou le lendemain, lorsqu'on est de retour au logis ; elle a lieu ainsi lorsqu'il se fait tard, ou lorsque, au contraire, le daim n'ayant pas tenu longtemps, on se décide immédiatement à en attaquer un autre pour utiliser le reste de la journée ; dans ce cas, on conçoit qu'il ne faut point faire de curée sur place, car alors les chiens rassasiés et repus, ne pourraient plus entreprendre une seconde chasse.

Le daim a le nez très-fin. C'est après le loup l'animal qui évente de plus loin ses ennemis; aussi en tue-t-on fort peu soit à l'affût, soit en battue. Quoiqu'il soit d'origine pour ainsi dire domestique, ce qui fait que, pris jeune, il s'apprivoise en peu de temps au point de devenir familier, il est, en liberté, d'une nature excessivement méfiante et sauvage. La nuit, il ne s'écarte point comme le cerf pour aller au gagnage, et ne vient point comme lui jusqu'au milieu des villages situés sur la lisière des bois commettre de ces dégâts insolents dont l'audace quelquefois nous étonne. C'est là, comme point de comparaison entre ces deux animaux, une dernière nuance de caractère qu'il est utile d'apprécier. Nous l'avons vérifiée vingt fois par nous-même, surtout depuis que, faute de la bien connaître, nous manquâmes commettre un jour la plus cruelle bévue qui puisse humilier un amour-propre de chasseur.

C'était, si nos souvenirs ne nous trompent, en 1827 ou 28, peu importe de préciser l'époque. Le duc de Bourbon, ce voisin exigeant, venait d'acheter Mortefontaine uniquement pour se débarrasser d'un hôte fort incommode pour lui, le baron Schickler, auquel appartenait la chasse de ce domaine. Un mois encore, et le noble baron congédié, le prince rentrait dans tous les droits d'un propriétaire jaloux.

Adieu l'île de Molton, ce joli bosquet à pic qui s'élève comme par enchantement du milieu d'un vrai lac d'Écosse! adieu les bois de l'Homme-Mort, ces bruyères arides que pas un cerf de Chantilly n'avait tenté impunément de franchir! adieu les vers de Delille, inscription passagère, gravée sur un impérissable roc! adieu mes verts coteaux! adieu mes landes! adieu les roseaux touffus de ma prairie! adieu toute cette belle et imposante nature si variée, si accidentée, si ravissante, où la scène change à chaque pas; œuvre fantasque et bizarre qui semble jetée là comme par un caprice du maître! quelques jours encore, et, au grand regret du locataire, il fallait plier bagage et déguerpir.

Mais comment faire dans un déménagement pareil? S'en aller piteusement avec son équipage et sa meute, sans aboiements, sans fanfares, comme lorsqu'à la nuit venue il faut rentrer après avoir perdu son cerf? laisser derrière soi une harde de daims qu'on a élevés, une multitude de lièvres et de faisans qu'on a soi-même nourris, et dont un ingrat successeur profitera en vous narguant le lendemain même de son arrivée?

Oh! que non pas, pensa le baron Schickler, qui n'était pas doué de cette dose de philosophie. A moi, l'Empaumure! à moi, Labranche [1]! dit-il; à moi, mes chiens et mes braves piqueurs ! Et le voilà à cheval, où, plus intrépide que Charles XII, il resta botté pendant près de trois semaines.

Le champ de bataille cent fois jonché de morts, on abandonna le reste à d'avides auxiliaires, et Dieu sait, malgré les pertes de l'ennemi, combien ils firent encore un riche butin.

Quant à moi, je figurais au nombre de ces vautours. Un M. de J.., porteur d'une permission, l'avait prêtée à Horace Vernet ; Horace Vernet l'avait prêtée à un ami ; cet ami me l'avait communiquée, et c'était à mon tour de l'exploiter jusqu'à ce que je l'eusse passée à un autre ; succession non interrompue de chasseurs, qui ressemble assez à l'*Isaac genuit Jacob* de l'Évangile.

Arrivé le soir à Mortefontaine avec un compagnon de mon âge, jeune, ardent, mais dont l'expérience en fait de chasse était alors aussi neuve que la mienne, nous descendîmes dans une auberge qui se trouvait au bout du pays et où nous demandâmes une chambre à deux lits, pour abréger, par la conversation, les longueurs d'une nuit bien trop lente.

Coucher seul la veille d'un jour de chasse, dans une pièce dont les fenêtres donnent sur la forêt, ne pas pouvoir dresser ses plans ensemble, se communiquer ses craintes, ses espérances, se demander de temps à autre si le jour vient, n'est-ce pas se priver d'une jouissance dont souvent ne dédommage pas la journée suivante ?

Nous avions bavardé deux heures, et pour mon compte il y en avait bien trois que je ronflais d'un sommeil de plomb, quand tout à coup je fus éveillé par mon ami.

---

[1] Surnoms des frères Aubry, les piqueurs d M. Schickler

Il était en chemise, me tirant d'une main par un bras, tandis que, son fusil de l'autre, il me montrait la croisée qu'éclairaient en plein les rayons de la lune.

Pâle, défait, à moitié hors de lui, il était superbe à voir ainsi.

Je me levai et le suivis en silence.

Grand saint Hubert ! vis-à-vis de nous, à dix pas au-dessous de notre fenêtre, broutait un daim magnifique, un daim *douze-cors*, tant il me parut énorme ; et jugez de notre désespoir, nous n'avions pour toutes munitions que du méchant plomb à lièvre, justement ce qu'il nous fallait pour blesser et manquer l'animal.

En deux minutes, sans nous être dit un mot, nous étions tous deux au bas de l'escalier, demandant des balles à notre hôte.

— Des balles ! reprit-il en sautant hors de son lit, aussi effrayé de notre costume de nuit que de cette question surprenante. Est-ce que des voleurs....

Nous le rassurâmes en lui expliquant la cause de notre alerte.

A ce récit, notre homme partit d'un éclat de rire à ébranler les voûtes de la maison.

— Diable ! mes petits messieurs, nous dit-il, pensez-vous être ici dans un pays de Cocagne où les alouettes toutes rôties vont vous tomber dans le bec ? Si vous étiez un peu plus connaisseurs, vous sauriez que les daims ne viennent vous manger dans la main que lorsqu'ils sont privés comme des poules. Retournez dans votre chambre, croyez-moi, et dormez-y d'un bon somme. Ce daim appartient à M. le baron Schickler. Il est là, dans un enclos, où il s'en trouve une

vingtaine d'autres avec lui ; on les a panneautés ces jours
passés, et c'est demain qu'ils doivent partir en fourgons pour
la Varenne-Saint-Maur, si toutefois vous daignez bien le permettre.

Disant cela, il se remit tranquillement entre ses toiles ; et
nous, qui n'avions rien de mieux à faire, nous remontâmes
nous coucher, l'oreille basse, nous consolant de ce mécompte
par l'espoir d'être plus heureux en chasse.

V

LES CHASSES PRINCIÈRES D'UN ROI DE LA FINANCE

Route de Paris à Ferrières. — Château et parc de Bellassise. —
Fermes de la Sablonnière et de la Hotte. — Domaines de Ferrières et de Pont-Carré. — La Taffarette. — Bois de l'Archevêché. — Ferme du Génitois. — Ferme et bois de Mauny. — Bois
de Villeneuve-Saint-Denis. — Ferme de la Parentrie, etc., etc.
— Histoire d'un volcelet posthume. — La complainte du baron.

> — A qui donc ces grands bois si bien plantés ?
> — C'est au marquis de Carabas.
> — A qui donc ces vastes prairies ?
> — C'est au marquis de Carabas.
> — Et cette belle ferme ?
> — Au marquis de Carabas.
> — Et ce moulin ?
> — Au marquis de Carabas.
> — Et ces vignes ?
> — Au marquis de Carabas.
> — Quoi ! cette plaine, cette forêt, cette vallée ?...
> — Au marquis de Carabas, au marquis de Carabas,
> au marquis de Carabas. »
>
> (*Le Chat botté*, ou à peu près)

Lorsque vous avez traversé Vincennes, ce garde-manger
royal dont la Révolution de juillet a dîné trois jours, et que
tous les soins de MM. Montalivet et Gros Saint-Ange ont à

peine réussi à regarnir depuis, abandonnant sur votre droite
Champigny et la Varenne-Saint-Maur, cette autre réserve
jadis non moins féconde, doublement veuve aujourd'hui de
ses jeunes cerfs et de son vieux maître, vous gagnez d'abord
Villiers, joli petit pays à mi-côte, qui vous ouvre l'entrée de
la Brie; puis, quand vous avez laissé derrière vous les bois
des héritiers Santerre, Beaubourg, d'où vous apercevez Rantilly, le château des MM. Thuret; Maneloup, Croissy, à
MM. de la Trémouille, avec son parc à claires-voies et son
étang où nagent, de loin en loin, quelques maigres poules
d'eau; suivant quelque temps encore votre chemin, qui tourne
brusquement sur la gauche, vous arrivez enfin à l'embranchement de deux routes, dont l'une, coupée d'ornières profondes, s'enfonce, par un mauvais pavé pointu, au milieu
des terres de Seine-et-Marne, tandis que l'autre, nouvellement réparée et entretenue à grands frais, vous mène directement au village de Ferrières, dont vous voyez de loin les
premières fumées.

A l'inscription tant soit peu aristocratique de certain poteau
badigeonné en vert, sur lequel vous lisez écrit en grosses
lettres :

ROUTE DE PARIS A FERRIÈRES,

et à la physionomie générale de ce nouveau chemin, qui court
droit devant vous, avec ses deux fossés en talus, large et ferré
à neuf comme une avenue seigneuriale, vous devinez sans
peine que la main du maître a passé par là, que vous êtes
dans le voisinage de quelque grande fortune; et, en effet,
vous n'avez pas fait un pas, que vous entrez sur les terres du
plus grand de nos capitalistes et du plus riche propriétaire de
la contrée.

Ce fut en 1828 que M. le baron James de Rothschild songea, pour la première fois, à créer cette magnifique propriété qu'il a établie comme par enchantement, et que nous admirons tous aujourd'hui.

Il débuta, vers le printemps de cette année, par l'acquisition du château de Bellassise, appartenant aux MM. Fouschard : les bois, le parc, le château et quelques terres, le tout d'une contenance de mille à onze cents arpents environ, lui furent cédés pour la somme de 990,000 francs, à l'exception d'une petite chapelle que les deux frères réservèrent dans une louable intention filiale; et certes, pour un homme qui cherchait alors la clef de voûte de son édifice, il eût été difficile, quant à la position topographique, de faire un choix plus convenable.

Placés entre deux forêts giboyeuses, Armainvilliers et Crécy, les bois de Bellassise, qui se tiennent tout d'un morceau, sont par eux-mêmes merveilleusement disposés pour la chasse. Il est peu de grands animaux qui passent d'une conservation dans l'autre sans traverser cette espèce de détroit, et cela est si positif, que, du temps du feu duc de Bourbon, il n'était pas rare, en cas de changement de forêt, qu'un cerf attaqué, soit à la Croix de Tigeaux, soit à Ozouer, vînt faire une pointe jusque sous les murs du parc.

Une fois maître de ce premier terrain, le nouveau propriétaire en disposa en homme intelligent et habile, chez lequel était déjà arrêtée l'exécution du vaste plan terrier qu'il développa plus tard. Il commença par abattre le château, dont l'entretien eût exigé des frais considérables, bien que la date de sa fondation remontât tout au plus au commencement du siècle dernier, n'en réservant qu'une aile dont il fit un rendez-vous de chasse; et je me rappelle encore, à cette occasion, toutes les clameurs dont sa conduite fut l'objet, de la part d'une foule de petits esprits de province, trop étroits pour pénétrer la pensée créatrice de l'homme, et qui se crurent obligés de crier au vandalisme en le voyant porter la hache sur les poutres à demi vermoulues de cette antiquité contemporaine.

Bientôt après furent achetées en son nom, la Sablonnière et la Hotte, deux fermes de peu de valeur, il est vrai, mais qui tiennent au domaine de Bellassise, duquel elles faisaient anciennement partie, et dont l'une, celle de la Hotte, perdue à l'extrémité de ses bois et presque abandonnée aujourd'hui, a acquis une triste célébrité dans le pays, par l'événement tragique dont elle fut jadis le théâtre.

Une nuit, dit-on, par une de ces nuits d'orage, profondes, horribles, où la foudre sillonne la nue, où les vents déchaînés mugissent, tandis que le troupeau inquiet bêle et gémit au fond du bercail, les portes de la cour furent enfoncées avec fracas, comme minuit sonnait au plus prochain village : un homme masqué parut sur le seuil de la maison, et le vieux fermier, entouré de sa femme et de ses enfants, qui se pressaient avec frayeur autour de lui, n'avait pas encore eu le temps de demander le nom de son nouvel hôte quand un cri terrible le lui apprit : c'était le chef d'une bande de chauffeurs... A un signal, ils se précipitèrent tous, menaçants et masqués comme leur maître; un énorme brasier fut allumé en face le foyer domestique, et là, chaque membre de cette malheureuse famille, traîné à son tour devant le chef des brigands, et placé les pieds nus sur des charbons en feu, eut à subir, pour en arracher l'aveu de prétendus trésors, toutes les tortures de la plus effroyable question qu'ait jamais imaginée l'Inquisition elle-même... Une heure après, tout se taisait, même le chien du berger, dans la ferme redevenue silencieuse et solitaire. Le tonnerre ne grondait plus qu'au loin et à de rares intervalles. Mais aussi, quand l'aube parut, qu e horrible scène de désordre et de carnage ! Treize cadavres s glants et mutilés, gisaient étendus pêle-mêle au milieu de la cour de la Hotte; treize, nombre fatal, le fermier, sa femme, ses cinq enfants, cinq domestiques attachés à sa maison, et un misérable savetier ambulant que l'orage avait surpris en route, et que sa mauvaise étoile avait guidé vers un si funeste asile.

La Sablonnière et la Hotte payées, sautant à pieds joints par-dessus mille à douze cents arpents qui devaient infailliblement lui revenir un jour, M. de Rothschild acquit de MM. Athanase et Armand Fouché la superbe terre de Pontcarré et de Ferrières, dont la superficie contient plus de six cents hectares, tant en bois qu'en prés et plaines; propriété magnifique que les anciens maîtres avaient négligée, comme cela arrive toujours dans une succession en partage, et qu'il adopta, lui, de préférence à toute autre, pour en faire sa maison des champs, et s'y venir reposer à loisir de l'ennui des choses et des hommes.

Il faut voir comme ici, de même que partout ailleurs, tout prit bientôt, sous cette main puissante et féconde, une forme et une vie nouvelles. En moins de deux ans la métamorphose fut complète; et quand on songe aux immenses travaux qu'il a fallu exécuter pour en venir là, aux changements heureux qu'ont subis les anciennes constructions, ainsi qu'à cette foule de bâtiments modernes qui ont surgi comme par enchante-

ment du milieu de ces ruines, pour faire de Ferrières la plus
belle ferme modèle où la Société agricole se soit encore réunie
jusqu'à ce jour, on serait tenté de demander la fée dont la
baguette magique a pu créer d'aussi merveilleux prodiges, si
l'on ne savait d'avance que l'admirable industrie qui a dirigé
la plus grande partie de ces travaux, est la même qui gouverne
à son gré la question financière de l'Europe.

Le château, qui s'élève modestement sur deux étages, au
milieu d'une cour carrée d'environ deux arpents, est un simple corps de logis, flanqué d'un pavillon en retour sur chaque
aile, et qui n'offre par lui-même rien de fort remarquable.
On y voit, à la suite du vestibule, une galerie, ornée de trophées de vieilles armures, dont l'ensemble ne manque pas
d'une certaine originalité. Mais, à mon avis, cela vise un peu
à l'effet, et rappelle trop une décoration de théâtre. Ce que
je préfère pour mon compte dans Ferrières, et bien d'autres,
j'en suis sûr, penseront comme moi, c'est la ferme nouvelle,
avec sa jolie maison bourgeoise et ses innombrables dépendances; la ferme qui, comme une bonne grosse Flamande,
s'est parée de ses plus beaux habits de fête, et dont l'aspect
joyeux et animé parle en même temps et au cœur et aux
yeux. Ce que je préfère encore, c'est l'écurie, avec ses chevaux de labour si bien portants et si bien nourris; c'est la va-
cherie, construite à la hollandaise, et où vingt-deux vaches,
les plus belles du département, ne regrettent rien, pas même
la Suisse d'où la plupart sont venues; c'est la bergerie et ses
moutons mérinos, au nombre de huit ou neuf cents, s'ils ne
sont pas davantage; ce sont enfin les granges si vastes et si
bien remplies; ce manége conduit par des bœufs; cet abreuvoir en pierre, creusé dans un seul bloc pesant dix-huit à

vingt mille; la boulangerie et la laiterie, si propres, si aérées, si bien tenues; jusqu'à ces remises où trente voitures se mettraient à couvert, et à ces ateliers du maître charron, mieux établis que ceux des premiers ouvriers de Paris, et où toutefois la charrue passe de droit avant l'équipage.

Le parc se divise en deux parties : l'une d'une centaine d'arpents environ, que l'on distingue sous le nom de Petit-Parc, et qui contient, outre la faisanderie, un charmant pavillon gothique, construit sur l'emplacement du tombeau de madame Fouché la mère, et dont S. A. R. le duc d'Orléans a admiré il y a un an l'élégante simplicité; l'autre, d'une étendue beaucoup plus considérable, que l'on appelle le Grand-Parc, et dont les limites ne sont pas encore fixées, M. de Rothschild embrassant chaque jour de ses deux bras de géant quelque propriété nouvelle.

Quant au reste du domaine de Ferrières, il est réparti moitié en bois, moitié en terres et prairies; et si maintenant, sans daigner vous arrêter avec moi à une multitude de terres partielles, qu'il serait impossible de compter, à moins d'avoir le cadastre sous les yeux, vous joignez à l'énumération de tous ces biens la nomenclature encore plus longue de ceux achetés depuis, savoir :

Le château de la Taffarette, à M. Delanoix;

La ferme du Génitois, à mademoiselle Fouché (le plus riche faire-valoir de la Brie, loué par bail jusqu'à trente-huit mille francs par an, net d'impôts);

Les bois de l'Archevêché et ceux de Villeneuve-Saint-Denis, à l'État, les uns, sur la lisière d'Armainvilliers, les autres sur celle de Crécy;

La ferme de Mauny, au général Reille;

Les bois de Mauny, aux MM. Chabannot de Lagny ;

Et dernièrement enfin, la ferme de la Parenterie, à M. Desrosnes ;

Cela fait, vous aurez un aperçu assez exact de tout ce dont se compose aujourd'hui la propriété de M. de Rothschild, propriété gigantesque, immense, qui, embrassant en ce moment une étendue de plusieurs lieues, représente en biens-fonds un capital de huit ou dix millions, et pourrait le disputer comme chasse, tant par la variété du gibier que par l'heureuse disposition du terrain, à tous les domaines royaux du monde, si M. le baron était aussi bon chasseur qu'il est bon financier et habile économiste.

Mais, par malheur, et je me hâte de le dire, tant il m'en coûte, c'est là la partie faible, la partie essentiellement vulnérable d'un homme qui, livré à tant d'autres intérêts beaucoup plus graves, ne comprend absolument rien en fait de *sport*, et qui, par suite de son inexpérience complète dans cette spécialité, n'a pas su, avec tous les éléments de succès possibles, tirer parti de ce que la nature et ses prédécesseurs avaient si bien préparé avant lui.

Oui, je le déclare tout haut, et je lui en demande pardon d'avance, son parc contînt-il tous les élèves de l'ancienne faisanderie de Versailles, ses bois renfermassent-ils plus de lapins que n'en comptent Saint-Germain et Saint-Cloud, sa plaine enfin fût-elle couverte de compagnies de perdreaux et parquée de troupeaux de lièvres, plus nombreux que ceux du grand-duché de Bade, quoi qu'il advienne et quoi qu'il fasse, M. de Rothschild est et sera toujours un détestable chasseur, ce qui ne lui ôte pas d'ailleurs son incontestable mérite.

J'en appelle à vous, lecteurs ! Si dernièrement vous vous êtes

au ferme, M. le baron de Rothschild, dis-je, n'a ni meute ni chevaux de chasse!

Aussi qu'en résulte-t-il? C'est qu'avec toutes les conditions voulues, comme je le disais plus haut, pour faire de Bellassise et de Ferrières, ces bois si bien situés et mieux percés encore, l'une des réserves les plus magnifiques de France, on n'en a fait qu'un tiré médiocre et ordinaire, où l'abondance du gibier ne dédommage même pas de la monotonie d'un triste et fatigant plaisir. A part les provisions que les gardes fournissent comme ils peuvent, et qu'ils font avec leurs chiens ou leurs furets, une fois ou deux la semaine, toutes les parties de chasse s'y passent de la manière la plus fastidieuse du monde, c'est-à-dire en traques ou battues. Trente rabatteurs, quelquefois plus, quelquefois moins, s'échelonnent, munis de bâtons, sur la lisière d'un taillis, ayant soin de former le demi-cercle quand ils s'avancent en plaine. Les tireurs placés, le garde fait un geste, et à ce geste, voilà mes trente gaillards qui

> Tous, en même temps,
> Poussent jusques aux cieux mille cris éclatants.
> Les gardes, à ces cris, de leur côté répondent;
> Ils paraissent armés, les lièvres se confondent...
> L'épouvante les prend à demi descendus.
> Avant que d'être morts ils s'estiment perdus.
> Ils couraient à la plaine, ils rencontrent la guerre;
> On les poursuit au bois, on les presse sur terre,
> Et l'on fait en tous lieux couler des flots de sang
> Avant qu'aucun traqueur ait bougé de son rang.

Quand tout ce grand combat est fini faute de combattants, comme celui du Cid, et que chaque animal est venu complaisamment essuyer le feu de MM. tels et tels, ministres, envoyés diplomatiques ou autres puissants hommes du jour, société de chasseurs que je vous conseille de fuir, de peur des distractions, autant pour le moins que celle des poëtes, chacun rentre au logis, mécontent des autres et de soi, fatigué d'être resté en place, les oreilles étourdies par les coups de fusil et les cris, trop heureux encore si l'appétit lui vient à table et le dédommage des ennuis de la journée.

Voilà de quelle manière prosaïque se dirigent en ce genre les plus belles chasses de M. de Rothschild. Parmi ses gardes, au nombre de dix ou douze, tous placés sous l'inspection d'un sieur Joseph, son ancien valet de chambre, maintenant son garde général, il y a sans doute de fort bons et fort loyaux serviteurs; mais, suivant moi, et de l'opinion de bien des gens plus experts encore dans cette matière, soit que M. de Rothschild, manquant lui-même du feu sacré, ne communique à ses gens qu'une ardeur tiède et molle, réglée pour ainsi dire sur la sienne, toujours est-il qu'il n'y a pas dans tous ces hommes un seul véritable et franc chasseur. Aucun d'entre eux, assurément, n'en remplace deux qu'il n'a plus, et qui se sont fait dans le pays, chacun dans un genre différent, une réputation bien méritée dont je veux vous mettre à même de juger.

L'un, le sieur Véron, anciennement garde chez le général Boyer, qu'il avait suivi à son départ d'Hermières pour l'Afrique, et mort il y a deux ans au service de M. de Rothschild, était à coup sûr l'un des meilleurs tireurs que j'aie vus. Aimant la chasse avec fureur, entreprenant, résolu, infatigable, il avait pour principe de ne reculer devant aucun obstacle. Toujours sur pied, à toute heure de nuit et de jour, par les plus grandes chaleurs comme par les temps les plus froids et les plus humides, il se serait cru déshonoré s'il était rentré au logis le carnier vide. Braconnier aussi heureux qu'intrépide, Tournan tout entier se souvient de l'excellent tour qu'il joua à une société d'honnêtes bourgeois de la ville, qui, vers la fin d'août 1828, sur l'appât de trois compagnies de faisandeaux, connues d'avance dans une lisière d'Armainvilliers, payèrent fort cher la location des susdits bois à M. Bernard, de Melun, leur propriétaire. Le 31 août, juste la veille de l'ouverture, Véron quitte Hermières au point du jour, jaloux de laisser échapper à sa porte une proie si facile et si belle, et deux heures après, il était de retour à la maison, étalant quarante-quatre faisans sur la table de cuisine et n'ayant laissé dans les vingt arpents de taillis qu'une vieille poule couveuse que les locataires de la chasse payèrent trois cents francs le lendemain.

Quant à l'autre, qui se nomme Bultot et qui existe encore, sans que je sache pourquoi on l'a congédié, il excellait dans une autre partie qui a bien aussi son mérite, car c'est une science exacte et positive, basée sur des données précises et certaines, et moins exposée que l'art du bon tireur à toutes les chances de l'éventualité; j'entends parler ici de la science du valet de limier, que notre homme possédait mieux que personne. S'agissait-il de faire le bois, de détourner un sanglier, un loup ou un chevreuil, de reconnaître au pied le sexe et l'âge de l'animal, de juger de sa grosseur à son laissé ou à ses fumées, de le suivre d'enceinte en enceinte jusqu'à ce qu'il fût parfaitement rembûché? c'était là le fait de Bultot; et l'on pouvait s'en fier à lui, jamais un faux rapport n'avait fait échouer une seule chasse.

Un jour, grande rumeur parmi les gardes de la contrée.

Un cerf avait sauté des petits glands d'Hermières (à l'État)
aux Buronnières (triage de Bellassise).

Un cerf! depuis 1830 c'était une véritable aubaine.

Les routes faites et l'animal n'ayant pas vidé les bois, on
se rassemble pour le chasser.

C'est une quatrième tête, disait l'un.

C'est du matin, tout saignant, disait l'autre; et cependant
conçoit-on la surprise d'un chacun? Le pas bien distinct en
deux endroits, et sur la route et sur la berge, aucun limier
n'en voulait reprendre.

Une heure se perd ainsi en pourparlers, tous les gardes
pestant, s'emportant, jurant Dieu, et battant leurs *carnes* de
chiens, comme ils disent.

Bultot arrive. Il n'a pas plus tôt examiné le pied :

— C'est un dix-cors, leur dit-il; mais un dix-cors que vous
ne tuerez pas.

— Et pourquoi? demandent nos gens tout surpris.

— Pourquoi? parce qu'il est mort, imbéciles !

Et en effet Bultot avait raison; car c'était un farceur de
mes amis qui, le matin, avait imprimé le pas avec le pied
d'un vieux cerf tué un mois avant à Compiègne, et qui, pendant que tous les gardes réunis s'amusaient à la moutarde,
choisissait, au beau milieu du canton de l'un d'eux, deux coqs
faisans dont il avait besoin pour expédier une bourriche à
Paris.

Du reste, pour en revenir à M. de Rothschild, il est peu de
propriétaires qui soient plus jaloux de leur gibier que lui :
étrange contradiction, qui se concilie fort mal, comme vous
voyez, avec son peu de goût pour la chasse. Peu généreux
même envers ses amis, auxquels il limite un certain nombre

de pièces, et qui en sont réduits à le tromper, en braconnant chez lui, il est avec ses voisins d'une susceptibilité méfiante dont rien n'approche. Un coup de fusil tiré par eux et chez eux lui fait mal; une pièce qui tombe lui saigne le cœur, comme si c'était un véritable vol. Un chien courant n'entre pas dans ses bois sans qu'il soit à l'instant arrêté et rompu, et je suis sûr qu'à ses yeux la moins belle des prérogatives royales n'est certainement pas celle qui permet à la liste civile d'inscrire en tête des domaines du Roi :

« Défenses sont faites, sous les peines de droit,

« De mener les chiens autrement qu'en laisse;

« De pénétrer dans les taillis et massifs, et de suivre d'autres allées que les routes de chasse... »

Vous comprenez qu'avec de telles dispositions, il est difficile que les propriétaires limitrophes et M. de Rothschild vivent longtemps en bonne harmonie : on se parle d'abord; plus tard, on se salue; en dernier lieu, on s'évite et on se fuit. Pour ma part, je n'en connais pas un seul avec lequel il n'ait été en mésaccord jusqu'au jour où il a marchandé sa maison, son bois ou sa ferme. Ce jour-là ces messieurs se sont rapprochés; ils se sont entendus en amis, s'il est permis de se dire amis, quand on se le dit, le contrat à la main; puis, une fois la quittance prête et l'argent compté, ils se sont dit adieu pour toujours, sans que l'un des deux regrettât l'autre.

Et pourtant qu'en coûtait-il à M. le baron pour se choisir à sa porte une société nombreuse et charmante? Pour peu qu'il eût voulu s'en donner la peine, les principaux éléments n'en étaient-ils pas tout prêts autour de lui? N'avait-il pas pour voisins, d'un côté, M. Baillot, d'Armainvilliers, ce malheureux père si honorable et si digne; madame Doucet, cette femme intelligente au cœur d'homme ; et de l'autre, une foule de maisons bien connues, les MM. Thuret, ces jeunes gens de si bonnes façons ; M. et madame de Longchamps, cette charmante parisienne si hospitalière, si spirituelle, si aimable ; tout le château de Guirmantes enfin, les Tholosan, les Dampierre, les Puységur, cette noble et antique famille qui réunit tant de simplicité à tant de noms illustres et glorieux?

Mais non : soit la faute de l'un, soit celle de l'autre (car je n'entends ici accuser personne), chacun s'est tenu sur son quant à soi. On s'est observé d'un camp à l'autre, comme si on observait l'ennemi : il n'y a pas jusqu'aux MM. Fouschard, les anciens propriétaires de Bellassise, ces deux jeunes gens d'esprit et de cœur, dont l'union fraternelle complète l'éloge, et qui, en fait de chasse, passeraient sans peine pour de vieux professeurs; il n'y a pas, dis-je, jusqu'à ces deux frères, simples voisins aujourd'hui des biens dont ils étaient jadis les maîtres, qui ne se soient vus forcés, par suite de tracasseries en tout genre, d'interrompre à regret des relations auxquelles chacun gagnait, et dont j'eusse aimé, pour ma part, à voir le cours se perpétuer et s'étendre.

Je me résume. A ceux qui me demanderont : M. de Rothschild a-t-il une belle chasse, et qui, par les mots *belle chasse*, voudront dire une propriété bien gardée, abondante en gibier de toute espèce, pouvant offrir à la fois tous les plaisirs, le tir du bois et celui de la plaine, je répondrai affirmativement : Oui, M. de Rothschild a une belle chasse.

Mais à ceux qui m'adresseront la même question, et qui, par là, comprendront ce que je comprends moi-même, c'est-à-dire une chasse bien faite, bien dirigée, bien entendue, digne, en un mot, d'un véritable amateur, d'un chasseur généreux et tant soit peu gentilhomme, je répondrai : non, sans hésiter ; parce qu'en effet, pour tout ce qui a rapport à la partie des chasses, la propriété de M. de Rothschild est la plus mal administrée que je connaisse ; parce qu'à côté des plus belles ressources, on manque chez lui des premières nécessités ; parce qu'on n'y trouve n'y piqueurs, ni chiens, ni chevaux, tout cet attirail indispensable aux vrais disciples du grand saint Hubert ; par conséquent, point d'antécédents, de principes, de règles, et partant point de méthode, d'intelligence, d'accord et d'harmonie ; parce qu'une année, on y fera mille ou douze cents élèves en faisans et perdreaux, et que, les années suivantes, on se contentera de ce que, bon an mal an, épargneront le renard et les pluies ; parce qu'enfin, tout grands seigneurs, habiles ministres ou fins diplomates que soient M. de Rothschild et ses hôtes, on ne peut pas chasser plus bourgeoisement qu'eux, comme le leur dit certaine chanson maligne en vingt-quatre couplets, composée par un garde, bel esprit du pays, et qui fait à la fois la part des uns et des autres :

Allons, ambassadeurs,
Amis de cour et non de cœurs,
Pozzo, Sébastiani,
En poste arrivez vite ici.

Vous avez bon œil,
Car pour un chevreuil,
Vous frappez sans peur
Le front d'un traqueur.
Chapeau bas, mon garçon,
Gloire à monseigneur le baron !

Vous êtes, entre nous,
Des gens fort peu sûrs de leurs coups.

> Coups de feu, coups d'état,
> Chez vous n'ont pas grand résultat.
>
> Aussi bons chasseurs
> Qu'adroits orateurs,
> Vous jetez souvent
> Votre poudre au vent.
> Chapeau bas, mon garçon,
> Gloire à monseigneur le baron !

J'ai tout dit. M. de Rothschild me trouvera peut-être un peu sévère : mais qu'il soit bien convaincu que ma critique ne porte que sur une partie essentiellement de mon ressort, dans laquelle je voudrais le voir primer comme dans tant d'autres ; que du reste je m'incline en profane devant la haute capacité qui le distingue entre tous, et à qui seule est la faute sans doute, puisqu'elle en a fait un homme trop grave pour prendre au sérieux une misérable distraction futile ; et si après tout il se fâche, et m'accuse d'avoir commis, à mon insu, la plus petite erreur dans d'aussi longs détails, qu'il ne s'en prenne, dans ce cas, qu'à lui-même, qui ne m'a jamais fait l'honneur de m'inviter à des chasses où, les armes à la main, je lui eusse donné, je m'en flatte, de bien plus profitables leçons.

VI

DES DIVERSES ESPÈCES DES CHIENS D'ARRÊT
(ÉTUDE CYNÉGÉTIQUE)

Les différentes races. — Le braque. — L'épagneul. — Le griffon.
— Le barbet. — Le pointer. — Éducation du chien. — Méthode
de dressage des Allemands. — Baudrillart et le *Lehrbuch für
yager* d'Hartig. — La lettre d'un maître d'école. — Le rappel
de l'élève.

Parmi les nombreux auteurs qui ont écrit sur la chasse, à
partir d'Antoine Gaffet, sieur de la Briffardière, lequel com-
posa sa Vénerie il y a environ un siècle, jusqu'aux œuvres
plus récentes publiées de nos jours, presque tous se sont complaisamment étendus sur l'éducation du chien d'arrêt, cette
partie importante de l'art, qui fait la base de la chasse à tir,
de même que l'éducation du limier est le point de départ de
la chasse à courre ; mais comme la nature, cette mère pré-
voyante et féconde, est toujours uniforme dans son admirable système, qu'elle a des lois immuables, que tout l'art des

hommes ne saurait changer ou réformer, il en est résulté qu'à part quelques modifications de style et de langage, la leçon restant positivement la même, bien qu'elle passât de bouche en bouche, ainsi que cela a lieu à l'égard de toute science naturelle exacte, arrivée à son plus haut point de progrès, chacun d'eux s'est contenté de suivre son devancier, sans se donner d'autre peine que celle d'épeler le texte ancien, et d'en transcrire, mot pour mot, les diverses instructions théoriques et pratiques.

Ainsi a fait M. Magné de Marolles, l'auteur du *Traité de la chasse au fusil*, auquel je sais gré toutefois, au commencement de son article sur le chien, de quelques bonnes observations préliminaires sur la perfection obligée de cet animal, à l'époque où l'on ne connaissait encore, en fait d'armes de chasse, que l'arbalète et l'arquebuse;

Ainsi a fait l'*Encyclopédie méthodique*, cette longue répétition de tout ce qui avait été dit avant elle, œuvre sans esprit et sans goût, compilation indigeste, qui fourmille à chaque pas d'absurdités et d'erreurs, et où l'on trouve, en fait de recettes de chasse, de véritables contes d'enfants, bons tout au plus à orner le répertoire d'une nourrice ;

Ainsi, M. Auguste Desgraviers lui-même, dans son livre intitulé le *Parfait Chasseur*, ouvrage un peu trop calqué sur l'*Art du valet de limier* de M. le comte Desgraviers, son frère, et dont la méthode d'instruction pour le chien couchant n'a pas, je pense, à part tout son mérite, la prétention d'être nouvelle.

Et n'allez pas croire que cette espèce de plagiat littéraire se borne à nos auteurs anciens;

Si vous consultez les publications modernes, rédigées généralement avec plus d'attention et de soin, sur des notions plus exactes et plus certaines :

Le *Traité général des chasses à courre et à tir*, édité en 1823, sous la direction de M. Jourdain, inspecteur des forêts et des chasses du Roi, homme d'esprit et de talent, aussi habile chasseur qu'il est savant économiste ;

Le *Traité spécial des chiens de chasse*, volume in-8°, qui n'a paru que quatre ans plus tard et que nous devons à la plume d'un des meilleurs collaborateurs de l'ouvrage qui précède ;

Et enfin le *Dictionnaire de Baudrillart*, cette œuvre immense et posthume, revue et mise au jour par M. de Quingery, ancien chef de bureau à l'administration de la Vénerie et des chasses de Sa Majesté Charles X ;

Vous vous convaincrez facilement comme moi, qu'à l'exception de l'auteur de ce dernier recueil, qui, en nous transmettant les préceptes de nos auteurs français, les a grossis de ceux enseignés par l'école allemande, dans les volumineux traités de *MM. Bechstein* et *Hartig*, tous les autres, une fois arrivés à la manière de dresser les chiens de plaine, n'ont eu que quelques frais de mémoire à faire pour nous transmettre les règles prescrites à cet égard par la plupart de leurs prédécesseurs.

Assurément, pour ma part, je ne leur en fais point un crime : je sais trop bien par expérience quel écueil difficile c'est là, que de prendre la parole en dernier, sur un sujet épuisé et rebattu, que tant d'habiles professeurs ont discuté avant vous ; combien on a de peine à rajeunir son texte, à le parer de formes et d'idées nouvelles, à tirer un enseignement neuf d'une ancienne et fastidieuse leçon. Mais cependant j'avoue qu'à les voir tous se traîner ainsi terre à terre et comme à la remorque dans l'ornière de la voie commune, sans faire un pas, sans tenter un effort pour en sortir, je suis malgré moi comme honteux pour eux de leur insouciance et de leur paresse. Certes l'éducation du chien est une routine ; c'est là un fait constant dont personne ne conviendra mieux que moi : mais pourquoi alors ne pas essayer par des développements utiles, par des considérations philosophiques sur la nature et l'hygiène de l'animal, de varier un thème usé et déjà fort ennuyeux par lui-même ? Pourquoi répéter ce que chacun sait, pour omettre ce que chacun ne sait pas, pour négliger le point capital, la partie importante et essentielle ? Le but de tout auteur, je crois, doit être avant tout d'intéresser ses lecteurs ; au travail donc, messieurs : votre matière est pauvre et aride, on l'a déjà exploitée cent fois ? eh bien ! cherchez, imaginez, trouvez ; que la forme chez vous remédie à l'uniformité du fond ; à défaut du fait principal, essayez de m'attacher par les détails ; si le succès ne couronne pas vos efforts, j'y verrai du moins un acte de généreuse volonté, qui me fera passer sur le reste.

Le chien couchant ou chien d'arrêt est celui qu'on emploie pour la chasse à tir, par conséquent une des espèces les plus communes et les plus répandues. Parmi les chiens qui montrent le plus de dispositions, et que l'on estime davantage ; on distingue au premier rang : le *braque*, l'*épagneul*, le *griffon*, le *chien barbet*, et le *pointer*, nouvelle espèce de *braque* dont nous devons la race à l'Angleterre.

Le *braque*, qui tire son origine du Nord, est un chien dont la taille varie plus ou moins, depuis dix-huit pouces jusqu'à deux pieds et demi : il a le poil ras, plus fin sur la tête et les oreilles que sur le reste du corps ; très-rarement noir, quelquefois blanc, mais le plus souvent parsemé de petites mouchetures brunes très-serrées, ou marqué à la tête, aux oreilles et sur le dos, de larges taches de même couleur. Ce chien a de la légèreté et de la vigueur, sa quête est vive et brillante ; et c'est celui qui, grâce à la finesse de son odorat, conserve le plus de nez, même à l'époque des plus grandes chaleurs. Aussi ferme à l'arrêt sur le poil que sur la plume, il est également bon et pour la plaine et pour le bois ; mais en général il ne va pas à l'eau, en sorte que la chasse au marais est rarement une chasse qui lui convienne.

On rencontre quelques variétés du *braque :* la principale est le braque du Bengale, variété qui a été décrite par Buffon dans sa grande classification de la race canine. Ses formes sont identiquement les mêmes que celles de notre espèce ; elle n'en diffère que par le pelage de la robe, qui est alternativement mouchetée de blanc sur un fond noir, ou jaspée de noir sur un fond blanc. Quant au *braque* espagnol, que l'on appelle vulgairement *braque à deux nez*, parce qu'il a les naseaux séparés par une espèce de raie en forme de gouttière, il est démontré aujourd'hui que ce chien, dont on a d'abord fait le plus grand cas, a cependant le nez moins fin que le chien français ou anglais.

L'*épagneul* est originaire de Barbarie et plus particulièrement d'Espagne, comme l'indique le nom qu'il porte. Sa taille est à peu près celle du *braque*, avec lequel il a beaucoup de rapports ; il est nuancé des mêmes couleurs, mais son poil est plus long, plus soyeux et plus lisse, surtout aux oreilles, sur le cou, sur les jarrets, derrière les cuisses, et principalement à la queue, dont les longues soies pendantes forment comme un véritable panache. L'*épagneul* est un excellent chien d'arrêt, doux, soumis, fidèle, d'un naturel moins turbulent et moins coureur que la plupart des chiens à poil ras ; son seul défaut est d'être un peu fier, défaut qui naît de sa timidité même, et de n'avoir pas l'été la même finesse d'odorat que l'hiver, la trop grande sécheresse l'accablant trop promptement et lui retirant une partie de ses facultés habituelles. Toutefois il convient bien pour toute espèce de gibier, et surtout pour le gibier d'eau, qu'il arrête et rapporte à merveille.

Il y a de petits *épagneuls* qui ne diffèrent du premier que par la taille. Le *gredin*, qui est une espèce de petit *épagneul* noir, et le *pyrame*, variété du *gredin*, moucheté de taches de feu. Ces deux espèces font encore de fort bons chiens de plaine : je connais un garde aux environs de Paris qui n'en a pas d'autres pour fournir chaque semaine la provision de son maître ; et, de son côté, M. E. Blaze cite un M. Gyaliane, célèbre chasseur à Apt, qui s'en servait aussi avec succès, et dont les chiens, par parenthèse, étaient si petits, qu'il les portait souvent dans son carnier, faisant, à tour de rôle, reposer l'un et chasser l'autre. L'*épagneul d'eau* ou *épagneul anglais*, que mentionne le *Traité des Chiens de chasse*, ouvrage dont nous avons parlé plus haut, n'est qu'un chien métis ou bâtard, qui provient du croisement de l'*épagneul* et du *braque*. Il diffère du *braque* par des formes moins musculeuses, et de l'*épagneul* par son poil long, soyeux et frisé sur les oreilles et sur le dos ; tandis que la tête, les cuisses et les autres parties du corps sont à poil beaucoup plus uni et plus court. Cette dernière espèce, parmi laquelle on rencontre des individus de toute grandeur, est assez peu répandue en France. On l'apprécie davantage en Angleterre, où on l'emploie beaucoup à la chasse au marais, pour laquelle ce chien, grâce à son goût pour l'eau, a des dispositions toutes naturelles.

Le *griffon* a le poil long et rude, quelquefois mélangé de noir, de gris et de blanc, assez souvent tout fauve ou orangé, c'est-à-dire mêlé de blanc et de jaune. Ces deux couleurs sont celles que les connaisseurs adoptent de préférence, parce qu'elles annoncent généralement un chien vigoureux et robuste. Cette race, qui tient de l'*épagneul* et du *barbet*, nous vient, à ce qu'il paraît, du Piémont et de l'Italie. La taille du *griffon* varie beaucoup; cependant la plupart du temps elle est moyenne, même parmi les chiens courants de cette espèce, dont beaucoup de veneurs composent leur équipage. Moins bien pris dans ses formes que le braque et l'épagneul, plus lourd, plus ramassé, plus épais, le *griffon*, malgré tous ces désavantages apparents qui pourraient lui nuire au premier coup d'œil, n'en est pas moins, à juste titre, un chien fort estimé et très-utile. Il va parfaitement à l'eau, et la nature même de son poil taillé en brosse, qui le garantit partout comme une cuirasse, le rend pour la chasse au bois d'une supériorité incontestable. A part quelques exceptions, le *braque* et l'*épagneul* conviennent rarement pour le fourré : devant un roncier d'épines, ils reculent, ils tâtonnent, ils hésitent, et pendant que d'un côté ils réfléchissent, que le chasseur crie et s'emporte, les excitant du geste et de la voix devant une coulée plus facile, à l'autre bout le lapin file, le lièvre part, le faisan piète et s'envole. Plus entreprenant et moins poltron, le *griffon* n'attend pas qu'on l'encourage ; il ne s'effraye de rien, il ne calcule et ne balance jamais; c'est un véritable sanglier pour lequel il n'est pas de forts trop épais et de buissons impénétrables.

Le chien *bouffe* ou chien *barbet* a un poil frisé et touffu qui forme comme une espèce de bourre épaisse assez semblable à la laine. Il est encore plus disgracieux que le *griffon*, avec son corps gros et court, ses jambes disproportionnées, sa tête ronde, mal attachée aux épaules et ses oreilles larges et pendantes; mais aussi il rachète comme lui ses défauts par de brillantes qualités qui les compensent : il a un nez excellent, une fidélité à toute épreuve, et son instinct est tellement développé, qu'on peut le dresser sans peine à toute espèce de service; je ne connais pas de meilleur chien pour le marais; aussi en fait-on un grand usage chez nos voisins d'outre-mer pour la chasse aux oiseaux aquatiques. L'eau est un élément qu'il redoute si peu, qu'on n'a pas même besoin de vaincre chez lui, comme chez les autres chiens, un premier sentiment d'antipathie naturelle; il s'y jette de lui-même et sans effort, dès l'âge de cinq ou six mois, et il nage avec une si admirable facilité, que bien des capitaines de vaisseaux n'ont pas d'autre chien à bord pour aller chercher ce qui tombe par hasard du navire, et pour rapporter les oiseaux de mer qu'ils tuent dans certains parages. Malheureusement le *barbet* exige beaucoup de soins de la part de son maître; il demande les plus grandes précautions pour qu'il soit toujours en état de santé. Si on néglige de le peigner souvent, de le tondre de temps à autre aux pattes, sur le museau, à la naissance de la queue, il contracte bientôt une vermine tellement abondante, qu'elle dégénère quelquefois en une maladie difficile à guérir.

Le *pointer* est une race spéciale de *braque anglais* ou plutôt écossais, que certains amateurs vantent beaucoup, et dont
nous ne nous servons guère en France que depuis une vingtaine d'années. C'est une très-belle espèce de chien qui, par
sa forme svelte et dégagée, par son corsage élancé, son museau long et pointu, paraît tenir au premier aspect du *lévrier*
et du *braque*. L'œil est vif et brillant, avec cette bizarrerie
qu'il est plus clair chez les chiens bruns que chez les chiens
blancs; et *vice versâ*, plus foncé chez les chiens blancs que
chez les chiens noirs; le pied est allongé, étroit et maigre,
à peu près comme la patte du lièvre, et le poil, qui est tantôt
blanc, tantôt noir comme du jais ou d'un beau marron foncé,
est en outre tellement court et ras, que chaque muscle se
dessine en relief comme chez un étalon de pur sang après la
course. En un mot, c'est un superbe animal, vite, ardent,
infatigable, gracieux dans ses poses, élégant dans sa quête et
dans ses mouvements, qui ne saurait manquer de prime
abord de surprendre et de flatter l'œil; mais pour mon
compte, comme, une fois en chasse, je n'étudie les formes de
mon chien qu'autant qu'elles établissent entre lui et moi un
langage d'action dont nous avons la clef tous les deux, je ne
fais pas grand cas du *pointer* qui travaille pour lui plutôt encore que pour son maître, qui balaye toute une plaine au
galop, s'élançant de sillon en sillon, effarouchant le gibier, et
qui, dans l'intervalle d'un bond à l'autre, doit nécessairement
laisser échapper plus d'une pièce de gibier.

Telles sont, si je ne me trompe, les cinq espèces principales de chiens d'arrêt. Il existe bien encore une foule de variétés qui s'en rapprochent plus ou moins, et qu'on emploie
au même usage; mais ce sont des espèces appauvries et bâ-

tardes, provenant, les unes, du mélange des quatre races, les autres, de l'accouplement d'un *mâtin* ou de tout autre individu hors d'ordre avec une chienne de chasse; et c'est à peine si on parviendrait à les décrire, en passant successivement en revue toute cette innombrable famille, qui s'éloigne chaque jour de la nature primitive, et que Buffon a merveilleusement classée dans une sorte d'arbre généalogique dont le *chien de berger* est la souche.

De toutes les méthodes d'instruction pour dresser convenablement un chien de plaine, et Dieu merci nous n'en manquons pas! la meilleure, pour ne pas dire la moins mauvaise, est, à mon avis, celle du dictionnaire de Baudrillart, ouvrage que j'ai déjà cité plus haut, et qui n'est pas, puisque nous en sommes sur son chapitre, un des plus mauvais livres de chasse que l'on ait publiés depuis une dizaine d'années. Ce n'est pas que l'auteur, dérogeant aux habitudes de ses confrères, ait ici plus que partout ailleurs le talent et le mérite d'être neuf, au contraire, et il en convient lui-même avec une bonne foi qui l'excuse, son Traité d'éducation n'est, à l'instar de tous les autres traités, que la répétition de tout ce qui a été dit avant lui. Mais une fois la création et l'originalité mises de côté, comme pour tout écrivain qui compile, l'inconvénient de venir en dernier n'est plus qu'un avantage. Grâce à cette circonstance, dont M. Baudrillart profite assez habilement, son article sur le chien devient un exposé précis et clair, où se résume en un seul et même chapitre la théorie d'une dizaine de volumes.

Je sais que plusieurs critiques ont accusé l'auteur d'avoir un peu trop emprunté à l'école allemande pour la rédaction générale de son œuvre. C'est un fait réel et constant, mais

qui à mes yeux ne comporte même pas le plus petit reproche.
Je dirai plus, c'est qu'en agissant ainsi, M. Baudrillart a fait
preuve, à mon sens, de sagacité et de goût, et qu'il a montré
qu'en fait de chasse, il s'y entendait un peu mieux qu'en matière d'eaux et forêts, question bien autrement grave et importante, qu'il a développée fort au long, mais qu'il n'a pas également traitée de main de maître.

Personne n'ignore que les Germains tiennent le premier
rang parmi les peuples de l'antiquité réputés comme chasseurs : les historiens latins attestent tous leur passion pour un
art que la vaste étendue de leurs forêts rendait assez difficile,
et qui les préparait merveilleusement à de plus rudes combats, en les habituant aux dangers et les endurcissant à la
fatigue. Héritiers des vertus de leurs ancêtres, les Allemands
n'ont point dégénéré dans la pratique d'un exercice dont le
goût, loin de s'affaiblir chez eux, s'est au contraire perpétué
d'âge en âge, et leur supériorité sur nous, en fait de chasse
à tir surtout, est une vérité tellement incontestable aujour-
d'hui, qu'on ne saurait pas plus la révoquer en doute que
leur immense avantage, et comme musiciens et comme
chanteurs. Soit le fruit de l'éducation, soit la nature même
du sol de l'Allemagne, couvert encore actuellement de vastes
et magnifiques futaies, provenant pour la plupart des débris
de l'ancienne forêt Hercynienne, par conséquent fort abondant en bêtes fauves de toute espèce, toujours est-il que le
plaisir de la chasse, dont nous faisons en France une simple
distraction, s'est transformé de l'autre côté du Rhin en un
besoin si impérieux, qu'il est devenu pour ainsi dire populaire ; et s'il est vrai que la poésie d'une nation soit le tableau
fidèle de ses habitudes ou de ses mœurs, s'il faut reconnaître

dans les romanceros espagnols, l'ardeur héroïque et chevale-
resque des descendants du Cid ; dans les imbroglios italiens,
l'esprit d'intrigue et de ruse des Concini, des Mazarini,

> De tous ces noms en *i*
> Dont le talent pour feindre est toujours infini,

et enfin, suivant un académicien de fraîche date, la malice et
la légèreté des Français dans nos vaudevilles et dans nos chan-
sons ; les ballades et légendes allemandes, en tête desquelles
figurent avec tant d'éclat la ballade fantastique du *Chasseur
noir* de Bürger, ainsi que la célèbre légende du *Freischütz*,
sur laquelle Weber a composé son *Robin des bois*, cet immortel chef-d'œuvre, témoignent assez hautement, j'espère, du
goût tout particulier que les modernes Germains ont conservé
pour la chasse.

Pourquoi donc alors, par un orgueil national mal entendu,
récuser en pareille matière l'autorité de gens qui, sans nul
doute, y sont encore plus compétents que nous, et ne pas
vouloir profiter des préceptes qu'ils ont puisés dans une expérience pour ainsi dire journalière ? J'y vois d'autant moins
d'inconvénients que, tout en rapportant les différentes règles
tracées par les écrivains allemands, M. Baudrillart ne les
donne nullement comme articles de foi, et que, compilateur
habile, il se garde bien de rien préjuger, de rien poser en
principe. Son dictionnaire n'étant qu'une vaste nomenclature
comme tous les ouvrages de cette espèce, il ne s'est attaché
qu'à y rassembler avec ordre et méthode tous les matériaux
essentiels ; qu'à y mettre en face et en regard l'opinion de
l'un et de l'autre, sans chercher à influencer personne par
la sienne. La clarté naît souvent de la discussion : vérité tri-

viale qui n'a de démenti qu'à la Chambre. C'est au lecteur, auquel il soumet l'avis de chaque maître, à analyser, à comparer, et en définitive à choisir.

Les règles présentées par M. Hartig, dans le *Lehrbuch für Yager*, et par l'exposé desquelles M. Baudrillart entame son article concernant le chien d'arrêt, sont à peu de choses près conformes aux nôtres. Cet auteur conseille, et il a grandement raison suivant moi, de ne commencer l'éducation du jeune élève que lorsqu'il a un an, et même plus. C'est Pâques ou le milieu du mois de juillet qu'il indique comme la saison la plus favorable, et cette éducation se divise en deux parties bien distinctes, l'*éducation au logis* et l'*éducation en plaine*. La première n'est à proprement parler que la *théorie*; la seconde, qui complète l'instruction, est la *pratique*.

L'*éducation au logis*, qui exige trois semaines ou un mois si le chien est intelligent, et cinq à six semaines s'il a moins de dispositions naturelles, se borne :

1° A faire comprendre à l'animal les différents commandements à l'aide desquels on le dirige et on le gouverne;

2° A l'habituer aux manœuvres bien distinctes que renferment les trois phrases : *Ici, tout beau, derrière;*

3° A lui enseigner le *rapport*, une des qualités les plus essentielles d'un bon chien et malheureusement une des plus rares.

La méthode dont M. Hartig se sert pour développer ce dernier talent dans son élève, ne diffère en rien de la méthode employée par nos chasseurs. C'est toujours au moyen du moulinet ou chevalet, petit bâton de huit pouces, garni à ses extrémités de deux chevilles en bois qui l'empêchent, lorsqu'on le jette, de tomber à plat contre terre, et du *korallen-hals-band*, espèce de chapelet formé de petites billes rondes armées de pointes de fer, qui n'est autre chose que notre collier de force ordinaire. Puis viennent successivement, en raison des progrès de l'animal, les paquets de chiffons, les pelottes de bourre ou de plumes, les ailes de perdrix cousues ensemble, et enfin la fameuse peau de lièvre empaillée, aux deux bouts de laquelle on place un poids quelconque, afin d'habituer le chien à toujours charger son lièvre par le milieu du corps, dernière et importante leçon qui est le *nec plus ultrà* de la science. Quant à la manie qu'ont certains chasseurs d'accoutumer leur chien à présenter ce qu'il rapporte, debout sur les pattes de derrière, et le dos tourné à son maître, difficulté vaincue et sans mérite, gentillesse inutile qui donne ordinairement au professeur et à l'élève plus de mal que tout ce qui précède, M. Hartig la blâme avec raison. Seulement j'aurais voulu que, pour un homme aussi habile, il signalât, pour condamner cette ridicule pratique, un inconvénient un peu plus sérieux que celui dont il a fait choix : « Il arrive parfois, dit-il, que le chien qui n'oublie point de se dresser sur ses pattes de derrière, mais qui oublie de se tourner, saute avec ses pattes de devant sur la poitrine du chasseur, et salit ses vêtements. » Sans doute, M. Hartig, sans doute ; en voilà plus qu'il n'en faut pour convaincre un chasseur tant soit peu coquet de tout le désagrément d'un tel degré de perfection ; mais il en est parmi nous, vous le savez, qui préfèrent à la veste de velours l'usage plus commode d'une simple blouse en toile, et pour ceux-là, au nombre desquels vous me permettrez de me ranger, votre critique n'est qu'une observation sans portée

qu'ils ne prendraient même pas en considération, une réflexion minime et puérile : il est dans ce cas, un inconvénient
bien plus grave que vous oubliez, un danger avéré et réel,
reproduit par mille exemples fâcheux et malheureusement
trop fréquents, c'est que souvent le chien, tout en gâtant les
habits de son maître, accroche et fait partir la détente de son
arme, et devient ainsi la cause innocente d'accidents plus ou
moins déplorables.

L'éducation en plaine consiste à apprendre au chien :

1° A aller à l'eau et à rapporter ;

2° A ne quêter qu'à une certaine distance du chasseur,
sans s'écarter pour courir après les oiseaux et les alouettes ;

3° A tenir fermement son arrêt, tant sur le poil que sur
la plume ;

4° Enfin à ne poursuivre toute espèce de gibier que sur un
signe ou sur un commandement de son maître.

« Pour habituer le chien à rapporter dans l'eau, dit M. Hartig, on le mène avec un cordeau (collier de force) près d'une
rivière ou d'un étang dont l'eau soit basse sur le bord, et
toujours plus profonde à mesure qu'on avance. On jette un
petit morceau de bois assez près de la rive pour que le chien
puisse le saisir sans avancer beaucoup dans l'eau. S'il le
prend et l'apporte, on le caresse, et si, au contraire, il s'y
refuse, on l'y force en le tirant avec la corde, *après s'être
placé dans un lieu convenable et sec* (précaution toute naturelle dont la recommandation, je pense, est inutile) ; et au
besoin on lui donne quelques légères corrections. Petit à petit, on jette le morceau de bois un peu plus loin du bord et
dans un endroit plus profond, de manière que le chien,
n'ayant plus pied, soit obligé de nager pour l'aller prendre. »

Pour l'accoutumer à ne quêter qu'à une certaine distance, sans courir après les alouettes, à tenir fermement son arrêt, et à ne pas poursuivre le gibier :

« On le conduit, toujours au cordeau, dans un canton où l'on sait qu'il y a des perdrix appariées ou des perdreaux, suivant l'époque où son éducation a été commencée. Arrivé sur les lieux, on le fait quêter sous le vent, en lui lâchant la corde de quelques brasses, et on l'excite par ces mots : *Allons, cherche, cherche !* tout en faisant bien attention à la manière dont il se comporte. S'il court après une alouette qu'il aura fait lever, on le réprimande en lui disant : *Fi donc, fi ! haut le nez !* Si on se doute qu'il s'approche des perdrix, on modère son ardeur en raccourcissant le trait, puis on le laisse avancer peu à peu jusqu'à ce qu'il arrête ferme. S'il exécute bien cette manœuvre, on prend le trait tout près de son cou, on le caresse en lui répétant plusieurs fois *tout beau ;* puis, lorsqu'on l'a contenu pendant trois ou quatre minutes, on tâche de faire partir les perdrix en leur jetant une petite pierre ou une petite motte de terre, et s'il cherche courir après au moment où elles s'enlèvent, on le punit en tirant le trait à soi par une ou deux saccades. On répète souvent cet exercice pour la perdrix et pour le lièvre, et par la suite on tient son chien toujours un peu plus longtemps en arrêt, chaque fois qu'il évente et qu'il rencontre. Si par hasard il lui arrive de poursuivre le gibier avant d'avoir formé l'arrêt, il faut le ramener devant l'endroit où la pièce reposait, c'est-à-dire à la place d'où elle est partie, en lui répétant le mot *tout beau,* et chaque fois qu'il commet la même faute, le corriger de nouveau par un coup donné avec la corde. Lorsque son instruction est assez avancée pour que, tenu en laisse, il arrête parfaitement et le poil et la plume, on tâche de lui faire rapporter une perdrix ou un lièvre que l'on a soin de tuer devant son nez, et une fois qu'il exécute bien à la main toutes les leçons qui précèdent, on les lui fait répéter l'une après l'autre en le laissant agir en liberté. Dans ce dernier cas, il faut encore le suivre de près, afin de le surveiller et de l'avertir s'il voulait s'emporter et forcer le gibier. Lorsqu'il est en arrêt, on doit autant que possible, tant qu'on n'a pas une pleine confiance en lui, chercher à le saisir par son collier pour l'empêcher de poursuivre la pièce qui va partir ; mais si déjà il est à sa suite, et qu'il ne revienne pas aussitôt qu'on le rappelle ou qu'on le siffle, il faut, jusqu'à ce qu'il ait perdu cette habitude vicieuse, lui infliger une correction convenable en lui disant : *Fi donc! fi!* etc. Cette punition se donne ordinairement avec un petit fouet de chasse, et *on ne doit jamais lui donner de coups de pied ni le tirailler par les oreilles* [1]. »

Quant aux chiens qui meurtrissent le gibier lorsqu'ils le rapportent, ce que nous appelons nous autres *avoir la dent dure*, ou qui partent sur le lièvre sans qu'on les ait lancés à sa poursuite, deux défauts graves et assez communs :

M. Hartig indique, pour leur faire perdre le premier, un moyen également en faveur dans notre école : c'est de tra-

---

[1] Conseil excellent que devraient suivre tous les chasseurs. Nous avons reçu dernièrement à ce sujet, d'un de nos abonnés, une lettre pleine de sens et de réflexions judicieuses qui vient parfaitement à l'appui de la recommandation faite ici par l'auteur allemand. M. A.... reproche avec raison à l'un des écrivains cynégétiques de notre époque d'avoir indiqué, dans son éducation du chien d'arrêt, le *tiraillement d'oreilles* comme un moyen de correction, et il s'étonne qu'il n'ait pas songé plutôt à bien recommander à toutes les personnes qui s'occupent

verser une pelote ou mieux encore une perdrix par des fils de
fer pointus et disposés en croix, de manière que si l'animal
saisit les objets avec trop de force pour les rapporter, il se
pique l'intérieur de la gueule.

Pour le second, plus difficile à corriger, il propose un remède assez bizarre, mais auquel j'ajouterais volontiers foi en
jugeant par analogie, si j'osais me permettre de placer l'espèce canine en parallèle avec l'espèce humaine.

Vous savez qu'il n'est rien de tel que l'abus, pour nous dé-
goûter de toute espèce de plaisirs; saint Augustin lui-même
l'a dit après en avoir fait l'épreuve. Votre femme aime-t-elle
la danse? la danse, cette distraction futile que vous avez en
horreur, vous, pauvre mari, à qui votre gravité conjugale ne
permet pas de danser, et qui passez tristement votre nuit à
pâlir sur une table de jeu, tandis que votre sémillante moitié
dessine, aux accords capricieux de l'orchestre, les ravissants
trésors de sa taille, si souple, si svelte, si mignonne; loin de
la retenir à la maison, ce qui serait à ses yeux un acte de
tyrannie, un crime de lèse-union au premier chef qu'elle vous
ferait expier cruellement plus tard, la coquette! conduisez-
la, non pas une fois, mais dix fois, mais vingt fois, mais tout
un hiver de suite, au bal; faites-lui en prendre à cœur joie,
ne la laissez pas respirer; que toutes ses soirées se passent

---

de dresser des chiens, de respecter constamment leurs oreilles, cette
partie délicate qui ne saurait demander trop de ménagements et de
soin. Si beaucoup de vieux chiens, ajoute-t-il, deviennent sourds ou
ont des chancres intérieurs ou extérieurs (maladies souvent incurables),
il ne faut s'en prendre qu'au *tiraillement d'oreilles* qui a presque toujours lieu avec un mouvement de colère, ce qui ne devrait pas être,
car pour qu'une correction soit profitable à un chien, il faut qu'elle soit
donnée avec calme et sans emportement.

entre un quadrille de Tolbecque ou une contredanse de Mu-
sard ; que ses petits pieds, emprisonnés dans un étroit satin,
s'agitent dans un entrechat perpétuel ; que ses yeux, à peine
habitués à la douce clarté du boudoir, s'éblouissent jusqu'au
matin, à l'éclat étincelant des bougies ; que ses oreilles n'entendent qu'un son, le glapissement aigre et discordant du
cornet à piston, ou la voix grave et monotone de la basse ; et
vous verrez si bientôt, rassasiée de tant de fatigants plaisirs,
la tête étourdie de tout ce tourbillon, les jambes à moitié brisées et rompues, elle ne sera pas la première à vous demander grâce, et à regarder désormais sans émotion et sans envie toutes ces réunions, toutes ces fêtes, dont les préparatifs
jadis lui faisaient battre le cœur.

Ce moyen, qui ne manque pas d'une certaine logique,
comme vous voyez, et dont l'emploi peut s'étendre à l'infini,
en se modifiant suivant chaque cas, notre professeur, lui,
l'applique tout bonnement à réformer son élève :

Ah ! Médor, mon jeune ami, vous avez la fureur de courir,
non pas les bals, mais les lièvres ; vous voulez lutter de vitesse avec eux, et chaque fois qu'il s'en lève un du gîte, in-
sensible au fouet, sourd au rappel et aux menaces, vous vous
sentez dans tous les membres une commotion électrique qui
vous lance, bon gré malgré, à sa poursuite. Eh bien, mon
chien, donnez-vous du bon temps, exercez-vous le jarret :
vous n'aurez ici que l'embarras du choix, car vous voilà dans
une réserve où le lièvre pullule par centaines. Or sus ! morbleu ! courage ! détalez-moi sur celui-ci qui part ; gagnez
d'un bond cet autre qui vous évite par un crochet habile,
attrapez-moi ce dernier qui vous croise en route ; courez,
volez, franchissez l'espace, jouez aux barres avec tout ce

nombreux troupeau; et quand une fois vous aurez bien
battu la plaine, à gauche, à droite, devant, derrière, dans
tous les sens, comme un fou et un écervelé que vous êtes,
bien convaincu alors de l'inutilité de vos pas, vous revien-
drez à votre maître, haletant, épuisé, rendu, la mine pi-
teuse et l'oreille basse, semblable en un mot au corbeau de
la fable, qui,

> Honteux et confus,
> Jura, mais un peu tard, qu'on ne l'y prendrait plus.

Je ne sais si l'épreuve est infaillible : à parler sérieusement, j'en doute ; je serais même assez tenté de croire que
c'est un excellent moyen pour gâter la meilleure nature de
chien; mais en tout cas je la préfère beaucoup, quoique l'emploi n'en soit pas toujours praticable, à celle que M. Hartig
conseille, en désespoir de cause, aux chasseurs qui n'ont pas,
pour tenter la première, la ressource d'un parc assez giboyeux, ou qui ne sont pas d'humeur, comme le petit homme
de la chanson, *Carabi, à monter sur un arbre pour voir
leurs chiens courir.*

Le *bon* coup de cendrée dans les fesses (pardonnez-moi
l'épithète qui ne m'appartient pas) me paraît, en tout état de
choses, une correction détestable qu'il ne faut jamais employer, attendu qu'on n'en calcule souvent le résultat que
lorsqu'il est trop tard pour y porter remède. On a beau m'assurer qu'un coup de fusil chargé de plomb n° 7 n'est nullement dangereux à quarante pas, qu'à cette distance il ne fait
que *piquer et tirer quelques gouttes de sang* à l'animal, qui
par la suite ne s'emporte plus (j'aimerais autant qui ne s'en
porte que mieux), je ne suis pas du tout partisan de cette

odieuse méthode, et je plains également le maître et le chien qui se sont bien trouvés d'en faire usage.

Il ne m'est jamais arrivé qu'une seule fois, Dieu merci, de confier l'éducation d'un chien à un garde, et d'alimenter de mes vingt francs par mois cet autre commerce de nourrice dont la plupart de ces messieurs font une véritable industrie. Un matin, je reçus la lettre suivante, que je copie textuellement sans rien changer à l'orthographe :

« Monsieur,

« C'est pour faire reponce à votre lettre pour aux sujete de votre chien Stop. Je vous dirai que j'en suis pas mécontant. Il arrette trais bien, son seul défaux est de se carter toujour de trop. Cn'est pas un chien, c'est z'une véritable hirondelle. Mais je pense le racourcir actuellement parce que voila les perdris appareillé, voila les luiscrnes et les blé qu'il vont poussé. Je vais le maincz au cordeau et *lui tiré des coup de fusil dans les faisce*, à seul fin de lui rompe son jarret qu'il est toujour du diable, malgré que je lui an ai tiré déjà plusieur coup. Je doit aller à Paris ce moi d'avril. Je vous dirai de bouche ce que j'en pence. Du reste Monsieur peut être tranquille; son chien ce porte bien, et je suis bien sur qu'il sera bon aux chasses. »

Une heure après la réception de ce charmant bulletin, j'étais sur la route de G...., et, le soir même, je ramenais Stop, malgré les éloquentes protestations de mon homme. Estropie l'orthographe tant que tu voudras, maître bourreau! mais respecte au moins les fesses de mon chien!

Aux leçons du professeur allemand, sur lesquelles j'ai insisté avec d'autant plus de détails qu'elles sont moins connues de la plupart de nos lecteurs, succèdent immédiatement les préceptes indiqués par les auteurs français, pour l'éducation théorique et pratique du chien, et que M. Baudrillart a puisés dans trois ouvrages de choix : Le *Parfait Chasseur*, de M. Desgraviers; le *Traité général des Chasses* et le *Traité spécial des Chiens de chasse*. Ce sont ces préceptes plus ou moins développés qui complètent l'article relatif au chien d'arrêt; nous les passerons rapidement en revue, attendu que presque tous les chasseurs ont lu les livres dont ils sont extraits, et nous ne ferons que mentionner sommairement les points principaux qui rapprochent ou divisent entre elles deux écoles également recommandables, et dont le mode d'enseignement, je le répète, diffère du reste fort peu.

L'*instruction théorique primaire* est d'abord exactement la même : ce sont absolument les mêmes commandements, transmis par des expressions équivalentes ou semblables : *Ici, à moi, tout beau, derrière, cherche, apporte*, termes sacramentels qui composent tout le vocabulaire de la chasse au chien couchant, et qui se traduisent littéralement d'une langue dans l'autre, sans que jamais la signification varie. Je n'y trouve qu'une seule formule de plus, c'est le mot *pille*, et j'avoue, dussé-je prononcer un blasphème, que, malgré l'observation de l'éditeur du Dictionnaire de Baudrillart, qui en condamne l'emploi par une espèce de note en forme de critique, je suis loin de la considérer comme une formule tout à fait inutile.

Oui, messieurs les chasseurs classiques, vous, dont le fanatisme exclusif ne connaît rien au-dessus d'un bel arrêt, d'un de ces arrêts modèles qui font tableau, où l'animal, la patte

en l'air, l'œil immobile et le jarret tendu, semble attendre,
comme dans la Belle au bois dormant, que la baguette d'une
fée le touche et le réveille, je suis désolé de me mettre en
opposition avec vous, mais enfin c'est là mon opinion, et
chacun, vous savez, tient à la sienne, je ne déteste point le
mot *pille*; non pas, entendons-nous, que je prétende qu'il en
faille abuser : tout au contraire; mais j'ai la conviction intime qu'en en réglant sagement l'emploi, on peut en obtenir
des résultats satisfaisants, surtout si l'élève auquel on l'applique est un chien obéissant et docile. S'il est tel cas où un
arrêt bien ferme est nécessaire, il s'en rencontre tel autre où
il n'est d'aucune espèce d'utilité, je dirai plus, où il devient
préjudiciable et nuisible. Cela dépend d'une foule de circonstances qu'il serait trop long de détailler : du gibier, du vent,
de la saison; que sais-je? du terrain même sur lequel on
chasse. En plaine, par une chaude matinée de septembre, le
lièvre, le perdreau et la caille tiennent assez volontiers, abri-
tés qu'ils sont sous l'épais couvert des trèfles et des luzernes;
mais il n'en est pas de même du râle, qui se glisse comme une
couleuvre à travers les herbes de la prairie; de la poule
d'eau, dont toutes les marches et contre-marches ne se tra-
hissent qu'aux ondulations des roseaux, ondulations à peine
sensibles que l'œil le plus exercé a bien de la peine à saisir;
et si, en pareille occurrence, vous avez un chien trop sage
qui ne sache pas *bourrer* la pièce et *piller*, il aura beau vous
former vingt arrêts de suite, croyez-moi, ne vous obstinez
pas, renoncez l'un et l'autre à la partie, vous en seriez tous
deux pour vos frais. Au bois, où le lapin a mille coulées toutes prêtes, labyrinthe inextricable, qui s'étend de ronciers en
ronciers, où le faisan tient deux arpents de taillis avant de ga-

gner un fourré convenable, où la bécasse piète longtemps pour s'enlever, cet inconvénient devient encore plus sensible. Aussi, interrogez la plupart des braconniers, gens rompus au métier et dont personne ne niera l'expérience, tous vous diront qu'ils préfèrent un méchant chien *choupille*, avec lequel ils tuent beaucoup de gibier, à tous ces chiens d'arrêt *temporisateurs* qui leur feraient perdre leur journée.

Les instruments à l'aide desquels M. Hartig développe l'intelligence paresseuse de son élève, sont également ceux adoptés par nos auteurs français : c'est toujours le *moulinet* ou *chevalet*, et le *cordeau* adapté au *collier de force*. Reste à savoir à qui appartient le mérite de l'invention, de même que pour la pelote de chiffons, les ailes de perdrix, la peau de lièvre remplie de mousse ou de foin, éternel A B C d'une éducation presque uniforme.

Enfin l'*instruction pratique*, qui correspond à l'*éducation en plaine*, est, à peu de chose près, basée sur les mêmes errements : dans l'une et dans l'autre école, elle repose sur quatre points principaux, qui sont le *rapport dans l'eau*, la *quête*, l'*arrêt* et les *moyens propres à corriger le chien qui court le gibier*.

Pour apprendre au chien à rapporter dans l'eau, il y a de part et d'autre identité complète de manœuvres : le terrain qu'on choisit comme théâtre est le même. C'est une mare ou un abreuvoir en pente douce dont les eaux soient basses sur les bords. Seulement notre école à nous ajoute, en forme de supplément, un ou deux petits raffinements dont l'auteur allemand n'a pas parlé et qu'on emploie pourtant avec succès, soit pour décider l'animal qui a peur de prendre un bain, soit pour affermir dans ses bonnes dispositions celui qui n'est plus si timide. L'un est le *déjeuner à l'eau*, leçon qui consiste à faire jeûner tout un jour le chien récalcitrant, et à le forcer ensuite, quand il a faim, à aller chercher à la nage de petites croûtes de pain qu'on lui jette à des distances graduées. L'autre est une espèce de *joute aux canards*, épreuve encore plus efficace et qui se pratique avec un de ces oiseaux auquel on a commencé par éjointer le fouet de l'aile. On le lâche ainsi mutilé sur un étang ; on anime son chien à le poursuivre ; puis, comme ce dernier serait fort longtemps à le prendre, attendu que chaque fois que le canard se voit serré de trop près, il disparaît et plonge, on finit par le tuer d'un coup de fusil et par le faire rapporter tout sanglant par son élève.

Pour obtenir une belle quête ou pour habituer le chien à bien former l'arrêt, point de différence notable : même recommandation de toujours bien prendre le vent, manœuvre essentielle qui aide beaucoup l'animal en lui procurant le sentiment du gibier à plus ou moins de distance ; et quant au défaut de courir le lièvre, ample distribution de coups de fouet, accompagnée de quelques leçons au collier de force, recette qui est aussi indiquée pour une autre habitude non moins vicieuse dont M. Hartig ne parle pas, celle de poursuivre la volaille et les bestiaux, et qui vaut bien le ridicule moyen émis en pareil cas par M. de Marolles, quand il nous dit sérieusement, dans son *Traité de la chasse au fusil :*

« Prenez un petit bâton ; fendez-le par un bout, assez pour y passer la queue du chien, et liez ce bout fendu avec une ficelle de manière à lui faire sentir de la douleur ; attachez-y une poule par le gros de l'aile, près du corps, et lâchez l'animal ensuite en lui appliquant quelques coups de houssine. Il se met à courir tant qu'il peut, à cause de la douleur qu'il res-

sent à la queue et qu'il croit occasionnée par la poule. A force
de traîner celle-ci, il la tue, et, las de courir, il s'arrête et
va se cacher dans quelque recoin. Alors détachez le bâton, et
battez-lui la gueule avec la poule morte. »

Et cet autre, peut-être encore plus absurde :

« S'il s'agit d'un chien qui court les moutons, couplez-le
avec un bélier, et en les lâchant ainsi couplés, fouettez le
chien tant que vous pourrez le suivre. Ses cris font d'abord
peur au bélier qui court à toutes jambes et entraîne le chien ;
mais il se rassure ensuite et finit par le charger à coups de
tête. Découplez-les alors, et votre chien sera corrigé pour toujours de courir les moutons. »

Telle est, dans son ensemble, la méthode d'instruction développée au sujet du chien de plaine par le Dictionnaire de
Baudrillart, ouvrage que j'ai choisi de préférence à tout autre, parce qu'il renferme tout ce qui a été dit à cet égard
tant par les écrivains nationaux que par l'auteur allemand
moderne le plus en vogue. Cette méthode est loin sans doute
d'être parfaite ; mais telle qu'elle est, cependant, c'est encore,
je le répète, une des moins mauvaises que je sache, surtout
si on la met en regard des traités de chasse anciens qu'elle a
copiés et dont les plus réputés ne manquent pas, comme on
voit, d'erreurs grotesques, dignes tout au plus de figurer dans
la *Maison rustique* ou dans le *Solitaire inventif.*

VII

LA PERDRIX (ÉTUDE CYNÉGÉTIQUE)

La perdrix grise. — La perdrix rouge. — La bartavelle. — *Amour,
tu perdis Troie!* — Une chasse à l'appeau au moment du co-
quetage. — Éducation des perdreaux. — Un souvenir d'enfance.
— Le drap mortuaire et les panneauteurs. — Les deux chasseurs
et les bons gendarmes.

Quand la perdrix
Voit ses petits
En danger, et n'ayant qu'une plume nouvelle,
Qui ne peut fuir encor, par les airs, le trépas,
Elle fait la blessée, et va traînant de l'aile,
Attirant le chasseur et le chien sur ses pas,
Détourne le danger, sauve ainsi sa famille;
Et puis quand le chasseur croit que son chien la pille,
Elle lui dit adieu, prend sa volée et rit
De l'homme qui, confus, des yeux en vain la suit ..

LA FONTAINE. (Fables, livre X. *Les deux Rats,
le Renard et l'OEuf.*)

Nous avons en Europe trois races de perdrix bien distinctes,
qui toutes trois sont plus ou moins répandues en France. La
perdrix grise, *tetrao perdix*, la bartavelle, *perdix græca*, et
la perdrix rouge proprement dite, *tetrao rufus*. Buffon en
classe encore quatre autres variétés ou espèces, savoir : la
perdrix grise blanche, la perdrix de montagne, *tetrao mon-
tanus*, la petite perdrix grise, *tetrao damascenus*, et enfin

la perdrix rouge blanche; mais cette dernière, ainsi que la
perdrix grise *de même couleur*, ne sont évidemment, comme
il le suppose lui-même, qu'une variété individuelle de la
rouge et de la grise, de même que le faisan blanc ou panaché
n'est qu'une variété du faisan commun; et quant aux deux
autres, que notre grand naturaliste signale comme deux
races à part, l'une, la perdrix de montagne, m'est totalement inconnue, et l'autre, la petite perdrix grise ou de Da-
mas, est, je présume, celle que l'on nomme vulgairement
la *roquette*, une sorte de perdrix de passage, qui se montre
de temps à autre dans quelques-unes de nos contrées, et qui,
plus petite que la grise, en diffère encore par son plumage
plus roux, par la couleur jaune foncé de ses pattes, et principalement par son habitude de voyager et de ne faire qu'un
très-court séjour dans les mêmes lieux ou parages. M. E. Blaze,
l'un de nos estimables confrères, dit dans son *Chasseur au
chien d'arrêt*, à l'article *Perdrix*, qu'il a souvent entendu
parler de cette quatrième espèce, mais qu'il ne la connaît pas
et qu'il n'en a jamais vu. Pour mon compte, je n'en ai tué
qu'une seule, il y a environ sept à huit ans, à quelques lieues
de Sens, en Bourgogne, au milieu d'un champ de sarrasin
ou blé noir; et comme cette variété est généralement assez
rare, ainsi que les perdrix blanches (rouges et grises), chez
lesquelles la couleur du plumage n'est qu'un cas fortuit, une
altération accidentelle, nous ne parlerons ici que de la perdrix grise, de la perdrix rouge ordinaire et de la grosse perdrix rouge, ou bartavelle, trois espèces différentes, mais
toutes plus ou moins connues de la plupart de nos lecteurs.

En France, de ces trois races, la bartavelle est la moins
commune. L'on n'en rencontre pas du tout aux environs de

Paris, dans un rayon de sept à huit lieues, à l'exception toutefois d'un parc ou deux, où l'on a tenté d'en élever quelques-
unes, essais presque toujours malheureux, qui n'ont réussi
qu'imparfaitement. Mais, en revanche, on en trouve pas
mal dans le Berri, le Poitou, la Bourgogne, la Sologne et la
Champagne, sans compter tous nos départements du Midi,
dont le climat leur convient davantage.

Plus grosse d'un tiers que la perdrix rouge, dont elle se
rapproche sous plus d'un rapport, et principalement par la
faculté qu'elle a de se percher au besoin comme elle, la bartavelle est d'un naturel encore plus méfiant et plus farouche.
Elle n'habite que les pays montueux et boisés, les côtes coupées çà et là de fondrières et de ravins, et plus le sol est
escarpé et désert, plus la nature y est agreste et sauvage,
plus les rochers y sont à pic, plus vous avez espoir, pour peu
que votre jarret soit bon, d'y faire ample capture.

Les landes entremêlées de joncs marins et de bruyères, les
friches incultes qui environnent les grands bois, et où vous
ne rencontrez, de distance en distance, que quelques buissons
d'épines, sont encore un couvert très-favorable à la bartavelle.
Naturellement lourde et pesante, elle piète très-loin avant de
se décider à partir. En battue, j'en ai vu souvent des compagnies entières venir à pied jusque sous le fusil du chasseur,
pourvu toutefois que ce dernier eût bien soin de se tenir
caché, car elle a l'œil encore plus fin que la perdrix rouge,
et le moindre mouvement lui paraît suspect. En septembre,
et même jusqu'à la fin d'octobre, quand la saison est belle, la
bartavelle tient longtemps à l'arrêt du chien, surtout par un
beau rayon de soleil. Elle se lève rarement en masse comme
la perdrix grise ; le plus souvent elle part une à une, et si vous

parvenez à tuer le père et la mère, ou, pour parler en termes de chasse, les deux vieux, à moins d'être un mauvais tireur, vous êtes à peu près sûr du reste. Après le coq de bruyère et le faisan, c'est, de tout notre gibier à plume, celui qui fait le plus de bruit quand il s'enlève. Aussi ne doit-elle souvent son salut qu'à son départ brusque et instantané, qui cause toujours un peu de surprise, même aux plus habiles chasseurs. Parvenue à quelques pieds de terre, son vol, d'abord lourd et pénible, devient beaucoup plus rapide; elle file alors en ligne droite avec une roideur incroyable, et si vous la manquez de vos deux coups, il est rare que vous sachiez la remise, parce qu'à moins qu'elle ne plonge pour aller d'une côte à l'autre, il est difficile, dans un pays de montagnes, de le suivre longtemps des yeux.

C'est au mois de février que les bartavelles s'apparient, de même que les perdrix rouges et les grises. Elles ne s'accouplent guère qu'au commencement d'avril, et ce n'est qu'un grand mois après, en mai ou même en juin, lorsque l'hiver a été long, qu'elles commencent à pondre. Elles font ordinairement depuis huit jusqu'à seize œufs, de la grosseur d'un œuf de pigeon de volière, blancs, mouchetés de petits points rougeâtres, et qu'elles déposent tout simplement sur un peu d'herbes ou de feuilles sèches, sans autre espèce de précaution. Je me rappelle, à la vérité, avoir trouvé un jour, sur le bord d'un taillis, un nid de bartavelle qui ne contenait que quatre œufs, déjà couvés; mais c'était là, je pense, un cas exceptionnel, et il est probable que le renard ou l'oiseau de proie ayant détruit la première ponte, c'était le fruit d'un *recoquetage*.

Buffon dit, en parlant des bartavelles (j'aime mieux le

citer que de m'appuyer d'Aristote, chez lequel il va lui-même chercher ses preuves), que les mâles sont tellement transportés et comme enivrés à l'époque de leurs amours, que, malgré leur naturel sauvage, ils viennent quelquefois se poser jusque sur l'oiseleur. Cette assertion, qui pourrait au premier moment paraître un peu exagérée, m'aurait trouvé moi-même incrédule, si je n'eusse recueilli dans le temps, à ce sujet, de la bouche d'un des meilleurs chasseurs de la capitale, quelques détails fort curieux dont je puis garantir l'authenticité.

A trois lieues de Paris se trouvait un parc, le seul peut-être où l'on fût parvenu, jusqu'à ce jour, à acclimater les bartavelles : c'était celui de la Varenne Saint-Maur, dont le vieux duc de Bourbon avait jadis fait sa réserve, et encore, bien que le terrain fût parfaitement disposé pour cela, n'en comptait-on par an qu'une ou deux compagnies. Un jour, au commencement de juin, M. Joffriaud, entrepreneur de bâtiments à Paris, fit, avec le propriétaire de l'endroit et quelques amis que je pourrais citer, la gageure de prendre tous les coqs du parc en moins d'une matinée. L'expérience était de nature à piquer vivement la curiosité de ces messieurs ; aussi rendez-vous fut-il pris par eux pour le lendemain même ; et je vous laisse à juger l'étonnement de la société entière, quand on vit M. Joffriaud se présenter sur les lieux avec un simple appeau qui devait, disait-il, lui tenir lieu de chanterelle.

La troupe se mit sur-le-champ en campagne, moitié riant, moitié plaisantant notre homme, tous s'attendant d'avance à une mystification complète, quand, arrivé à l'angle d'un certain taillis à mi-côte, le guide s'arrêta tout à coup et fit faire halte à ses hommes : on était à une place convenable. Chacun couché sur le dos, avec ordre de ne plus remuer, un premier coup d'appeau fut donné, un seul ; et à peine le dernier son vibrait-il, qu'un vol pesant, suivi d'une espèce de bruit sourd comme celui d'une pierre qui tombe, annonçait, à l'étonnement général, que le signal avait été compris. En effet, un coq venait de se poser à quelques pas dans le taillis, et il ne s'agissait plus, pour convaincre tout le monde, que de capturer l'oiseau, ce qui ne semblait pas le plus facile.

— Cinq minutes et il est à nous, dit tout bas M. Joffriaud, qui disposait à la hâte devant lui un de ces filets avec lesquels on furète les lapins.

— Je vous en donne dix, montre en main, reprit M. Puteaux, le plus entêté de nos incrédules.

Et il n'achevait pas, qu'à un second appel l'oiseau était justement perché sur son ventre, l'œil en feu, les ailes tendues et frémissantes, et répétant à plein gosier, à son nez et à sa barbe, ce cri saccadé et bref qui s'entend à de si longues distances, *codcodec, codcod codec...*, etc.

Au troisième coup, il se débattait dans le piége; et sans M. Barré, qui s'opposa, en propriétaire prudent, à ce qu'on poussât plus loin l'expérience, tous les coqs eussent été pris ainsi l'un après l'autre, M. Joffriaud m'ayant certifié qu'en Bourgogne, il en avait attrapé quelquefois jusqu'à quinze ou seize en une demi-journée.

Je regrette beaucoup de n'avoir pas vu l'instrument dont il se servait pour appeau. Sans doute il se rapproche de celui dont on use pour les perdrix rouges, qui se compose d'un morceau de buis ou d'ivoire creusé en dedans et de forme ronde, dans lequel pénètrent intérieurement deux tubes, l'un contenant un petit tuyau de plume coupé à ses deux extrémités, l'autre creusé jusqu'à moitié seulement et plein à l'extérieur, où il avance en saillie.

Tout ce que je sais, c'est qu'il faut y souffler doucement en modulant ses sons, et en imitant le mieux possible le chant de la poule bartavelle, qui ne consiste, comme celui du mâle, que dans la répétition de deux syllabes rauques et brèves.

Quant au filet que M. Joffriaud employait, et qui est également bon pour prendre les perdrix rouges, on le nomme *bourse* ou *pochette;* et voici, au surplus, ce que je lis à ce sujet dans le *Traité des Chasses aux piéges*, imprimé en 1822, pour faire suite au *Traité général de toutes les Chasses*, et ce qui, comme vous allez le voir, vient on ne peut mieux à l'appui de mon récit :

« Pour tendre ce piége, dit l'auteur, on a une verge de bois souple, dont on plante les deux extrémités en terre, de manière à ce qu'elle forme l'arc. Auprès de chacune de ses extrémités on plante un piquet qui tient à une ficelle fixée à l'œillet de la pochette. Un des bords traîne à terre, et l'autre est relevé sur l'arc où il n'est que posé, pour pouvoir retomber aisément... Couché dans les herbes derrière cette tendue, du côté opposé à celui où il a entendu chanter le mâle, le chasseur l'appelle doucement par deux ou trois sons; le coq accourt aussitôt : arrivé près de la pochette, il la considère et chante encore; on lui répond par un petit coup d'appeau seul qui le décide. Il donne dans le filet, dont le bord relevé sur l'arc retombe et l'enferme... On le prend et on continue. »

La perdrix rouge, *tetrao rufus*, tient le milieu, pour la

grosseur, entre la bartavelle et la perdrix grise; elle est plus commune que la première et moins généralement répandue que la seconde; du reste, comme je l'ai déjà dit, elle a beaucoup d'analogie avec la bartavelle, et tout ce que j'ai mentionné sur l'une, quant à son naturel et au choix du pays qu'elle habite, peut également s'appliquer à l'autre, dont elle est proche voisine par le caractère et les mœurs.

Buffon avance que les perdrix rouges se terrent quelquefois lorsqu'elles sont trop vivement poursuivies : c'est un fait que je n'ai jamais été à même de vérifier, et qui me semblera toujours douteux tant que je n'en aurai pas fait l'expérience moi-même. Comme on en trouve un assez grand nombre aux environs des garennes, et surtout dans les clairières où sont placés les terriers, il est possible qu'une perdrix démontée et poussée par un chien s'y soit par hasard réfugiée; mais c'est là, je crois, un instinct de circonstance qu'il ne faut pas confondre avec une habitude, et je pense qu'en cela Buffon, ce grand observateur, qui a souvent trop vu par les yeux d'autrui, s'est laissé induire, à son insu, dans une erreur grossière.

Ce qui est plus véridique et plus juste, c'est ce qu'il dit de la difficulté avec laquelle on les élève quand on veut les multiplier dans un canton ou dans un parc. Non-seulement les perdrix rouges exigent bien plus de soins et de précautions que les perdrix grises, mais encore la plupart du temps, fût-on parvenu, dans leur éducation première, à obtenir un plein succès, il est bien rare qu'à la suite elles vous récompensent de vos peines. Quelque favorable que soit la disposition du pays où on les mette en liberté, elles ne s'y plaisent presque jamais, et d'un jour à l'autre elles l'abandonnent.

Il n'y a que dans les faisanderies royales où l'on ait trouvé moyen, à force de temps et de patience, d'en propager quelques-unes, et encore n'y réussit-on pas toujours; car c'est tout au plus si, dans le parc de Vincennes, où jadis on les nourrissait comme les faisans, en les appelant deux fois par jour au sifflet, les gardes conservaient, année commune, la moitié de leurs élèves, bien que la partie de bois qui domine la Marne entre Nogent et Saint-Maur, cette colline pittoresque où s'élevait anciennement le château de Beauté, présentât un site des plus convenables. On les a mieux acclimatées à Compiègne, dans certaines parties des anciens tirés, qui n'en manquent pas aujourd'hui. De toutes les chasses du domaine public ou de la Couronne, Compiègne est celle qui en a toujours fourni davantage; viennent ensuite les rochers de Fontainebleau, où, grâce à la difficulté du chasser, elles sont restées indestructibles; puis, Montargis et Senart; Verrières enfin, ce paisible et modeste buisson, qui, de temps immémorial, en a toujours compté une compagnie, entre les côtes sablonneuses d'Amblinvilliers et de Bièvre.

La perdrix grise, *tetrao perdrix*, est, des trois espèces, celle que je préfère, par la raison toute simple qu'elle est la plus commune. Ce n'est qu'en pleine forêt que l'on ne rencontre jamais de perdrix grises; car elles s'aventurent même assez loin dans les lisières des bois qui avoisinent nos campagnes, surtout si ces bordures sont des taillis ou des coupes nouvelles. La chasse en est plus facile et plus agréable que celle de la perdrix rouge ou de la bartavelle; et comme, après le lapin, c'est le gibier le plus abondant, elle est aussi plus productive, avantage incontestable, immense, qui engage chaque année bien des propriétaires à en faire de nombreux élèves.

Ont-ils tort, ont-ils raison? c'est là une question qui offre le pour et le contre, et qu'à mes yeux leur plus ou moins d'habileté décide. Dans les pays à blé, comme la Beauce, et où la chasse est en outre bien gardée, je crois, à franchement parler, que c'est prendre là un soin superflu et inutile; mais dans les pays où les prairies artificielles dominent, comme l'époque de la fauchaison arrive justement au moment où les perdrix couvent, souvent bien des compagnies de perdreaux se trouvent moissonnées en herbe, et peut-être, dans ce cas, est-ce un avantage de récolter d'avance les œufs pour les faire éclore sous une poule.

Au reste, avantageux ou non, de tous les essais que l'on fait comme élèves, soit en faisans, soit en perdrix, ce sont les perdreaux gris qui réussissent le mieux. Chaque poule peut couver environ deux douzaines d'œufs, et conduire pareil nombre de petits après qu'ils seront éclos : ils suivent cette étrangère comme ils auraient suivi leur propre mère, jusqu'à l'époque où ils deviennent assez forts pour se passer des soins maternels, et, chose singulière, c'est qu'une fois abandonnés à eux-mêmes, ils conservent l'habitude de rappeler entre eux sitôt qu'ils entendent le chant des poules.

Plus robustes que les autres perdreaux, ils sont aussi moins sujets aux maladies; mais ils n'en demandent pas moins, dans leur enfance, une multitude de soins minu-tieux; et, quoi qu'en dise Buffon, qui prétend que les œufs de fourmis ne leur sont pas nécessaires, qu'on peut les nour-rir, comme les oiseaux de nos basses-cours, avec de la mie de pain et des œufs durs, je me permettrai encore une fois, malgré tout mon respect pour ce grand maître, de ne pas être de son avis. Je crois, au contraire, que les œufs de fourmis sont une nourriture indispensable pour eux, ainsi que pour les perdreaux rouges et les faisans; seulement, avant de les semer dans leurs parquets, il faut avoir soin de les passer légèrement au four, afin de faire périr les fourmis qui s'y trouvent toujours en grand nombre, et qui fourniraient aux plus jeunes élèves un aliment plus nuisible qu'utile.

Les perdreaux gris ont les pieds jaunes en venant au monde; plus tard cette couleur change et devient d'un blanc terne et grisâtre; quand ils sont maillés, elle est tout à fait brune, et plus ils avancent en âge, plus cette couleur se fonce et se noircit; c'est même à cette seule différence, toujours sensible, que l'on distingue les jeunes perdrix des vieilles, ainsi qu'à la première plume du fouet de l'aile, qui, dans les perdreaux, se termine en pointe, et se trouve arrondie dans les perdrix.

C'est entre trois mois et trois mois et demi, que les jeunes perdreaux poussent le rouge, c'est-à-dire qu'ils prennent ce petit point rougeâtre qui s'étend au-dessous de la paupière, entre l'œil et l'oreille, et qui est plus sensible chez les mâles que chez les femelles. Cette époque leur est souvent funeste : c'est là pour eux le moment critique; mais aussi, une fois ce temps passé, ils ne courent plus aucune espèce de danger, et c'est l'instant de leur donner une liberté après laquelle désormais ils soupirent.

Au surplus, ils n'abusent jamais en ingrats de l'indépendance qu'on leur a rendue : non-seulement ils se fixent dans le pays même, mais ils s'éloignent le moins possible de la maison ou du clos où ils ont passé leur jeunesse; et quand leur éducation ne présenterait dans ses résultats que ce seul et unique avantage, il est assez important, je pense, pour qu'on les préférât aux autres espèces de perdreaux, qui ne sont pas, à beaucoup près, aussi sédentaires et aussi fidèles.

Je me rappelle, à cette occasion, certaine histoire de mon enfance, qui prouve combien les perdrix grises sont d'un naturel doux et facile; c'est toute la vie de deux pauvres oiseaux dont la mort tragique causa bien des larmes. J'étais fort jeune alors, par conséquent bien tendre, bien sensible; mais, quelque endurci que je sois aujourd'hui, moi qui n'ai de pitié aucune, et qui massacrerais sans remords père et mère, femme et enfants, s'ils se présentaient sous la forme d'un lièvre, je ne puis songer encore sans attendrissement à cette triste et touchante aventure.

A deux lieues des bords de la Loire, entre Ancenis et Nantes, au milieu d'un joli bien de campagne que plus d'un honnête gentillâtre décorerait du nom pompeux de château, habite une noble et respectable famille, dont l'unique occupation en ce monde est de rendre heureux tout ce qui l'environne. C'est là que je passais ordinairement mes vacances, insouciant et espiègle comme tous les écoliers de mon âge, gâté par les uns et les autres, et surtout par trois bonnes et charmantes cousines, que j'éprouvais toujours plus de regret à quitter chaque fois que la fin de septembre me rappelait malgré moi sur les bancs enfumés du collége.

Une année où j'arrivais, comme d'habitude, tout fier de m'appartenir pendant quatre grandes semaines, et plus empressé que jamais de réclamer à moi seul l'amitié de trois femmes jeunes et belles, jugez de mon désappointement quand, en entrant dans le salon, j'aperçus toute une nombreuse famille réunie à la mienne; famille étrangère, hélas! et qui n'en absorbait pas moins exclusivement l'attention de mes jolies cousines. C'était une compagnie de perdreaux gris, fruits des amours de deux perdrix privées qui, dès l'automne précédent, avaient excité ma jalousie par toute la tendresse dont on les entourait déjà. Je n'eus pas mis le pied sur le seuil de la porte, que la première réflexion que je fis, voyez jusqu'où va l'égoïsme ! fut de songer sur-le-champ combien ma part serait petite, réduit que j'allais être à partager entre tant d'intrus mon lot habituel de soins et de caresses, et c'est tout au plus si je pus retenir mes larmes quand, relevant la tête au bruit que je fis exprès en me dirigeant vers elle, Caroline, la plus jeune des trois sœurs, me dit d'un ton de reproche :

— Mais prends donc garde, cousin, tu vas écraser mes perdreaux !

Et cependant, quelle histoire simple et touchante que celle de ces deux perdrix ! Élevées sous une poule toutes deux, elles étaient devenues tellement familières et privées, qu'elles n'avaient plus voulu quitter le toit où elles étaient nées. En liberté, le jour, dans un immense verger où elles trouvaient une nourriture abondante, jamais elles n'en avaient franchi le mur de clôture, et, chaque soir, à la nuit tombante, on les voyait l'une et l'autre accourir jusqu'à l'escalier du perron, en monter tranquillement les degrés, après avoir salué de leurs chants réciproques les derniers feux du soleil couchant, et venir se réfugier dans une espèce de grande cage en bois, placée exprès pour elles sous le vestibule. Si, par hasard, une fois elles tardaient trop à rentrer, l'une des trois sœurs n'avait qu'à les appeler par leurs noms, elles accouraient aussitôt à cette voix amie et protectrice, abrégeant souvent par un vol une distance trop longue à parcourir. L'automne et l'hiver

salade, dont les perdreaux sont très-friands, et, grâce à ces petites attentions qui ne me coûtaient rien, nous étions devenus-les meilleurs amis du monde. Deux jours avant mon départ, arrive de Paris mon cousin Alfred, jeune garde du corps de la compagnie de Noailles, escorté d'un superbe chien anglais qu'il avait acheté, au moment même de monter en voiture, à l'un de ces honnêtes fripons qui ne vous prendraient pas dans votre poche un mauvais foulard de trois francs, et qui ne se font aucun scrupule de vous voler aujourd'hui un chien payé par vous vingt-cinq louis la veille. Les oreilles longues, le poitrail large, le fouet de la queue mince et fin, Phanor était un braque magnifique ; il avait le rapport des plus beaux. Restait donc à décider un seul point, point capital, essentiel : il s'agissait de savoir s'il avait le nez bon et l'arrêt ferme. Nous convenons, Alfred et moi, de l'essayer le lendemain. Mais où, comment? telle fut la question que nous nous fîmes, et qui m'eût embarrassé toute la nuit, si je ne me fusse arrêté sur-le-champ, et sans en souffler mot à personne, à un projet absurde, funeste, pour l'exécution duquel je me levai avant le jour, et qui amena, comme cela ne pouvait manquer, la plus épouvantable catastrophe.

A six heures du matin je frappai doucement à la porte d'Alfred.

— Allons, cousin, allons!

— Quoi ! déjà?

— Oui, debout.

— Tu sais où il y a des perdrix?

— A deux pas, au bout du clos Mercier, j'en ai entendu qui rappellent...

Et l'instant d'après nous partions tous trois, Alfred, son chien et moi... moi, malheureux ! qui m'applaudissais tout bas en route de mon esprit d'invention et de ruse.

Nous arrivons au pré Mercier; le regain était grand, l'herbe fournie et haute. A peine entré en quête, le chien rencontre et s'en rabat; mais, ô douleur ! au lieu d'avancer sagement et de marquer l'arrêt, le voilà parti comme un trait. Cris, jure-ments, sifflet, coups de fouet, rien ne l'arrête... Il ne court pas, il se précipite, il pille. Deux perdrix s'enlèvent : inutile effort, toutes deux retombent, se débattent et sont prises, pauvres infortunées que je n'ai pas besoin de nommer, et qui, attachées l'une et l'autre par moi au milieu de ce maudit pré, ensanglantèrent bientôt le sol de leurs dépouilles, sans qu'il nous fût possible de les arracher vivantes de la gueule implacable de leur ennemi.

Les couvées des perdrix grises sont habituellement plus nombreuses que celles de perdrix rouges ou des bartavelles; elles pondent de quinze à vingt œufs, qu'elles déposent indif-féremment dans le premier couvert venu, presque toujours au milieu des champs, et quelquefois aussi sur le bord des taillis qui avoisinent la plaine. La durée de l'incubation est de trois semaines environ; cependant, à deux ou trois jours près, il n'y a là-dessus rien de bien fixe, la saison influant beaucoup sur le plus ou moins de temps que la femelle reste à couver.

Il est peu d'oiseaux qui soignent leurs petits avec plus de courage, de dévouement et de tendresse. « Si un chien s'em-porte, dit Buffon dans son admirable style, et qu'il les appro-che de trop près, c'est toujours le mâle qui part le premier, en poussant des cris particuliers réservés pour cette seule circonstance. Il ne manque guère de se poser à trente ou quarante pas (souvent beaucoup plus près), et on en a vu revenir plusieurs fois sur le chien en battant des ailes : tant l'amour maternel inspire de courage aux animaux les plus timides ! Mais quelquefois il inspire encore à ceux-ci une sorte de prudence, et des moyens combinés pour sauver leur couvée. On a vu le mâle, après s'être présenté, prendre la fuite, mais fuir pesamment et en traînant l'aile, comme pour attirer l'ennemi par l'espérance d'une proie facile; et fuyant toujours assez pour n'être point pris, mais assez pour décourager le chasseur, il l'écarte de plus en plus de la couvée. D'autre côté, la femelle, qui part un instant après le mâle, s'éloigne beaucoup plus et toujours dans une autre direction; à peine s'est-elle abattue qu'elle revient sur-le-champ, en courant le long des sillons, et s'approche de ses petits, qui sont blottis, chacun de son côté, dans les herbes et dans les feuilles; elle les rassemble promptement, et avant que le chien, qui s'est emporté après le mâle, ait eu le temps de revenir, elle les a déjà emmenés fort loin, sans que le chasseur ait entendu le moindre bruit. » Telle est en effet cette scène touchante, que chacun de nous a dû voir, pour peu qu'il ait habité la campagne, et que la Fontaine a encore mieux décrite que Buffon, dans ses inimitables fables.

Peut-être serait-ce ici l'occasion de donner quelques préceptes pour la chasse de la perdrix grise, qui offre toujours une grande variété; d'indiquer comment il faut s'y prendre pour la tirer au chien d'arrêt ou en battue, en tête, en travers ou bien quand elle file droit; d'inventorier enfin tous les différents cas, depuis le coup simple et le coup double jusqu'au coup du Roi, de tous le plus difficile. Mais outre que

j'aurais en ceci le tort de venir après un maître, Deyeux, qui,
dans son *Vieux Chasseur*, s'est acquitté si spirituellement de
cette tâche, surtout lorsqu'il nous dit, avec son flegme et son
sang-froid :

> Le plus grand des Rois de la terre
> A tort de tirer par derrière...

je suis d'avis que, quelque habiles que soient ces leçons, ce
sont des leçons dont on ne profite jamais, la théorie, en fait
de chasse au moins, ne remplaçant jamais la pratique.
Bien des gens vous diront : « Ajustez la tête, ajustez le bec
ou les pattes ; » moi, je vous dirai simplement : « Visez où
vous voudrez, mais visez bien, et probablement la perdrix
sera morte. »

Un conseil bien plus utile à donner aux propriétaires chasseurs, c'est de planter de distance en distance dans leur plaine
quelques remises d'un quart d'arpent, où les perdreaux trouvent un refuge contre l'épervier et le tiercelet, et surtout d'é-
piner soigneusement chaque champ, afin que les panneauteurs n'y puissent venir la nuit exercer leur coupable
industrie.

Comme cette chasse est un objet de spéculation pour les
braconniers, ils ne manquent pas de la pratiquer souvent avec
un vaste filet que l'on nomme traîneau, et qu'ils appellent,
dans leur langue à eux, *drap mortuaire.* Ils attendent ordinairement la fin de la moisson, et choisissent, pour cette
expédition, une nuit sombre et obscure. S'étant assurés, au
coucher du soleil, des pièces de terre où les perdrix se réu-
nissent, ils s'y rendent entre onze heures et minuit, en ayant
soin d'observer le plus grand silence et de faire en marchant

le moins de bruit possible. Là, ils commencent par étendre leur filet à terre, puis quand ils l'ont garni des bâtons qui le soutiennent, ainsi que des bouchons de paille qui doivent pendre sur le milieu et les côtés, afin de faire lever le gibier, ils le relèvent et se mettent en marche, en ayant soin de le tirer assez pour le tendre. Les bouchons de paille qui traînent à terre forcent les perdrix à s'envoler; alors les braconniers, ouvrant les mains, lâchent le filet, qui quelquefois, en tombant, couvre la compagnie entière.

Ils ont entre eux certains signaux dont ils se servent pour s'entendre; pour quelques-uns, par exemple :

un coup de sifflet signifie baisser,
deux,　　—　　—　　étendre,
trois,　　—　　—　　lever,
quatre,　　—　　—　　que le filet est arrêté,
cinq,　　—　　·　—　　qu'on entend quelqu'un.

Mais souvent le vocabulaire varie afin de dérouter les gardes; aussi est-il impossible de préciser au juste un langage tout de convention.

C'est dans la Beauce, et surtout dans le pays chartrain, que l'on trouve en France le plus de perdrix grises; il y en a beaucoup dans les chasses gardées aux environs de Paris, où elles fournissent la meilleure part du gibier que l'on y conserve. Je connais un chasseur qui, étant l'an passé à Mantes, a tué, le 8 septembre, par conséquent une semaine après l'ouverture des chasses, jusqu'à dix-neuf perdreaux gris, et qui, sans la présence d'esprit d'un camarade, faillit payer cher cette brillante victoire.

Il était sorti sans port d’armes sur les instances réitérées
d’un ami auquel il ne manquait rien pour être en mesure,
et qui l’avait assuré avant de partir contre les gardes et les
gendarmes. En effet, la journée finissait, et la chasse avait
été bonne, quand, au moment où nos deux imprudents battaient, non loin d’un taillis, une dernière pièce de luzerne,
débouchent tout à coup, à l’extrémité de la plaine, deux
de ces uniformes à cheval qui font pâlir tant de chasseurs.
Les deux nôtres avaient la fièvre, et l’un des deux se sauvait
déjà.

— Que fais-tu? lui dit son ami, auquel vient une inspira-
tion soudaine, fie-toi à moi, continue ta chasse. Il n’y a
qu’une portée de fusil d’ici au bois. Observe-moi, prends ton
temps, et je me charge du reste.

Et là-dessus le voilà qui s’élance à travers chaumes et la-
bours, fuyant de toute la vitesse de ses jambes, comme un
homme qui aurait commis un crime. Mes deux gendarmes
l’aperçoivent : l’un se sauve, donc il est en délit; l’autre
chasse, c’est qu’il est en règle. Un temps de galop, et leste
à la poursuite du fuyard !

Il était déjà bien loin quand, leurs chevaux couverts de
sueur et d’écume, ils l’atteignent et l’interpellent :

— Votre permis de chasse, l’ami? dit l’un d’eux d’un air
goguenard.

— Le voici, répond sans se déconcerter notre homme...

— Comment! vous avez un permis de chasse?

— Eh ! mais, sans doute !

— Pourquoi donc vous sauver alors?

— Pourquoi? pour donner à mon ami, qui n’en avait pas,
le temps de gagner le bois où il vient d’entrer, et où

vous pouvez, si bon vous semble, vous mettre à sa poursuite.

Excellent tour, comme vous voyez, dont les deux bons gendarmes prirent le parti de rire les premiers, et que je vous
conseille d'employer en pareille circonstance, excepté à Mantes toutefois, où il n'aurait plus de succès.

VIII

LA FERMETURE DE LA CHASSE EN 183

L'arrêté du préfet de police est affiché. — « La clôture de la chasse pour toute l'étendue du département de la Seine aura lieu le dimanche soir, 26 février. » — Branle-bas général. — *Allons, chasseur, vite en campagne!* etc., l'un en voiture, l'autre à pied. — « A partir du 1er mars, il est interdit, » etc., etc. — Remords tardifs des maladroits.

Enfin l'ordonnance fatale a paru : non-seulement elle a été insérée au *Moniteur* et répétée le lendemain par les cent voix de la presse parisienne; mais elle est affichée partout, dans la ville et dans le faubourg, aux carrefours des rues, aux cabarets de la Banlieue, ces rendez-vous habituels du chasseur, à la Barrière elle-même, cette bonne et estimable fille, que nous avons réveillée si souvent par les chants joyeux du départ, et qui, chaque fois, nous a ouvert, à toute heure de nuit et de jour, sans murmurer, sans se plaindre, de meilleure grâce que notre autre portière.

12

Aussi voyez, le dimanche matin, 26 février, et dès le samedi au soir, la veille, quels nombreux préparatifs de guerre, comme de toutes parts chacun s'empresse et s'agite !

Ce n'est plus un goût, une distraction, un plaisir :

C'est une passion, une vraie fureur, une maladie contagieuse, une rage de chasse épidémique.

Ici, Diane ! ici, Sultan ! ici, Lowe ! Ralph, Spring, Diavolo, Tambelle !

A moi, ma bonne chienne épagneule, ma Myrsa, aux longues soies blanches comme la neige, toi, qui connais la moindre touffe de jonc des prés d'Arcueil et de Cachan, ces vastes et superbes marais où, dans la même matinée, j'ai tué jadis jusqu'à trois bécassines !

A moi, Quasimodo, mon basset à jambes torses, qui m'as forcé un lapin au bois Charlet, le seul qui eût échappé aux braconniers de Wissous, le seul qu'eussent épargné le fusil, le collet et la belette !

A moi, Plongeon, mon barbet, toi qui nages si bien entre deux eaux, et qui m'as rapporté quatre culs-blancs démontés, depuis le pont de Grenelle jusqu'à Sèvres !

A moi, Freischutz mon griffon ! à moi, Munito, mon braque espagnol à deux nez, à l'arrêt desquels j'ai fait au croisé, dans Clamart, un si magnifique coup double !

A moi, Stanley, mon brave chien, mon grand lévrier d'Écosse, qui, dans les artichauts de la plaine Saint-Denis, m'as pris deux chats à défaut de lièvre !

A moi, Minna et Brenda, mes deux anglaises, au corsage élancé, aux pattes effilées et sveltes, qui battez une lieue carrée au galop, et qui vous allongez comme deux couleuvres,-

chaque fois qu'en sautant un sillon, vous rencontrez sous le vent le fumet délicat de l'alouette !

Ce n'est partout qu'une voix, partout ce n'est qu'un même cri ; partout un mouvement spontané, un but semblable, unanime.

L'un, le chasseur dandy, l'amateur élégant, fashionable, qui ne presse qu'avec des gants jaunes la détente innocente de son arme, s'élance gaiement dans un léger tilbury, qu'entraîne, rapide comme le vent, un coursier écumant et fougueux.

Un cigare sur le bord des lèvres, les pieds mollement enveloppés dans une épaisse et chaude fourrure, il se dirge vers Saint-Germain et Marly, où l'inspecteur qui flaire son homme, rien qu'à l'aspect de ce carnier vierge, de ces boutons richement ciselés, de cette veste brillante et somptueuse, l'admettra sans difficulté dans le meilleur canton de la forêt.

L'autre, non moins joyeux, mais plus modeste, dispute la septième place d'un étroit coucou déjà plein, qui part à l'instant pour Fontenay, aux risques et périls d'une cargaison trop complète, tandis que celui-ci, vieux sournois, plus sûr de ses deux jambes que des quatre pieds d'une maigre haridelle, prend prudemment le pavé, escorté de son chien, et gagne, à travers champs, le coin de terre ignoré où l'attend, pour le dernier dimanche, le dernier bouquin de la plaine.

Toutes les diligences sont louées : pas une voiture publique qui ne regorge : l'impériale elle-même, ce trône ambulant du commis voyageur, est occupée aujourd'hui par une meute entière, société rarement d'accord, dont chaque membre grogne, hurle, s'étrangle ou aboie, exécutant plus ou moins bien sa partie, et formant avec l'essieu et les roues un concert d'harmonie nouvelle.

Partez, heureux chasseurs! que nulle affaire, qu'aucune considération ne vous arrête ou ne vous retarde. Allez, courez, volez, les uns en poste, les autres à pied, prendre chacun votre part de cette dernière curée. Entrez en campagne frais et dispos, sans attendre qu'un maladroit ami vous souffle à l'oreille le mot fatal *bonne chasse*, et vous attire, par ce vœu téméraire, un guignon réel et constant. Battez les bois, gravissez la montagne, sillonnez en tous sens la vallée, le taillis et la plaine. Mais surtout ne vous pressez pas, soyez toujours maîtres de vous, conservez tout votre sang-froid : qu'à la première perdrix qui partira; qu'au premier lapin, au premier lièvre qui déboule, votre arme tombe bien en joue à l'épaule, le doigt sur la détente, le point de mire d'accord avec l'œil.

Car M. Delessert l'a dit :

A partir du premier mars prochain, et jusqu'à nouvel ordre, l'exercice de la chasse, etc., etc.

Et songez un peu quelle honte, quel déshonneur pour vous si vous alliez faillir dans ce dernier jour de bataille!

Qu'on manque au mois de septembre, par une belle matinée d'ouverture, cela se conçoit et se pardonne : il y a longtemps qu'on n'a pratiqué; la surprise, l'émotion, le défaut d'habitude, sont dans ce cas autant d'excuses valables. Il faut, comme disent les gardes, s'y remettre et se refaire la main. Souvent on en est quitte pour la phrase banale :

— Comment! mon cher, vous n'aviez donc pas de plomb dans votre fusil?

Ou bien pour celle-ci, prononcée d'un ton de reproche :

— Ah! le maladroit… dans votre culotte! vous deviez tuer la pièce cent fois pour une.

Ce à quoi l'on répond piteusement :

— C'est juste, j'ai tiré comme une véritable palette.

Et ce petit dialogue terminé, l'instant d'après on n'y songe plus, car on a pour soi le lendemain; le lendemain, ce mot, magique et plein d'espoir qui console de bien d'autres défaites.

Mais quand on tient son fusil pour la dernière fois, quand ce jour qui va finir est le dernier jour de la chasse, quand il faut, en rentrant à la maison, déposer son arme dans le fourreau, et dire au chevreuil qui bondit devant soi un adieu souvent éternel; malheur, alors, malheur au conscrit qui, par trop de précipitation, a mérité le surnom de mazette!

Il s'est mis là sur la conscience un de ces remords qui ne s'en vont plus, par cela même qu'il est impossible qu'on les rachète.

C'est en vain que, de retour chez lui, l'infortuné voudrait bannir de son esprit une préoccupation poignante et cruelle; comme l'assassin qui voit du sang partout, et que poursuit jusque dans son sommeil l'ombre échevelée de sa victime, il a beau faire, il a sans cesse sous les yeux le souvenir involontaire de son crime.

Est-ce un faisan qu'il a manqué, un de ces vieux coqs aux éperons pointus, à l'œil en feu, aux oreilles de pourpre? l'oiseau royal devient son cauchemar; il s'acharne après lui, il le poursuit, il l'assiége. Le jour, notre homme le voit partout; passe-t-il devant Chevet, sur le boulevard des Italiens, rue Vivienne, à l'aspect de ce faisan doré qui repose sur une couche parfumée de truffes, un tremblement nerveux le saisit, car ce beau coq, c'est le sien, messieurs! le sien, qui lui est parti à quatre pas, dans un taillis de deux ans à peine, et qu'un braconnier a sans doute tué depuis, pour lui donner une leçon et lui faire un sanglant reproche.

La nuit venue, il le retrouve encore, et à peine assoupi il en rêve... Tantôt l'oiseau est là, à ses côtés, sur le ciel de son lit, comme une vision fantastique qui le provoque et le raille; tantôt il l'aperçoit rasé sous le nez et à l'arrêt de son chien, dont les yeux dévorent d'avance une proie qui lui semble certaine. Il n'hésite plus... il avance... il va tirer. Mais, ô désappointement! ô douleur! voilà Médor qui s'emporte, et le faisan qui s'enlève et part, renversant d'un coup d'aile la casquette de notre pauvre chasseur, et le laissant livré à tout le désespoir d'une confusion nouvelle.   .   .   .

.   .   .   .

Mais, c'en est fait, l'heure a sonné... La plaine est calme et tranquille; il faut songer à la retraite. Le soleil qui se lèvera demain n'éclairera plus aucun meurtre nouveau ; la forêt ne se réveillera plus aux cris des chiens, aux accents belliqueux du cor; sans crainte désormais au fond de leurs retraites, les hôtes de nos bois y accompliront en paix le grand œuvre de la reproduction universelle, tandis que les habitants des airs vivifieront par mille concerts harmonieux la solitude apparente du bocage; le ramier gémira sur les chênes, le faon appellera sa mère dans le taillis ; la perdrix et la caille voyageuse glousseront avec amour dans les sentiers odorants de la prairie.

Éloignons-nous, profanes! imitons la nature qui couvre d'un voile impénétrable tous ces secrets de génération, tous ces mystères de volupté; ne nuisons pas nous-mêmes à nos plaisirs, en troublant, par d'indiscrets regards, la paix de ces chastes asiles. Bientôt septembre reviendra, répandant autour de nous de nouveaux bienfaits, de nouvelles largesses; et c'est alors que, rompant la trêve, nous irons, les armes à la main, demander compte à chacun de nos privations et de nos sacrifices.

IX

UN STEEPLE-CHASE A LA CROIX-DE-BERNY

— 2 AVRIL 1841 —

Les steeple-chases en Angleterre. — Ceux du *Jockey-Club* en France.
— La Croix-de-Berny et la Bièvre. — Les acteurs. — Le public.
— Incidents de la lutte. — Le retour.

Malgré toutes les apparences de mauvais temps, malgré la
pluie glaciale qui dès le matin balayait à flots le sale pavé de
cette bonne ville de Paris, fouettant bruyamment contre les
vitres de notre chambre à coucher, silencieuse demeure si
calme et si bien close, en dépit même de cet irrésistible attrait
de voluptueuse paresse, qui a inspiré le

> Quam juvat immites ventos audire cubantem,
> Et dominam tenero continuisse sinu !

ce naïf et harmonieux soupir du poëte ; le vendredi, 2 avril,
nous avons fait un courageux effort sur nous-même ; et, nous

rappelant l'engagement que nous avions pris le mois passé, à propos du *steeple-chase* si pompeusement annoncé depuis cinq semaines par tous les journaux de la capitale, nous nous sommes mis en route en véritable et intrépide *sportman*, pour nous rendre à la Croix-de-Berny, théâtre habituel de ces solennités annuelles, prêt à tout voir par nos yeux, comme le doit faire un historien véridique, et à soumettre un compte exact et fidèle, aux gens d'esprit qui ne sont point sortis de chez eux, des moindres incidents de cette mémorable journée.

Or, savez-vous d'abord, ami lecteur, et vous, toute *lionne pur sang* que vous êtes, adorable lectrice, ce que c'est qu'un véritable *steeple-chase* en Angleterre ; et ce que, nous autres innocents, nous affublons de ce nom dans notre imitateur pays de France?

Chez nos voisins d'outre-mer, un *steeple-chase* est une chose sérieuse et surtout éminemment populaire. Comment contester l'utilité d'un pareil exercice chez une nation où la chasse au renard, ce *sport* tout à fait incompris sur notre continent, quelques efforts qu'aient faits, pour y en propager le goût, certains amateurs plus ou moins heureux dans leurs tentatives, a été de temps immémorial le plaisir le plus en faveur, le plus à la mode, un amusement passé dans les mœurs, consacré par l'usage, et auquel participe, avec un entraînement qui tient de la fureur, la grande majorité de toutes les classes sociales? En Angleterre, les *fox's-hunters* sont non-seulement une race nombreuse de chasseurs passionnés, fanatiques, mais ce sont encore d'heureux privilégiés, partout favorisés, applaudis, fêtés ; en un mot, des acteurs aimés des spectateurs, et aux exploits desquels s'associe avec un intérèt non moins frénétique toute la population d'un pays en quelque sorte acquis au droit de chasse. Aussi la première condition, pour nos *sportsmen* d'outre-Manche, est-elle d'avoir à leur service des chevaux toujours capables de s'acquitter dignement de leur tâche, des chevaux qui ne reculent devant aucun obstacle, que n'effrayent ni barrières, ni fossés, ni haies, ni rivières; puis, ce qui n'est pas moins important, d'être assez bons cavaliers eux-mêmes pour savoir parfaitement conduire ces généreux compagnons, pour leur venir en aide au besoin, et faciliter en eux, par une éducation de jour en jour perfectionnée, le développement des qualités naturelles qui devront en faire plus tard les héros de ces mêmes chasses, si justement célèbres dans toute l'étendue des Trois-Royaumes.

Les courses ordinaires, c'est-à-dire celles où le cheval ne dispute qu'un prix de vitesse, usurpent, dans la Grande-Bretagne, à peu près les trois quarts de l'année : quelques mois de vacances seulement sont accordés aux rudes jouteurs des hippodromes, dont tous les loisirs consistent alors, pendant ce court intervalle de repos, à se préparer, eux et leurs chevaux, à *l'entraînement* et aux exercices de toutes sortes nécessités à l'avance par les nouvelles courses de la saison prochaine. C'est à cette époque, qu'impatiemment attendus et faisant une habile diversion, apparaissent à leur tour sur la scène, les amateurs et coureurs de *steeple-chases*. D'autres chevaux, destinés à la chasse à courre, surgissent pour ainsi dire de tous côtés, comme le coursier sortant de terre sous l'évocation puissante du dieu Mars. Au lieu de *jockeys*, ici ce sont exclusivement des *gentlemen*, des cavaliers faits à ce nouveau genre d'études qui se mettent à exercer, par d'adroites leçons, leurs fiers et intelligents élèves. Des terrains appropriés pour ces courses au clocher, c'est-à-dire difficiles, semés d'obstacles de différente nature, sont désignés par un juge compétent; puis, lorsque tout est ainsi préparé, lorsque le théâtre de la lutte est choisi, quand surtout *riders* et chevaux sont ce que l'on nomme *en état;* — car il ne faut pas s'imaginer qu'il suffise d'amener un bon cheval sur le terrain pour tenter fortune dans ces expéditions hardies, aventureuses, il est pour le moins aussi nécessaire que le cavalier soit entraîné au même point que son cheval, c'est-à-dire également initié aux difficultés de l'entreprise, aux fatigues laborieuses qu'elle nécessite; — alors un point d'arrivée étant désigné, le signal est donné, et voilà tout aussitôt que, comme un escadron impétueux, s'élancent à travers la plaine les nombreux concurrents qui se pressaient au départ, généreux rivaux, portés sur les ailes de l'espérance, habiles et vaillants écuyers, franchissant à vol d'oiseau tous les obstacles, ne reculant devant aucun danger, domptant toutes les impossibilités, jusqu'à ce que la palme du vainqueur, ce noble prix d'une ardeur généreuse, ait élevé au rang des dieux celui d'entre eux qui, le premier, touche au but.

> .... Palmaque nobilis
> Terrarum dominos evehit ad deos...

Telles sont, en Angleterre, les courses connues sous le nom de *steeple-chases,* parties pleines d'intérêt, par cela même qu'elles sont dans l'esprit national, luttes où il y a vraiment quelque gloire à figurer et que les caprices de la mode, ou plutôt les penchants novateurs de quelques esprits portés à imiter nos voisins pour tout ce qui concerne les exercices de *sport*, ont essayé depuis peu d'années de populariser en France. Mais comment s'y est-on pris pour obtenir ce résultat, pour réussir à faire adopter parmi nous des habitudes tout à fait étrangères à nos mœurs? Hélas! il faut en convenir à notre honte, avec une inexpérience, pour ne pas dire une maladresse, fort peu propre à convertir l'esprit public, dans un pays où le succès justifie tout, mais où l'on ne pardonne point le ridicule. D'un spectacle souvent renouvelé chez nos rivaux et toujours aussi sérieusement joué qu'accepté, on ne nous a fait ici, chaque année, qu'une seule et triste parodie.

Au mois de mars, comme les premiers bourgeons poussent aux feuilles, un *steeple-chase* est arrêté au Jockey-Club, puisque *steeple-chase* il y a, et avril n'a pas plutôt émaillé le tapis vert de la prairie, que voilà nos amateurs de chevaux, nos *sportsmen* en herbe, nos *cockneys* de toute espèce enfin, qui s'élancent intrépidement au rendez-vous général, alléchés chaque fois par l'espoir d'applaudir à un noble triomphe. Or, quels résultats viennent les dédommager de leurs trois ou quatre heures d'attente? Est-ce une course qu'ils ont sous les yeux, un *steeple-chase* réel, une lutte quelconque? La plupart du temps tout se borne, pour eux, au spectacle plus ou moins varié de chutes et d'accidents de tout genre, qui se renouvellent annuellement soit au point de départ, soit à celui de l'arrivée; car, il faut bien en convenir, surtout quand les faits sont là pour le prouver, si depuis 1850 l'on a deux fois franchi la Bièvre [1], une année en partant, l'année sui-

---

[1] M. de Normandie une fois; M. Mackensie-Grieves l'autre.

vante en arrivant, il est constant que pour la plupart des coureurs cette métamorphose du point de départ en celui du but n'a fait qu'avancer ou retarder l'instant de leur culbute.

Nous avons nommé la Bièvre : c'est ici le cas de placer quelques mots sur le choix du terrain fait par le juge qui préside à ces courses, sur le terrain lui-même et sur les *gentlemen riders* français engagés dans la lutte.

Chaque année, *invariablement*, le juge commissaire chargé de fixer le champ de bataille où doit se disputer la victoire se rend *invariablement* à la Croix-de-Berny, c'est-à-dire un peu au-dessus du Bourg-la-Reine, au bord de ces étroites prairies que traverse la route de Choisy-le-Roi à Versailles, et qui, suivant le cours sinueux de la Bièvre, entourent Antony de leur verte ceinture ; puis là, *invariablement* encore, quoiqu'à la suite de graves calculs et de mûres réflexions, est arrêté, comme théâtre du *steeple-chase* prochain, le même terrain que les années précédentes, mis à la disposition des *steeple-chasers* par les propriétaires fonciers avec un généreux désintéressement. Croirait-on que ces honnêtes particuliers, — tant les courses sont nationales en France et tant les candides habitants des environs de la capitale ont de reconnaissance et de sympathie pour ces bons Parisiens qui les font vivre, — se contentent, comme indemnité, d'une redevance presque égale à la totalité des enjeux ? En vérité c'est pour rien, et voilà ce qui s'appelle faucher son blé en herbe. — Le terrain ainsi fixé, de distance en distance, et par suite du système adopté, *invariablement* aux mêmes endroits, sont placées de petites barrières d'un mètre et quelques centimètres de haut, sur quatorze à quinze mètres de long, flanquées aux deux extrémités de jalons surmontés d'un drapeau. Le juge décide si les deux sauts qui défendent chaque côté de la route de Choisy seront le premier ou dernier obstacle à franchir par les cavaliers, et, ce point arrêté, la partie la plus importante de ses fonctions est accomplie.

Quant à la Bièvre, tout le monde connaît cette petite rivière bourbeuse qui traverse la charmante vallée de Jouy, non loin des aqueducs de Buck, et vient, après avoir alimenté dans son cours capricieux une multitude de moulins et d'usines, apporter à la manufacture royale des Gobelins le tribut de ses ondes fangeuses. Profondément encaissée à l'endroit dit la Croix-de-Berny, presque impossible à franchir de bas en haut comme de haut en bas, — car, si l'on essaye de le faire au départ, il faut la sauter en prenant son élan d'un terrain bas pour arriver sur un terrain plus élevé, et, si l'on s'y présente au retour, c'est d'une route pavée qu'il faut s'élancer pour retomber dans des prairies dont le niveau est à plusieurs mètres au-dessous, — c'est, à notre avis, un point très-dangereux pour les coureurs, soit au départ, soit à l'arrivée, leurs chevaux manquant presque toujours d'*état*, et étant fatigués plutôt qu'aidés par leur cavalier, qui a négligé pour son propre compte les exercices et l'*entraînement* nécessaires. Le lieu, fort mal choisi pour les acteurs engagés, est-il du moins plus convenable pour les spectateurs? Pas davantage, si l'on consulte les résultats obtenus là chaque année, soit à la fin, soit au commencement des *steeple chases*. Que se passe-t-il, en effet, comme incident curieux, sous les yeux de toute cette nombreuse et brillante assistance? Ou l'on tente de franchir la Bièvre au départ, et alors la lutte cesse faute de concurrents;

ou bien on la trouve au retour, et alors chevaux et *riders*
épuisés, rendus, n'en pouvant mais, n'offrent plus à l'avide
curiosité de l'assemblée, nous l'avons déjà dit, que le spectacle
de graves accidents, dont le moindre est de transformer en
tritons vaseux, moins dignes d'applaudissements que de pitié,
de brillants coureurs se débattant sous leurs chevaux au milieu de ces eaux croupissantes.

Dans le *steeple-chase* qui devait être couru, aujourd'hui
vendredi, le point de départ était de l'autre côté de la route
d'Orléans, non loin du petit parc enclos de haies vives situé
entre Antony et Verrières, et la Bièvre formait au-dessous de
la route de Choisy, à cent pas du but environ, le dernier
obstacle à surmonter. Sept chevaux avaient été inscrits au
club :

Beau-Nez, à M. de Normandie ;
Revealer, à M. le baron le Couteulx ;
Percy, à M. le baron G. de Knyff ;
Magpie, à M. le capitaine Allouard ;
Brunette, à M. le comte d'Hédouville (autrefois *Réal* et
Maria Capel) ;
Tigris, au colonel Fridolin ;
Park-Paling, à M. F. d'Este.

Quatre seulement se sont présentés pour la course :

Revealer, monté par M. le baron le Couteulx ;
Magpie, monté par M. le capitaine Allouard ;
Brunette, par M. Gheel ;
Et *Park-Paling*, par M. le vicomte Édouard Perregaux.

La distance à parcourir, qui s'étendait depuis le pont de

pierre à Verrières jusqu'à la Croix-de-Berny, représentait un espace d'environ trois milles, dans lequel étaient disséminés dix-sept obstacles plus ou moins importants que nous avons pris la peine de compter nous-même, savoir : la rivière deux fois, sept fossés simples, quatre barrières avec claies fixes d'un mètre seize centimètres de haut, deux fossés avec haies devant, représentant à peu près une hauteur d'un mètre et demi, et les deux fossés d'arrivée, alimentés par la Bièvre.

Le prix à disputer s'élevait à sept mille cent francs, y compris les entrées, montant à trois cents francs par cheval; il était stipulé, entre autres conditions, que le dernier arrivé payerait l'entrée du second.

Dès une heure, le temps jusqu'alors incertain s'étant heureusement mis au beau, une file innombrable de voitures, d'équipages, de cavaliers, de chaises de poste, a commencé à venir prendre place au milieu des hennissements des chevaux, des disputes des cochers, des jurements énergiques des postillons, sur les bas-côtés de la route, tandis qu'une procession de curieux à pied, composée en grande partie de toute la population des villages voisins, débouchait, à travers prés, pour affluer au rendez-vous général. A droite du pavé, est une propriété particulière dont le jardin élevé en terrasse se termine à l'angle le plus rapproché du chemin par un élégant pavillon rustique d'où la vue s'étend sur toute la campagne. C'est là qu'étaient placés les princes, LL. AA. RR. le duc d'Orléans, le duc de Nemours et le prince de Joinville, accompagnés de quelques-uns de leurs amis, MM. de Caumont la Force, d'Hédouville et autres. On y remarquait aussi l'infante d'Espagne. Quant aux célébrités et aux femmes charmantes qui, dans tout l'éclat de leurs fraîches toilettes de printemps, figuraient d'un bout à l'autre de la terrasse, formant le plus ravissant coup d'œil, nous leur demandons humblement pardon de ne les point citer; bien que notre mémoire soit fidèle... pour bien faire, il faudrait n'en omettre aucune. Or tout Paris élégant assistait à la Croix-de-Berny ce jour-là... la rue de la Tour-des-Dames avait à peine suffi aux commandes de chacun, et pour notre part nous avons compté jusqu'à trente-sept voitures de maîtres, attelées chacune de quatre chevaux de poste.

Sur la route, au pied de la tribune destinée à MM. les membres du Jockey-Club, tous présents et plus ou moins intéressés par d'importants paris au dénoûment de la course, s'exerçait la musique du 4ᵉ cuirassiers, égayant des préparatifs un peu trop longs par des marches vives et brillantes; tandis que d'un élégant *breacke* à quatre chevaux, celui de M. le baron de Pierres, l'un de nos veneurs les plus célèbres de l'Anjou, répondaient de joyeuses fanfares exécutées par ses habiles piqueurs. Enfin, jamais fête plus complète, jamais représentation plus solennelle n'avait réuni, dans un si petit espace, tant de spectateurs impatients; et n'était la longueur de l'attente, dont chacun s'est plaint avec raison, il eût fallu être plus qu'exigeant pour ne point s'associer franchement à toute cette joie bruyante et sans mélange.

Annoncé pour deux heures et demie, le départ de nos *steeple-chasers* n'a eu lieu qu'à quatre heures environ. Les premiers obstacles ont été franchis avec plus ou moins de facilité, mais sans accident; à la troisième barrière, l'un des concurrents, M. le vicomte Édouard Perregaux, étant tombé, *Park-Paling*, qu'il montait, a été distancé, et tout l'intérêt de la course s'est porté sur les trois autres *gentlemen riders* qu'on attendait au bord de ce fossé fangeux où se déversent les eaux de la Bièvre.

Revealer et *Brunette*, après avoir pris l'avance sur *Magpie* et franchi simultanément la dernière barrière, ont parcouru tête à tête la prairie qui borde la route; arrivés au premier fossé, c'est *Revealer* qui s'est élancé d'abord, immédiatement suivi par *Brunette*; celle-ci, une fois sur l'autre berge, enlevée plus vivement par son cavalier, M. Gheel, a repris l'avantage sur le pavé et s'est présentée une tête d'avance pour le saut du second fossé; elle n'a pas hésité un instant pour franchir ce périlleux obstacle; mais, ce dernier effort accompli, ses forces trahissant son courage, elle est retombée sur le flanc, épuisée, sans mouvement, hors d'haleine, tandis que son cavalier roulait à ses côtés, désarçonné lui-même par la violence du choc. *Revealer*, qui venait après, un peu intimidé par cette chute, a balancé quelques secondes avant de sauter, et, moins franc que *Brunette*, sans être beaucoup plus heureux qu'elle, il a glissé les deux jarrets dans l'eau, tandis que son cavalier, M. le Couteulx, vidant les étriers comme M. Gheel, allait à son tour mesurer la prairie.....

Cependant, tandis que M. Gheel, presque aussitôt debout que tombé, cherchait, avec l'aide de l'un des assistants, à remettre sur pied sa bête inanimée, *Revealer*, sorti de l'eau, et sur lequel le valet de chambre de M. le Couteulx avait tant bien que mal remonté son maître tout étourdi, gagnait le but à travers les nombreux équipages qui stationnaient de chaque côté du pré; et, comme M. Gheel, à son tour en mesure de repartir, stimulait *Brunette* enfin relevée, arrivait en troisième *Magpie*, monté par le capitaine Allouard. Ce dernier cavalier a très-bien franchi le premier fossé; mais, au saut du second, se fiant moins à son cheval qu'il sentait épuisé, il l'a fait descendre au beau milieu, et de là mettant lestement pied à terre sur l'autre berge, tirant d'une main *Magpie* hors de l'eau, tandis que de l'autre il repoussait vigoureusement de sa cravache un officieux maladroit qui s'approchait pour l'aider, il est parvenu *seul*, si nos yeux ne nous ont pas trompé, à sortir son cheval du fossé, à se remettre en selle, et à gagner le but, où *Brunette* était déjà parvenue.

Ordre de l'arrivée :

N° 1. *Revealer*, monté par M. le Coutculx. (Remis en selle par son valet de chambre.)

N° 2. *Brunette*, montée par M. Gheel. (Aidé par l'assistance à relever son cheval.)

N° 3. *Magpie*, monté par M. Allouard. (Arrivé seul, sans secours étranger.)

Déjà chacun devisait sur ces divers incidents qui venaient de se succéder rapidement : le prix était donné à l'un, contesté à l'autre; suivant quelques-uns même, il n'appartenait à personne, lorsque tout à coup un nouveau cavalier, survenu au bruit des conversations particulières jusqu'au milieu de la chaussée, a fixé l'attention du public et imposé silence à ce tohu-bohu universel, à ce conflit de discussions animées par la passion, d'opinions contraires, de jugements étranges. Un instant on a pu croire que *Park-Paling*, le quatrième concurrent, n'avait pas renoncé à l'honneur dangereux de risquer aussi, lui, sa culbute; mais au costume du personnage, surtout à sa tenue un peu inexpérimentée, il était facile de juger que ce n'était point là M. Édouard Perregaux, dont la réputation comme homme de cheval est faite. Six fois le cheval s'est arrêté tout court au bord du fossé, puis il y est descendu

avec beaucoup de précaution, et, remontant de même sur
l'autre rive, a transporté au but son cavalier, dont la casquette
s'était perdue en route un peu avant qu'il ne perdît la tête
lui-même. Ce dernier petit acte, que l'on n'avait point lu sur
l'affiche, et le résultat, nous a-t-on dit, d'un pari de 1,000 fr.
entre M. de Roman et un noble étranger, M. le baron A. de
Bedtwitz (Hongrois), qui avait gagé franchir tous les obstacles
à partir des trois quarts du *steeple-chase*, a terminé gaiement la représentation, et les équipages, où quelques dames
se plaignaient du froid, ont commencé à prendre la file : bien
heureuses, parmi cet essaim de jeunes femmes non moins
aimables que belles, celles qui, comme madame la duchesse
d'Istrie, madame de la Ferronnays, madame la marquise de
Perthuis, avaient été assez prudentes pour ne point descendre
de leur voiture; car c'était vraiment un spectacle pénible, bien
qu'apprécié des connaisseurs, que de voir, en expiation d'une
curiosité moins discrète, tant d'élégantes, à la jambe plus
fine encore que celle de *Brunette*, souiller, dans les boues
épaisses de la route, la chaussure du plus joli pied.

Et pourtant, la belle chose que ce retour ! Quelle cohue !
quel vacarme! quel admirable désordre! A moi, Baptiste! En
selle, Dominique! A cheval, Champagne! L'un crie, l'autre
jure; les maîtres pestent, la livrée se bat; les chevaux piaffent,
se mordent et se blessent. Puis enfin, petit à petit, chacun
part pour aller, au milieu des voitures de rouliers, passer à
l'inspection de la Banlieue, cette commère justement ébahie
et tout entière aux portes ou aux croisées. Voici M. le prince
de Wagram et M. le comte de Plaisance; plus loin ce sont
MM. de Biancourt, F. Sabatier, comte Walewski, prince de
la Moskowa; marquis de la Valette, comte de Lagrange;

MM. le baron Knyff, Ernest Leroy, Auguste Lupin, Achille Fould... En un mot, l'élite de la Chaussée-d'Antin et du noble faubourg, car pas un amateur n'a manqué à l'appel, et ce serait un véritable déshonneur, en rentrant à Paris, que de ne pouvoir raconter à ses amis les plus petits événements de la journée.

Au milieu de cette confusion, il n'est heureusement survenu qu'un seul accident. M. Guy de la Tour du Pin, dont chacun a remarqué plusieurs fois aux Champs-Élysées le gracieux *stepper* attelé à un charmant cabriolet *forme carrick*, exécuté par Thomas-Baptiste, sur les dessins donnés par M. de la Tour du Pin lui-même, conduisait avec l'habileté d'un véritable cocher anglais un élégant *mail-coach* à quatre chevaux, sorti des mêmes ateliers quelques jours auparavant; lorsqu'une de ses juments, frappée d'un coup de sang, est tombée morte à l'entrée du Bourg-la-Reine. Mais cet événement, qu'il était impossible de prévoir, n'a pas eu de suites fâcheuses, et chacun est rentré dans la ville, moins satisfait des résultats de la course, dont le prix décerné à M. le baron le Coutenlx a soulevé quelque légère opposition, que d'avoir profité de ce premier beau jour de printemps, passé sous un pâle rayon de soleil, en aussi belle et noble compagnie.

X

UNE HISTOIRE DE LOUVETIER

Un entr'acte du steeple-chase de la Croix-de-Berny. — Les loups
de la forêt de Cercottes.

« Parbleu ! mon cher monsieur, nous disait l'autre jour,
en attendant comme nous à la Croix-de-Berny, M. le marquis
de Perthuis, qui est bien le plus enragé chasseur que je sache,
avouez que c'est vraiment bien dommage que le journal dont
vous venez de prendre la direction ne compte pas quelques
années de plus d'existence, et qu'on n'ait songé qu'en 1856 à
exploiter cette excellente idée de consacrer chaque mois quelques lignes aux annales cynégétiques les plus intéressantes,
comme faits de chasse à tir ou de vénerie. Ce n'est pas que depuis quelques années, saint Hubert aidant et le désœuvrement
aussi, le goût des chiens, des chevaux, de tous ces nobles plaisirs qui occupent si bien les loisirs du gentilhomme, ne revienne à la mode parmi nous, en offrant un aliment puissant

à l'inaction forcée de nos jeunes fils de famille; mais quelle différence, il y a douze ou quinze ans! et quelles chances de succès, sous la Restauration, pour un recueil comme le vôtre, qui, bien fait et complet comme il l'est, eût inscrit à la tête de ses abonnés le monarque lui-même, son Altesse Royale le Dauphin, madame la duchesse de Berry, son Altesse le duc de Bourbon, M. le comte de Girardin, le premier veneur ; en un mot, d'après le vieil adage :

Regis ad exemplar totus componitur orbis,

toute la cour et toute la noblesse de France !

« Quelles chasses ! quelles fêtes admirables! quelles bonnes histoires à raconter à vos lecteurs à la fin de chaque journée ! Que de beaux coups de fusil dans Saint-Germain, Rambouillet, Fontainebleau, Versailles, Compiègne, même dans Saint-Cloud, ce parc si giboyeux jadis, et où pas un lapin n'a résisté au chemin de fer, ce génie civilisateur, sans respect pour la propriété, et allongeant, comme il lui plaît, ses deux bras insatiables, gigantesques!

« Il n'y a pas à en douter, à cette époque justement regrettée par tout chasseur, où étaient en honneur les sages principes que vous cherchez à rappeler aujourd'hui, vous, l'écho fidèle des joyeuses fanfares, à cette époque où, personne ne songeant à jouer l'homme sérieux ou l'homme d'État, ce rôle encore moins fatigant pour soi que pour les autres, chacun se livrait franchement et sans arrière-pensée à toute l'aimable futilité de ses goûts; avec un titre comme le vôtre, avec un cadre aussi bien choisi, l'avenir de votre journal était fait, et vous pouviez vous flatter à coup sûr d'obtenir partout un succès immense. Ainsi le voulaient les mœurs, les habitudes du jour; ainsi le commandait une passion qui faisait rage et comptait, non-seulement dans la capitale, mais jusqu'au fond de la province, de nombreux et fervents prosélytes.

« Savez-vous jusqu'à quel point je poussais la fureur de la chasse, moi qui vous parle? Il faut que je vous conte à ce sujet un petit épisode de ma vie de veneur. Avec un équipage qui ferait honneur au plus difficile, je m'étais fait nommer louvetier du département du Loiret, et, fier de mes importantes fonctions que je n'eusse pas cédées pour tout au monde, je mettais un véritable amour-propre à ne rien négliger pour les bien remplir jusque dans les moindres détails...

« N'habitant pas les environs de la forêt d'Orléans, théâtre ordinaire de nos exploits, j'avais loué un pied-à-terre pour m'y installer, moi, mes amis et mes chiens. C'était un ancien couvent de moines, nommé la *Cour-Dieu*, et perdu au milieu des bois, la demeure la plus sauvage qu'ait jamais décrite la plume du romancier; des pans de murs à demi délabrés, tombant en ruines; enfin un vrai manoir d'Anne Radcliffe, moins les fantômes et les esprits, que nous n'avions pas le temps de voir après tout, tant chaque soir nous dormions d'un bon somme... En 1827, je me trouvais à Paris, et, tout en déjeunant au Café Anglais, je parcourais un journal (les *Débats*, je crois), lorsque mes yeux tombèrent sur la phrase suivante : « MM. les lieutenants de louveterie feraient bien « mieux, au lieu de s'amuser à Paris, de tuer les loups enragés « de la forêt de Cercottes... »

« Comprenez-vous, monsieur? Sentez-vous quel déshonneur, quel affront pour moi, que ce reproche public et humiliant qu'on me jetait pour ainsi dire à la face? J'eusse lu toute autre nouvelle désastreuse compromettant mes intérêts

les plus chers, la disparition de mon notaire ou de mon ban-
quier, par exemple, que je n'eusse point été aussi complétement atterré qu'à la simple lecture de ces quelques mots se
dressant à mes yeux en caractères énormes : *Les loups enragés de la forêt de Cercottes !*

« J'étais alors le seul maître d'équipage ayant des chiens
chassant bien le loup. Donc c'était à moi, à moi seul, que s'a-
dressait cet amer sarcasme.

« Je demande au garçon du papier, de l'encre et une plume,
et dix minutes après je jetais à la poste une lettre énergique
et concise, adressée à *Pierre*, mon premier piqueur, lui en-
joignant, aussitôt réception, d'avoir à prendre avec lui Louis
Barbier, son second, actuellement premier piqueur de M. le
comte de Plaisance, de se transporter tous deux avec chacun
une couple de bons limiers à Cercottes pour y faire le bois,
jusqu'à ce qu'ils eussent trouvé les loups en question : et, dans
le cas où l'un ou l'autre réussirait à en avoir connaissance,
de faire venir l'équipage sur les lieux, et de m'envoyer immédiatement le rapport à Orléans, à l'hôtel où j'avais l'habitude de descendre.

« Mes instructions ayant été suivies de point en point, en
arrivant dans cette ville, deux jours après, je fus assez heureux pour y trouver un mot de mes hommes. Rendez-vous
m'était donné à neuf heures pour le lendemain, dimanche de
la Pentecôte, au télégraphe de Chevilly, sur la grande route
d'Orléans à Paris. Exact à l'appel, je trouvai mes deux piqueurs déjà rentrés, et leur rapport était bon ; ils avaient rembuché, dans les bois de M. de Montpinçon, un vieux loup et
une vieille louve. Nous découplons vers dix heures. La louve
est tuée à l'attaque par M. Dupré de Saint-Maur. Le vieux

loup saute la grande route, fait une pointe de cinq à six lieues dans la forêt d'Orléans, sans qu'on puisse donner un seul relais. Déjà tout espoir de le forcer est perdu, quand heureusement il revient pour ainsi dire sur son contre-pied et tombe dans tous nos relais servis on ne peut plus à propos; poursuivi alors par quarante chiens chassant avec un admirable ensemble, il continue son chemin et revient au lancer comme un lièvre : là il se fait battre et tient aux plus intrépides. Je ne voulais pas qu'on le tirât, car l'animal était exactement forcé.

« L'équipage de M. Albin, également lieutenant de louveterie, qui ne chassait que le sanglier à cette époque, était venu au rendez-vous. Comme alors il ne s'agissait plus de chasse, mais d'un combat, on découple, et voilà notre loup aux prises avec quatre-vingts chiens ameutés autour de lui, tous les chasseurs pied à terre et le couteau de chasse en main, jaloux chacun de leur côté d'avoir la gloire d'immoler ce redoutable ennemi.... Mais, hélas! vous connaissez la scène des *Fâcheux :* ne voilà-t-il pas qu'un maudit coup de fusil nous part pour ainsi dire aux oreilles. C'était un maladroit ami engagé par moi à cette chasse, qui venait d'étaler roide mort l'animal au milieu des chiens, dont pas un heureusement ne fut blessé. Il était sept heures du soir lorsque finit ainsi cette chasse mémorable commencée à dix heures du matin, et vous jugez si bêtes et gens rentrèrent fatigués à Orléans, précédés par ces deux énormes loups, dépouilles opimes d'un si beau triomphe. Beaucoup de chiens furent mordus dans l'un et l'autre équipage ; mais aucun ne devint atteint d'hydrophobie, nonobstant l'article du *Journal des Débats,* en dépit même des gens du pays, qui assuraient que ces animaux étaient enragés, n'ayant pas craint de se jeter plusieurs fois sur des habitants qui allaient à l'ouvrage; et ce ne fut pas la dernière expédition où mes chiens eurent occasion de faire briller, sous leurs vaillants piqueurs, une réputation justement méritée. »

Ainsi parla notre célèbre Nemrod, abrégeant pour nous, par ce récit animé et piquant, la lenteur fastidieuse des préparatifs de la course; et il n'avait pas achevé de conter, que déjà toute sa conversation était sténographiée dans notre mémoire perfide, trop peu égoïste, comme l'on présume, pour confisquer à son profit les détails de cet hallali remarquable.

XI

LA SOCIÉTÉ DES CHASSES DE RAMBOUILLET

Rambouillet mis en location. — Le baron Georges Schickler s'en
rend adjudicataire, de 1834 à 1859. — La Société de Rambouillet lui succède. — Son organisation. — Son installation.
— Ses débuts. — Liste de MM. les Sociétaires.

Les chasses de Rambouillet, forêt qui, depuis 1830, a
passé, comme chacun sait, du domaine de la Couronne dans
celui de l'État, ont été affermées à différents amateurs,
comme presque tous les bois dont l'ordonnance royale du
24 juillet 1852 a consenti la location. De 1833 à 1859, elles
furent adjugées, pour la majeure partie, à M. le baron
Georges Schickler, ce redoutable rival dont le voisinage avait
causé jadis au duc de Bourbon plus d'une cruelle insomnie;
et, quoiqu'à cette époque le gibier se ressentît encore de la
présence de toute cette meute humaine, qui vint, hurlant
dans la voiture du Sacre, traquer jusqu'en ses derniers re-
tranchements la royauté aux abois, une fois exploitée par un

veneur aussi fervent que l'ex-locataire de Morte-Fontaine et de la Varenne-Saint-Maur, la forêt ne tarda pas à devenir un théâtre digne du meilleur équipage; les échos endormis se réveillèrent au bruit des joyeuses fanfares; les étangs de Saint-Hubert et de Hollande, ces magnifiques pièces d'eau témoins de tant d'*hallalis* fameux, virent de nouveau se précipiter sur leurs rives tout ce torrent bondissant d'hommes, de chiens et de chevaux, qui poursuit la bête expirante; et plusieurs laisser-courre brillants, tels que la Restauration elle-même les eût enviés parmi ses plus beaux triomphes, méritèrent, dans ce court espace de six années, de prendre place dans nos annales de vénerie.

Cependant, qui le croirait? ô vanité des choses humaines! à l'époque fixée pour l'expiration de son bail, l'honorable M. Schickler ne pensa point à le renouveler, comme chacun eût dû s'y attendre : par des motifs de santé que nous déplorons le premier, il lui fallut tout à coup, sans transition, renoncer à ces fêtes brillantes qu'il avait si bien présidées..: Diane, la légère et capricieuse déesse, dut céder le pas au grave Esculape; le piqueur se transforma en médecin, le rapport toujours sûr du valet de chiens, en une vague et stérile ordonnance. L'appel matinal ne se fit plus entendre, avec l'aube, sous les murs vaporeux du château, de peur d'interrompre trop tôt le sommeil agité du maître, et un beau jour le chenil lui-même, veuf de ses nobles limiers, ne conserva plus au-dessus de ses bancs dégarnis que quelques vieux bois de cerfs, derniers trophées de tant de glorieux exploits : triste sacrifice, funeste métamorphose, dont nous souhaitons que les résultats soient heureux; mais qui doivent encore, à l'heure qu'il est, coûter plus d'un regret au veneur, s'il a vraiment dans l'âme quelque peu de cette généreuse passion, toujours jeune, toujours insatiable, la seule que l'âge tente en vain d'amortir.

A ce noble prédécesseur devaient nécessairement succéder dans la location des chasses de Rambouillet, non pas des profanes, mais quelques amateurs tant soit peu illustres. Or, comme si un seul eût craint d'accepter ce lourd héritage, une Société de trente membres, ni plus ni moins, à la tête desquels figure l'élite de la capitale, s'est présentée, au jour de l'adjudication, et s'est fait affermer pour six ans ces vingt-huit mille arpents de forêt, qu'elle exploite à son tour avec un véritable succès. Parmi les Sociétaires, dix seulement sont en nom, par conséquent Sociétaires responsables : les vingt autres, Sociétaires adjoints, participent aux charges et frais de la Société, mais sans être portés sur le bail. Dirigées par M. le marquis de Perthuis, l'un de nos premiers chasseurs, et qui est en quelque sorte l'âme et le grand veneur de l'assemblée, les chasses à courre ont lieu cinq à six fois par mois. Si l'on nous a bien renseigné, les meutes formées avec les chiens des Sociétaires, dont quelques-uns sont maîtres d'équipage, se composent de chiens anglais purs et de bâtards anglais. Le service est fait par sept hommes à cheval, deux valets de limier et trois valets de chiens à pied. La Société n'a point encore adopté d'uniforme... Chacun a son costume particulier, à l'exception de ces mêmes maîtres d'équipage dont nous venons de parler et de quelques-uns de leurs amis, qui ont plus de régularité dans la tenue. Mais toutes les améliorations ne peuvent s'effectuer le même jour, et nous présumons que, l'an prochain, ces messieurs auront le bon goût, pour rendre l'œuvre irréprochable et complète, de décider l'adoption d'une mesure qui nous parait, comme condition de *sport*, d'une nécessité indispensable.

Au jour fixé pour chacune de ces chasses, voyez un peu quel utile progrès que la vapeur! part à sept heures très-précises du matin, et du chemin de fer de la rive gauche de la Seine, un convoi commandé tout exprès la veille par l'obligeant M. Fould pour emmener messieurs les Sociétaires qui habitent Paris et ceux de leurs amis qu'ils ont officiellement conviés à venir prendre part à l'action. Arrivée à Versailles d'*un rail* et sans relais, là, notre troupe joyeuse n'a pas plutôt mis pied à terre, que se présente pour elle un autre moyen de transport, presque aussi expéditif et non moins commode : de bons chevaux de poste tout frais stationnent au débarcadère, attelés, une heure d'avance, à d'excellentes voitures de chasse ; les postillons tout bottés sont en selle, le fouet d'une main, les guides de l'autre ; chacun monte, se place, et maintenant en *route et bon train!* Il faut voir, le signal du départ donné, comme mes gaillards brûlent le pavé, et comme devant eux la route de Rambouillet, tout ce *long ruban de queue*, file et se déroule! Déjà disparaissent, à droite, Saint-Cyr, la Tremblaye, Saint-Quentin : on a dépassé Trappes, le Gibet, la Maison-Blanche. Des Essarts au Péray il n'y a qu'un pas ; or le Péray, c'est la forêt Verte, dont la noire ceinture s'étend à l'horizon, et qui n'est pas plutôt franchie, deux petites lieues de poste tout au plus, que le cortége tout entier a fait halte devant l'auberge de madame Barry, la plus aimable hôtesse à dix lieues à la ronde, chez laquelle est servi aussitôt un déjeuner cuit à point, et non moins confortant que confortable. Entamé à dix heures et demie environ, le repas ne se prolonge guère au delà de trois quarts d'heure;

autant le chasseur aime à se reposer à table, à la suite d'un dîner copieux, lorsqu'il n'a plus, l'expédition finie, qu'à vanter ses hauts faits ou même à déplorer ses infortunes, autant il est impatient d'en sortir, alors que, le cœur plein d'espoir, il ignore quelles seront pour lui les phases de cette autre journée. Donc, chez madame Barry on déjeune bien, mais promptement; le coup de dent y est vif comme l'appétit, et il n'est pas plus de midi et demi, une heure, habituellement, lorsque, le boute-selle sonné, le rendez-vous atteint et les chiens découplés, messieurs les Sociétaires entrent en chasse.

Vingt-huit mille arpents de forêt! auxquels il faut joindre environ quatre à cinq mille hectares appartenant à quelques-uns d'entre ces messieurs, propriétaires riverains, les bois magnifiques du duc d'Uzès, par exemple; superficie de plusieurs lieues carrées, qui représente alors en réalité une contenance d'environ trente-huit à quarante mille arpents : jugez un peu, ami lecteur, quelle admirable étendue, et dites s'il est possible de rencontrer, à la porte de Paris, sur une route plus facile et plus belle, un théâtre plus vaste, plus royal, mieux approprié à tous les incidents de la chasse.

Vous connaissez Rambouillet, n'est-ce pas? forêt accidentée s'il en fut : tantôt c'est un vaste plateau, pays sec, peu fatigant, bien percé; tantôt la physionomie du sol change entièrement; le terrain y devient montagneux : au pied d'immenses mamelons étagés à distance en collines, s'engouffrent çà et là en entonnoir de pittoresques et riantes vallées; partout des eaux, partout de superbes étangs, dont les bords, couverts marécageux, offrent en tout temps une retraite assurée à une foule d'oiseaux aquatiques. De véritables sites d'Écosse

œ enfin, auxquels ne manquent ni le roc, ni la bruyère, ni le
œi lac...

Tels sont, dans leur ensemble, tous les détails qu'a bien
œ voulu nous communiquer l'un des membres de l'honorable
œ Société des chasses de Rambouillet, dont il ne nous reste
œ plus qu'à vous donner la liste.

Les Sociétaires responsables sont au nombre de dix :

Ce sont MM.

   1. Le prince de Wagram.
   2. Le comte de Plaisance.
   3. Le marquis de la Ferté.
   4. Le comte de Sainte-Aldégonde (Edmond).
   5. Le comte de Bernis (Albéric).
   6. Le marquis de Pracomtal.
   7. Le marquis de Mac-Mahon.
   8. Le marquis de Perthuis.
   9. Le comte de Greffülhe (Henri).
  10. Le vicomte de Mérinville.

Et les vingt autres, Sociétaires adjoints, MM.

   1. Le comte de Greffülhe (Charles).
   2. Le comte de Vogüé (Charles).
   3. Le comte de Vassy.
   4. M. Casimir Perrier.
   5. Le comte de Pracomtal.
   6. Le comte de Lagrange.
   7. Le comte de Bernis (Léon).
   8. Le duc de Crussol.
   9. Le duc de Tourzel.

10. Le marquis de Boisgelin.
11. M. Hubbard.
12. Le prince de Chimay.
13. M. Simonis de Barbançon.
14. M. Collinet.
15. Le baron de la Rochette.
16. Le marquis Despeuilles.
17. Le marquis de Saluces.
18. Le marquis de Croix.
19. M. Hottinguer.
20. Le comte de Bezenval.

C'est-à-dire tout simplement les plus beaux noms, les premières notabilités, l'élite de cette autre société, que nous nommons la haute société parisienne, et je crois que, lorsqu'on a fondé le *Journal des Chasseurs*, on peut, sans vanité, être fier de compter, parmi ses plus anciens abonnés, la plupart de ces mêmes noms-là.

XII

LA FERME DES HOLLAINS

ÉPISODE DES CHASSES DE FONTAINEBLEAU

— 13 JUILLET 1841 —

La vénerie sous la Restauration. — Trève de trois mois accordée
au *fauve*. — L'équipage du duc d'Orléans. — Un débucher sérieux. — La ferme des Hollains. — Un diner de princes. — La
retraite.

Sous la Restauration, le service de la grande meute (équipage du cerf), avec laquelle, d'après l'état détaillé des chasses
à courre, consignées pour 1825 au livret des chasses du Roi,
l'on ne prenait pas plus d'une quarantaine d'animaux année
commune, cessait régulièrement dans les premiers jours
d'avril, pour ne recommencer que vers la fin de juillet,
c'est-à-dire après trois mois complets de repos et de trève.
Alors venaient pour occuper les loisirs des princes quelques
battues à Marly et Saint-Germain, où se tuaient un certain

nombre de daims, de sangliers et de biches; mai et juin écoulés, arrivait juillet, dont les premiers jours étaient consacrés dans Saint-Cloud à des tirés de lapins, qui amusaient d'autant plus Monsieur et son fils, Mgr le duc d'Angoulême, qu'ils y trouvaient l'un et l'autre l'occasion fréquente d'y exercer leur adresse; puis, la trompe se faisait entendre de nouveau : la meute, remontée au complet, sortait toute couplée de la vénerie et prenait gaiement la route de Rambouillet, où déjà, depuis une quinzaine, s'était transporté, pour reprendre connaissance du terrain, tout le nombreux personnel des piqueurs, des valets de limiers, des valets de chiens à cheval et à pied, Delaunay, Leroux père et fils, Charlemagne, Duval, Chéron, Burguisser, Léchallier, Camus, Renard, Fanfare, Latrace, Lafeuille et Labrisée.

Ces trois mois d'interruption dans les laisser-courre princiers étaient religieusement observés, même par le duc de Bourbon, cet infatigable veneur, dont les chiens pour cerf et le vautrait ne franchissaient alors le seuil de leur chenil que pour aller deux fois par jour à l'ébat; et chacun comprendra la nécessité d'une aussi sage mesure, à cette époque de reproduction universelle, où tout se répare, sous un principe actif d'inépuisable fécondité, dans le sein de la nature plus riante encore et plus belle; où le scarabée engourdi commence à bruire sous l'herbe, et où, depuis la chrysalide qui brise instinctivement sa prison pour étaler, aux premiers rayons d'un soleil plus doux, les couleurs diaprées de ses ailes, jusqu'au dix-cors lui-même, ce roi majestueux de la forêt, dont la tête s'orne d'une parure nouvelle, en même temps que le plus vieux chêne de la futaie semble renaître plein de sève et de vigueur; tout insecte, tout animal, toute plante,

subit, par quelque métamorphose, cette influence bienfai-
sante qui vivifie la terre appauvrie. D'ailleurs, à part cette
obligation d'un armistice bien court, imposé au veneur, dans
l'intérêt même de ses jouissances futures, par les lois de
l'éternelle sagesse, au printemps, la chasse à courre, cette
noble distraction qu'on ne goûte jamais sans obstacles ou
sans fatigues dans aucune saison de l'année, présente des
difficultés qui rebuteraient le meilleur équipage. D'ordinaire,
il fait très-mauvais revoir en raison de l'extrême sécheresse;
les cerfs, comme honteux d'avoir perdu leur bois, sous le
poids duquel ils redressaient naguère leur front superbe, se
sont relégués çà et là dans les buissons, abdiquant, jusqu'à
ce qu'ils aient *frayé bruni*, une royauté qui n'a plus ses in-
signes: la voie elle-même est devenue inextricable, le sentiment de l'animal étant à chaque instant paralysé, sous le nez
embarrassé des chiens, par le parfum des mille fleurs odo-
rantes qui émaillent le sol et exhalent au loin leurs senteurs
à travers l'atmosphère embaumée. En admettant qu'il y eût
quelque chose au rapport, ce qui n'arriverait pas une fois sur
quatre, on voudrait s'obstiner à chasser dans cette saison
difficile, que, la plupart du temps, on aurait le désappointement de revenir au logis sans résultat, après une journée
des plus rudes, passée à appuyer la meute au milieu d'innombrables défauts. Or la Vénerie du Roi, qui, sous M. le
comte Alexandre de Girardin, premier veneur, pouvait passer pour un véritable modèle, forçant d'habitude son animal en une heure et demie, terme moyen, et souvent en
attaquant un second qui ne durait pas davantage, la Vénerie
du Roi, dis-je, avait trop d'amour-propre pour s'exposer de
gaieté de cœur à une humiliation semblable.

15

L'équipage actuel de S. A. R. Mgr le duc d'Orléans, qui
est tout simplement l'équipage d'un *sportman* distingué, mais
n'affiche point, loin de là, la ridicule prétention de marcher
de pair avec ces meutes vraiment royales jadis organisées
et entretenues à grands frais, s'est conformé, à peu de chose
près, cette année, à ce trimestre d'inaction commandé par le
simple bon sens, et auquel ses devanciers se soumettaient
rigoureusement avant lui. Par une exception qui porte
son excuse avec elle, puisqu'il s'agissait d'ajouter à l'attrait
d'un programme de fêtes, la dernière chasse des chiens du
prince a eu lieu le 15 mai aux courses de Chantilly; et ce
n'est que le 15 du courant, c'est-à-dire à deux mois d'intervalle, qu'à la demande du duc de Nemours, le prince de
la famille le plus amateur de chasse à courre, l'équipage, expé-
dié quelques jours d'avance à Fontainebleau, a brillamment
marqué sa première sortie par la prise d'un magnifique dix-
cors.

Parties à neuf heures et demie de Paris par le chemin de
fer de Corbeil, accompagnées seulement de M. le comte de
Cambis et de M. le général Marbeau, aide de camp du duc
d'Orléans, leurs Altesses étaient à midi moins un quart en
forêt, à la Croix-du-Grand-Veneur, le rendez-vous convenu.
Là, les princes trouvèrent un renfort de trois cavaliers prêts
à suivre la chasse : M. Ampère, M. d'Este et M. le baron de
la Rochette. Rapport fut fait par *Lombardin*, nouveau premier piqueur du prince, d'un cerf dix-cors jeunement, dé-
tourné au bois des Seigneurs, sur la route d'Orléans, à deux
grandes lieues du rendez-vous, et aussitôt on se mit en route
pour procéder à l'attaque. Lorsqu'on eut découplé au carrefour des Pieds-Pourris, les chiens rapprochèrent quelque

temps avant de lancer. L'animal ne bondit qu'à une heure et demie seulement, et, après avoir parcouru une partie de la forêt, passant par Franchard, la Croix-du-Grand-Veneur, les fonds de la vallée de la Sole, la Croix-de-Toulouse, la ferme de Courbisson, et traversant la plaine de Sermaize, il vint enfin se jeter à la rivière en face le Petit-Barbeau, tandis que les veneurs, obligés de côtoyer la rive pour gagner le bac à Fontaine-le-Port, faisaient un énorme détour avant de pouvoir passer la Seine. A l'exception de M. de Cambis, qui, n'ayant pas son cheval de chasse ordinaire, se méfiait un peu de celui qu'il montait et prit sagement le parti de ne point quitter le bord de l'eau, où il ne tarda pas en effet à rallier une vingtaine de chiens, veneurs et piqueurs traversèrent la rivière, et, bientôt arrivés dans les bois de Barbeau, reprirent leur chasse un instant ralentie.

L'animal, qui avait beaucoup d'avance, était débuché depuis longtemps au milieu d'une plaine immense, laissant Valence sur sa droite; et c'est alors que, pour ne point le perdre au milieu de toutes ces moissons encore debout, il fallut user de la plus grande prudence.

Pendant deux heures ce fut un rapprocher continuel, où l'on ne parvint à relever plusieurs défauts consécutifs qu'en foulant sagement et en prenant chaque fois les devants et les arrières. Un seul valet de chiens à pied appuyait la meute quand elle traversait une pièce de blé, suivant un sillon pour ne point faire de tort, tandis que les cavaliers allaient plus loin chercher une jachère. Du reste, nulle indication à espérer dans ces campagnes désertes, peuplées au loin de quelques fermes isolées; aucun de ces renseignements si précieux en chasse et que cet excellent duc de Bourbon ne payait jamais moins d'un louis à tout paysan qu'il rencontrait sur son chemin.

Le cerf avait traversé la route de Melun à Montereau à quelques pas d'un cantonnier; mais ce brave homme, qui travaillait, ne s'en était pas seulement aperçu... Enfin, dans la direction présumée que l'animal tenait, on avisa un charretier qui labourait à charrue :

— N'as-tu rien vu? alla demander Lombardin à cet homme.

— Pardon... j'ai vu un chevreuil qui a suivi la berge du fossé tout le long de cette allée de pommiers, répondit le charretier en indiquant avec son fouet une avenue assez éloignée.

— Combien y a-t-il de temps à peu près?

— Au moins deux heures, s'il n'y a pas plus...

Ce rapport n'était pas fait pour encourager nos veneurs; cependant aucun d'eux ne se rebuta, et on se mit avec une nouvelle ardeur à la poursuite du fugitif. Au bout de l'allée, que l'animal avait effectivement parcourue, se trouvait une petite remise d'un arpent; or le cerf devait y être entré, car les chiens se récriaient plus chaudement, tâtant aux branches et aux portées. Le piqueur pénétra dans le fourré, et, comme il foulait, sonnant un requêté, tout à coup voilà mon dix-cors qui bondit sous le nez de son cheval : alors eut lieu sous les yeux des princes, et comme pour les dédommager de leurs peines, le relancer à vue le plus magnifique. On n'était plus qu'à quelque distance de la forêt de Villefermoy; l'animal s'y jette et s'y fait battre, sans que la meute le perde un instant. Enfin, épuisé, rendu, sur ses fins, il quitte le bois pour n'y plus rentrer, et va donner en plaine, tandis que déjà quelques chiens le jambonnent, dans une petite mare, où il tombe expirant et se noie à six heures et demie, c'est-à-dire après cinq heures de poursuite, en présence de LL. AA. le duc d'Orléans et le duc de Nemours, et de MM. Ampère, d'Este et de la Rochette, qui ont constamment suivi la chasse. Vingt-six chiens étaient à la mort, et couvraient tellement le cerf enfoncé dans l'eau, qu'il fallait le savoir là pour le voir.

La curée faite, il s'agissait de songer à la retraite. Il était déjà sept heures; on se trouvait à plus de six lieues de Fontainebleau, et personne n'avait rien pris depuis l'attaque. Les princes, qui désiraient se rafraîchir, gagnèrent l'habitation la plus voisine, la petite ferme des Hollains, où, moins bien traités que le bon roi Henri chez Michaud le meunier, ils ne trouvèrent pour aliments que du pain de seigle et quelques œufs, et pour boisson du mauvais cidre. Du reste, cette petite halte, assure-t-on, ne fut point pour nos veneurs l'épisode le moins amusant de la journée.

— Un instant, messieurs, dit sérieusement le duc d'Orléans à ses compagnons de chasse au moment où ils s'apprêtaient à faire honneur à ce maigre repas. Avant de consommer, si nous consultions un peu nos fortunes?

Chacun mit la main à sa poche et calcula le fond de sa bourse. Nos honorables convives pouvaient réunir entre eux un fonds social de cent écus à peu près, grâce à la prévoyance de Mgr le duc de Nemours, qui, le plus riche de tous, avait à lui seul sept napoléons bien comptés.

— Allons, à table, messieurs, reprit le prince, nous avons assez sur nous pour payer la carte. D'ailleurs, ajouta-t-il gaiement, j'en serais quitte pour engager ma signature si nos ressources personnelles ne suffisaient pas.

15.

Dix heures et demie du soir venaient de sonner à Fontainebleau lorsque les princes arrivèrent au château, où la Vénerie ne rentra qu'à une heure dans la nuit; et c'est ainsi que s'est terminée une chasse qui, fort belle et fort habilement conduite depuis le commencement jusqu'à la fin, fait le plus grand honneur à Lombardin, dont elle a on ne peut mieux inauguré les débuts dans ses nouvelles fonctions de premier piqueur.

On estime à plus de vingt-cinq lieues le terrain parcouru dans ce brillant laisser-courre; et, certes, il faut des chevaux qui aient du fonds pour avoir supporté sans broncher les fatigues d'une expédition aussi rude.

XIII

Chantilly calomnié et vengé. — Physionomie des courses. — Les
beaux esprits de la galerie pendant la représentation. — La
chasse du 21. — Le vainqueur inattendu du prix du Jockey-Club.

Quoi qu'en dise la correspondance de Sophie Dawes, cette
intrigante aventurière dont la filiation est désormais assez
bien établie pour l'appeler par son nom, sans compromettre
celui d'un galant homme, Chantilly n'est point précisément
un *horrible séjour;* et, si l'altière favorite n'eut jamais le don
de s'y plaire, une cause toute particulière explique chez elle
ce sentiment d'antipathie, c'est le mépris général dont elle y
fut toujours l'objet, on pourrait même dire l'aversion profonde que sa tyrannie sur l'esprit faible du prince, ses manières hautes et disgracieuses envers les habitants du lieu, lui
avaient justement attirée. Trouvez-moi, je vous prie, à la
même distance de Paris, sur une route plus commode et plus

belle, une petite ville aussi heureusement dotée de la nature, des eaux plus vives, de plus verts gazons, de plus mystérieux ombrages. A l'aspect de ces écuries grandioses, derniers débris de la royale magnificence de toute une race de héros ; de cette pelouse immense qui déroule à perte de vue le plus riche tapis de verdure ; de ces longues allées de forêt taillées la plupart en charmille, et où les chevaux ne foulent qu'un sable fin ou bien une herbe courte et non moins douce, on conçoit sans peine que les amateurs du *Turf* aient songé avec amour à profiter de tous ces avantages pour faire de Chantilly le théâtre de leurs plus nobles luttes équestres. Comme terrain de courses, il n'est pas en France un seul hippodrome qui soit comparable à celui-ci, encore agrandi cette année par une concession généreuse de S. A. R. le duc d'Aumale : et, sans appartenir précisément par ses goûts à la famille des *jockeys* ou des *gentlemen riders*, quand vient la réunion du printemps, dont l'époque est si merveilleusement choisie ; ne fût-ce que pour jouir à son aise de ces beaux jours de mai, si tristes à passer à la ville ; ne fût-ce que pour oublier un instant Paris, respirer cette brise parfumée que le vent tiède exhale au sein des bois, entendre chanter l'oiseau sur la branche, se faire un lit de mousse sous ces futaies ombreuses, admirer le calme de ces eaux qui jadis ne se taisaient ni jour ni nuit, suivant l'expression du grand Bossuet, mais dont aujourd'hui rien ne trouble l'éloquent silence ; ne fût-ce enfin que pour voir rassemblée sur un même point, et cette fois dans un but utile, l'élite au grand complet d'une jeunesse désœuvrée et frivole, juger par soi-même toute cette vie, tout ce mouvement, toute cette surexcitation fébrile qui fermente et s'agite quatre jours entiers, lâchant la bride à ses folles passions, tout juste assez pour ne pas changer la fête en orgie ; il n'est pas pardonnable, à qui n'a rien de mieux à faire, de ne pas suivre l'impulsion générale, et de ne pas franchir gaiement les dix lieues qui séparent de la capitale cet autre *Epsom*, vers lequel s'acheminent tant d'espérances diverses.

Cependant, confessons-le tout de suite, à la honte du public parisien, qu'effraye le moindre déplacement, à moins que la distance ne lui permette d'aller et de revenir en un jour, Chantilly n'a pas vu cette année une grande affluence de curieux. Le programme des fêtes brillantes dont nous avons donné la description au mois de mai dernier, et que Son Altesse madame la duchesse d'Orléans sut présider avec une grâce toute charmante, avait beaucoup contribué à l'éclat des courses de l'an passé. Annoncez un feu d'artifice, une joute sur l'eau, un ballon qui s'enlève, un concert où l'instrumentation fasse grand bruit, et vous verrez aussitôt la foule se ruer avec avidité pour assister à un spectacle qu'elle a déjà vu cent fois, mais qui néanmoins semble toujours nouveau pour elle. Or, cette fois, il n'y avait en perspective aucun de ces attraits puissants, irrésistibles, auxquels nous nous laissons tous prendre, de père en fils, comme de grands enfants que nous sommes : *Annetta*, *Muse*, *Léopold*, *Adolphus*, *Ambassadeur*, *Plover*, etc., étaient les seuls acteurs qui figuraient d'avance sur l'affiche; et, malgré leur célébrité, il faut le dire, les représentations, réduites, les deux premiers jours, aux applaudissements d'un petit nombre de spectateurs, les intéressés et les fidèles, ont été d'une froideur excessive. On ne voulait pas convenir qu'on s'ennuyait : c'eût été de mauvais goût, et, en risquant un semblable aveu, on eût passé pour un vrai profane. Mais, à bien consulter les physionomies aux

différentes heures de la journée; à voir, le matin, le déshabillé
sans façon de nos *sportsmen*, se promenant en robes de chambre
et en pantoufles sur la pelouse; à examiner aux fenêtres
les figures méditatives des *Lorettes*, je vous demande pardon
du mot, mais sans lui je serais fort embarrassé pour vous nommer
ces dames; à retrouver l'après-midi aux courses tous ces
visages généralement tristes et maussades, cherchant le soir
à se créer quelque distraction bruyante, et s'enivrant d'une
gaieté factice, il n'était pas difficile de se convaincre combien
toute cette société blasée se battait les flancs, pour n'avoir
pas l'air de périr d'ennui, tête à tête avec ses propres ressources.

Deux accidents, qui se sont succédé à peu de distance, ont
été les seuls épisodes qui soient venus rompre l'uniformité de
ces deux premières journées; mais, certes, ce n'étaient pas
là des distractions de nature à dérider la galerie, et, chose
honorable à penser et à dire, en pareille circonstance, les vain-
queurs auxquels ces hasards malheureux ont aidé ont trouvé
eux-mêmes qu'ils payaient cher leur triomphe.

Le jeudi 19, une charmante pouliche de deux ans, appartenant à M. Anthony de Rothschild, *Chantilly*, noble fille
de *Royal-Oak* et de *Kermesse*, s'est cassé la jambe par suite
d'un faux pas, en menant une course dont elle était favorite :
la fracture jugée incurable, le propriétaire a donné l'ordre
d'abattre l'animal, nécessité cruelle, mais dont l'humanité
même faisait une loi; et, comme un gladiateur tombé dans
l'arène doit, pour mourir applaudi par le peuple, tendre la
gorge au glaive du vainqueur qui le frappe, de même *Chantilly*, nom fatal! trois fois a présenté fièrement le poitrail à
l'ignoble couteau d'un étalier du lieu.

Le vendredi 20, l'écurie ayant payé sa dette, est venu le
tour des cavaliers, qui ne sont pas moins exposés que leurs
généreux coursiers aux vicissitudes de la fortune. Il s'agissait
de disputer le prix de *Sylvie*, destiné cette année à remplacer le prix de la Reine-Blanche, qui n'a pu être couru faute
du nombre d'engagements exigé. Deux chevaux étaient inscrits : l'un, *Midnight*, à M. le comte de Greffülhe ; l'autre,
Rhinoplastie, au prince Royal. Deux *gentlemen riders*,
écuyers rivaux, aussi intrépides qu'adroits, M. de Pontalba et
M. le Couteulx, avaient bien voulu se charger, sans intérêt
personnel, de jouer l'honneur de cette importante partie :
bien lancés tous deux, ces deux messieurs se suivaient d'assez près, lorsque, par une fatalité déplorable, en descendant
la pente placée au tournant des écuries, les étrivières de *Rhinoplastie* ont cassé, et l'on a vu avec terreur son cavalier,
M. le Couteulx, disparaître, précipité de cheval, avec toute la
violence qui résulte d'une course aussi rapide. En un instant,
la pelouse a été envahie par toute une foule inquiète, volant
au secours du désarçonné ; c'était à qui s'élancerait le plus
vite du haut des pavillons et des tribunes, et chacun, con-
fondu, pêle-mêle, nobles et manants, bourgeois et Altesses,
était en un clin d'œil sur l'hippodrome. Relevé presque sans
connaissance, la figure couverte de sang, M. le Couteulx, qui
n'avait miraculeusement ni forte contusion, ni fracture, a été
transporté dans une voiture au château, et là une abondante
saignée, pratiquée sur-le-champ par les soins d'un habile
docteur, a prévenu des accidents plus graves. Perdre ainsi,
n'est pas ce qu'on appelle une défaite ; et si, victime d'un accident imprévu, M. le Couteulx a fait une chute que personne
n'eût évitée à sa place, ce fait exceptionnel n'ôte rien à son

habileté bien connue comme homme de cheval, et l'intérêt universel dont le blessé s'est vu entouré dans cette circonstance fâcheuse a été beaucoup trop flatteur, suivant nous, pour ne l'avoir pas amplement consolé.

Il fallait entendre chacun, lorsque, le public de retour à ses places, circulaient de bouche en bouche les différents bulletins relatifs à l'événement. Les hommes plaignaient le cavalier; les femmes, qui s'apitoient facilement, se montraient encore plus sensibles. L'une d'elles, que nous écoutions par hasard, causait avec l'un de nos plus spirituels étourdis :

— Quelle fo ie! disait-elle assez judicieusement, quelle folie à des jeunes gens de bonne maison, et dont, après tout, ce n'est point le métier, de se transformer ainsi en jockeys, souvent sans autre intérêt qu'un amour-propre mal placé et puéril!

— Quand on est garçon!... objectait stoïquement M. D***, assez peu touché des paroles de la dame.

— Garçon, soit, concédait son interlocutrice : oh! quand on est garçon, que l'on soit un vrai *casse-cou* si l'on veut, on s'appartient : et M. le Couteulx aurait vécu à l'heure qu'il est, *requiescat in pace!* il n'avait de comptes à rendre à personne. Mais M. de Pontalba, mon cher monsieur, un homme marié, là, voyons, entre nous, la main sur la conscience, sa témérité est-elle excusable? Aller de gaieté de cœur s'exposer à se tuer et pour le compte d'autrui! Jugez un peu quel malheur s'il était tombé et qu'il fût mort sur place! Non, franchement, cela n'est pas raisonnable, car enfin n'est-il pas père de famille, monsieur? N'a-t-il pas là, dans cette calèche découverte que vous voyez devant nous, une jeune femme charmante, des enfants...

— Ah! bah! ils sont si petits, reprit M. D***.

Et la conversation en resta là, coupée court par cette naïveté adorable...

On a prétendu que ce qui avait pu déterminer la rupture des étrivières de *Rhinoplastie*, et par conséquent la chute de son cavalier, c'était un saut qu'avait dû faire la pouliche, en voulant franchir une espèce de petit sentier blanc, qui traverse en cet endroit la pelouse et monte tout droit aux écuries. Il se peut que l'observation soit juste; mais, puisque quatre ou cinq événements malheureux sont venus, dans le courant de ce mois, attrister nos courses de chevaux, qu'il nous soit permis, pour prévenir autant que possible le retour d'accidents on ne peut plus nuisibles à leur popularité, de dire ici deux mots sur les causes les plus probables de ces mêmes accidents, dont quelques-uns ont eu des conséquences si funestes. Il est évident pour nous que la seule et véritable source à laquelle il faille remonter, sans accuser injustement la maladresse des cavaliers ou des jockeys, c'est l'état pitoyable de nos terrains de course qui ne sont point entretenus en France avec assez de soin.

Puisque nous copions les Anglais en tout, nous traînant servilement à leur remorque en fait de modes tout aussi bien qu'en politique, puisque nous poussons l'extravagance jusqu'à répudier notre langue, pour adopter la leur, affichant pompeusement dans le moindre village des dénominations barbares de prix que l'on est tout surpris de voir disputer plus tard sans spectateurs, le *two yeard old stakes*, le *the new betting room stakes*, les *trial* et les *foal stakes*; pourquoi du moins ne pas imiter les modèles que nous nous sommes faits, dans leurs mesures de prudence, dans leurs précautions

16

les plus sages? En Angleterre, chaque hippodrome, confié aux soins d'un inspecteur particulier, est l'objet d'une surveillance toute spéciale. Grâce aux soins intelligents de cet homme, pas un trou qui ne soit comblé, pas une motte de terre qui ne soit aplanie, pas un caillou qui ne disparaisse du sol, et, si quelque accident arrive par suite du mauvais état du terrain, c'est à ce gardien que l'on s'en prend, c'est lui qu'on en rend responsable. Un pareil service, bien fait, restreint indubitablement beaucoup les chances fâcheuses et pour les chevaux et pour les coureurs, et nous pensons qu'il serait de la plus grande urgence d'en organiser un semblable en France. Quand, au moyen d'une souscription faite entre les éleveurs, on nommerait à Chantilly, par exemple, comme inspecteur de l'hippodrome, J. Palmer, cet entraîneur si recommandable; quand au Champ de Mars, à Paris, pour la pelouse de Satory, à Versailles, et ainsi de suite, on affecterait quelques hommes spéciaux plus ou moins rétribués, suivant l'importance de leurs fonctions; croit-on que ce sacrifice nouveau ne serait pas encore un immense bénéfice, à côté des pertes souvent irréparables qu'il aurait pu empêcher et prévenir? Tout le monde y gagnerait : les cavaliers qui feraient moins de chutes ; les éleveurs qui, plus sûrs du terrain, n'hésiteraient point à engager leurs produits ; les chevaux dont la vie est assez précieuse pour qu'on avise à ne la point compromettre, et enfin les spectateurs eux-mêmes qui, sachant le danger moins grand, donc, l'esprit dégagé de toute crainte, ne jouiraient ainsi que de l'émotion d'une belle course. Nous soumettons ces réflexions aux personnes qu'elles intéressent : nous les croyons de nature à mériter quelque peu d'attention; l'amélioration de nos hippodromes est nécessaire, indispensable ; et,

quelque moyen qu'on emploie pour parvenir à ce but, le mal
est assez sérieux, assez grave, pour qu'on se hâte d'y porter
remède.

Mais revenons aux faits, et continuons notre narration en
historien fidèle. Le samedi 21 était un jour de trêve accordé
aux ambitions chevalines. De même que, la veille d'un grand
tournoi, les champions, retirés sous leurs tentes respectives,
entourés de leurs écuyers et de leurs hommes d'armes, se préparent par quelques heures de repos à la lutte solennelle du
lendemain, de même, renfermés dans leurs écuries, avec leurs
entraîneurs et leurs jockeys, les nombreux concurrents du
prix du *Jockey-Club* se disposent à huis-clos pour cette importante journée. Il ne s'agit donc plus de courses : cette fois
les piqueurs sont en tenue, les trompes résonnent, les chiens
hurlent; toute la vénerie princière est sur pied, et, à l'heure
du rendez-vous, fixé, dit-on, à la Table, chaque allée de la
forêt devient une véritable promenade où s'échelonne bruyamment toute une procession de curieux, les uns à cheval, les
autres en voiture, la plupart à pied, se dirigeant chacun pour
voir passer le cerf dans la direction des refuites les plus probables. Nous n'entreprendrons point de vous conter ce laisser-
courre, que du reste nous n'avons pas suivi. Le départ pour
l'attaque a présenté un coup d'œil magnifique par la quantité
de monde entassé à ce vaste carrefour, à peine assez grand pour
contenir la foule; mais la chasse, en elle-même, a offert fort
peu d'intérêt. L'animal, descendu aux étangs, n'ayant pu prendre de l'eau tant la multitude qui les bordait était compacte,
les nombreux défauts occasionnés alors par le bruit des pro-
meneurs et la sécheresse, le mutisme presque complet des
chiens anglais du prince, plus chiches encore de voix que

de coutume, ont dégoûté promptement la plupart des veneurs, et, à partir de ce moment, la chasse, abandonnée,
perdue, n'a plus été le but de toute cette assistance nombreuse. On a souhaité bonne chance aux piqueurs et à la
meute, pour se disséminer en joyeuses cavalcades sur tous
les points de ces bois enchanteurs; et, lorsqu'à six heures
chacun s'est retrouvé sur la pelouse, se demandant en riant
des nouvelles du cerf, grande a été la surprise lorsque l'on
a appris, de la bouche d'un valet de chiens, que l'animal,
suivi avec persévérance par S. A. R. le duc de Nemours,
venait d'être porté bas proche la queue de Senlis, et que le
soir il y aurait curée aux flambeaux pour célébrer cette noble
victoire.

L'année dernière, dans notre compte rendu des fêtes de
Chantilly, nous avons déjà exprimé notre opinion sur cette
petite nouveauté nocturne qui ne nous a pas paru la partie la
plus brillante du programme. La seconde représentation
d'une mauvaise pièce satisfait encore moins que la première;
aussi, disons-le franchement comme alors, le succès de cette
scène sans intérêt, qui n'est qu'une triste parodie, n'a-t-il
pas été fort brillant. Peut-être, cette fois, néanmoins existait-
il un motif assez plausible qui atténuait d'autant ce fait de
lèse-vénerie. Pris, non pas comme l'an passé, au milieu des
étangs de Commelles, au vu et au su de trois mille spectateurs, mais forcé à l'autre extrémité de la forêt, et en présence de quatre ou cinq veneurs intrépides, l'animal avait
besoin d'être montré au public pour que l'on crût à cette fin
de chasse miraculeuse; et, sous ce rapport, pour l'honneur
de la meute, il fallait bien trouver un moyen de convaincre
les incrédules.

C'est à neuf heures, dans la cour d'honneur du château dominée par un public peu nombreux, rangé au haut d'une terrasse supérieure et fort enfumé par les vapeurs culinaires du lieu, que s'est passé, à la lueur de torches, ce spectacle plus lugubre qu'amusant, en dépit de l'accompagnement à grand orchestre des piqueurs, et des chœurs plus ou moins discordants de la meute. Les princes survenus, accompagnés de leur suite, se sont rangés en un demi-cercle qui faisait face à l'équipage ; et, à un signal donné par le commandant, M. de Cambis, l'impatience de tous ces chiens dévorants, longtemps contenus sous le fouet, a reçu enfin carte blanche : on a enlevé rapidement la nappe du cerf, recouvrant quelques lambeaux informes et sanglants, et tout a bientôt disparu englouti sous la dent affamée des convives, à la grande satisfaction d'un groupe de marmitons, sortis des cuisines du château, dans des costumes assez peu pittoresques.

Nous souhaitons sincèrement, à l'honneur de la Vénerie de Son Altesse, que ce soit là le dernier essai de ce genre offert en spectacle à la foule peu satisfaite. Toute cette cérémonie est d'une pauvreté si mesquine, malgré l'espèce d'apparat dont on veut l'entourer, c'est un passe-temps si pauvre, si insignifiant, tellement peu digne d'un veneur, qu'en dépit du vieux duc de Bourbon lui-même, auquel on peut reprocher ce monstrueux abus, il est temps d'en faire justice.

Mais enfin le grand jour est venu... Malgré la pluie qui tombe dès le matin, tout juste assez pour arroser l'hippodrome, et lui rendre cette élasticité souple comprimée jusqu'alors par la sécheresse du sol, un mouvement, un fracas inusité annonce à Chantilly toute une affluence de joyeux hôtes.

Les fouets des postillons qui se croisent, le bruit du pavé qui gémit sous les roues des voitures, les hennissements des chevaux qu'on détèle, ont mis aux fenêtres toutes les figures que vous connaissez déjà depuis trois jours, et que saluent bruyamment au passage une foule de figures nouvelles. Les hôtels regorgent; les maisons bourgeoises s'emplissent; la pelouse elle-même voit une longue file d'équipages s'aligner devant les tribunes : peu à peu l'enceinte du pesage se garnit, et, trop vaste les jours précédents, menace de devenir trop étroite. Sur toute la lisière de la forêt règne, étagée, une multitude compacte. Une symphonie annonce l'arrivée de LL. AA. RR. les ducs d'Orléans et de Nemours, accompagnés cette fois de leur frère Mgr le duc d'Aumale, ce jeune héritier des Condés, dont l'absence aux fêtes de 1841 avait été vivement regrettée. Bientôt la cloche a sonné et donne aux jockeys le signal de la première course : les deux épreuves sont courues, successivement gagnées par *Nautilus* contre *Dash*, et la seconde course, un prix offert par le prince Royal pour chevaux de chasse et *gentlemen riders*, voit triompher le pur sang dans *Lantara*, habilement monté par M. le vicomte E. de Perregaux. Alors succède un nouveau prix, celui de *la Morlaye*, autre don d'un éleveur généreux, M. Anthony de Rothschild; et cette course, également disputée par des amateurs, est suivie avec d'autant plus d'intérêt, que trois réputations rivales, trois excellents écuyers, MM. *C. Ibbetson, Mackensie Grieves* et *Moggridge*, se préparent à entrer en lice. Disons rapidement qu'aux deux manches, c'est M. C. Ibbetson qui arrive le premier au but, avec

Evelyn à lord Henry Seymour... Et maintenant, attention, silence ! car voici le moment fatal, et tout un drame palpitant commence.

Prêtez l'oreille, ouvrez les yeux, examinez cette agitation bruyante, fiévreuse : écoutez ces paris fous faits et défaits en un moment ; voyez le jeu de toutes ces physionomies diverses qui dissimulent mal leurs craintes sous les dehors d'un calme factice. Nous voici à l'instant solennel, à la crise importante de ce grand jour : on va disputer le prix du *Jockey-club*.

Parmi les intéressés, les uns s'inquiètent franchement ; les autres affectent un air indifférent et tranquille, contenance d'emprunt à laquelle il ne faut point se fier, car tous s'étourdissent, tous tremblent, et jamais émotion plus saisissante n'a communiqué à leur pouls des pulsations plus vives et plus rapides... Cependant les chevaux ont paru dans l'enceinte réservée, et y sont l'objet d'un examen attentif, examen dont les plus fins connaisseurs courent grand risque d'être dupes, comme chez les hommes. Ce n'est plus ici une lutte ordinaire entre deux ou trois rivaux d'inégale force : quinze brillants coursiers sont tour à tour introduits dans la lice ; et, montés par autant de jockeys aux couleurs éclatantes et variées, vous les voyez bientôt se placer chacun à son rang, impatients de franchir l'espace.

Malgré sa défaite du vendredi qui a fait perdre ce jour-là bien des paris, et embrouillé encore plus ceux du dimanche, *Annetta* est toujours à 4, *Plover* e. t à 5 au lieu d'être à 25 comme dans la première quinzaine du mois, *Calembourg* à 6. *Muse*, retirée, fait faute à quelques-uns, et ne porte plus ombrage à d'autres. Mais un des favoris sur lequel on compte le plus, c'est le cheval du colonel Fridolin, *Léopold* : d'é-

normes sommes reposent sur lui, dit-on, et, si les chances lui
sont favorables, on nous cite tel parieur auquel certaines
combinaisons rapporteront près de 40 mille écus bien comptés. Enfin l'incertitude va cesser, tous les apprêts de ce départ difficile sont réglés. M. de Bertolacci a dit : *Partez!* et,
le mot à peine achevé, voilà l'escadron tout entier qui se
précipite bien ensemble. *Vertugadin* a la corde ; bientôt un
concurrent se dérobe, c'est *Médocain* à M. de la Salle : le
reste du tourbillon passe comme un éclair, se suivant dans
un ordre admirable ; et, à voir ce vol fendant l'air, chaque
spectateur, l'œil ébloui, retient son souffle et son haleine ;
l'on n'entend au loin que le pas des rapides coursiers qui
frappent en cadence le sol élastique et sonore. Les places
sont difficiles à assigner au milieu de cette avalanche compacte. Cependant les rangs s'éclaircissent : vis-à-vis les écuries, la course, toujours menée à fond de train, voit s'espacer
Vertugadin, Lawton, Calembourg, Corsaire : Judith et *Ro-
manesca* lâchent pied; *Ambassadeur* et *Slane* les imitent; et
c'est un groupe de quatre rivaux, *Annetta, Léopold, Plover*
et *Angora*, entre lesquels la lutte se maintient encore indécise. *Léopold* a la tête, suivi par *Plover* et *Angora* qui la lui
disputent; mais, au dernier tournant, à ce cap si difficile à
doubler, et où tant de réputations font naufrage, *Plover*
justifie son nom, il ne court pas, il vole : c'est en vain qu'*Angora* et *Annetta* redoublent d'ardeur, tandis que de leur
côté les jockeys se consument en efforts inutiles; au moment
où ils touchent au poteau, des applaudissements bruyants
retentissent, et, d'un dernier élan, *Plover* a dépassé le but
que franchissent après lui *Angora, Annetta* et *Léopold*.

Le vainqueur, ramené dans l'enceinte du pesage aux ac-

clamations de la foule, y jouit un instant de l'ovation qu'on
lui décerne; on le trouve magnifique, accompli, digne en
tous points du triomphe éclatant qu'il remporte. Son ex-
propriétaire, M. Aumont, reçoit pour M. le vicomte de Perregaux auquel il a vendu son cheval la veille ou le matin
même, mille félicitations importunes qu'il n'entend pas sans
regrets; car ce sont pour lui autant de compliments de con-
doléance. Quant aux joueurs, dans cette circonstance, dame
Fortune a tellement déjoué tous leurs calculs, que la plupart
s'abordent en se demandant non pas quel est leur gain,
mais leur perte.

C'est au milieu de ces émotions diverses que la dernière
course s'organise, et, quoiqu'il s'agisse d'une course de haies
entre deux concurrents déjà connus, M. Moggridge et
M. Mackensie Grieves, c'est à peine si ces préparatifs font
diversion aux conversations animées du public. Ce n'est que
quand les claies sont dressées, lorsque *Léporello* et *Lauretta*
sont au poteau, montés par leurs hardis cavaliers, que la
foule s'intéresse à cette dernière représentation qu'on serait
tenté de regarder comme le vaudeville après la grande pièce,
si deux tours à parcourir et huit haies à sauter ne pouvaient
en faire un drame des plus tragiques. Heureusement il n'en
est rien : le premier, *Léporello*, monté par M. Grieves, qui
a une revanche à prendre pour se dédommager de l'acquisition de *Sally*, franchit admirablement tous les obstacles.
Lauretta les saute à son tour sans accident, et ce dernier
épisode termine à la satisfaction générale les courses de *la
réunion du printemps;* réunion à coup sûr plus curieuse
qu'amusante, peut-être au fond aussi décousue que la société de notre époque bâtarde, mais à laquelle, somme toute,

la part faite de bien des petits mécomptes, on aurait tort de
ne point assister, dès que la mode le commande, le veut,
l'exige, et qu'on a pour promenade la forêt de Chantilly,
pour couche la mousse parfumée des bois de Sylvie, pour
compagnon le rossignol qui module sous la feuillée ses notes
plaintives, le tout brillamment éclairé par les rayons du soleil de mai.

XIV

MORT DE S. A. R. LE DUC D'ORLÉANS

— 13 JUILLET 1842 —

Catastrophe du 13 juillet 1842. — Le duc d'Orléans comme éleveur
et comme *sportsman*. — Progrès dont le *Sport* lui est redevable
en France. — Ses chasses et ses efforts pour repeupler les forêts.
— Le 13 juillet 1841 et le 13 juillet 1842.

Voilà juste huit jours, au moment où nous écrivons ces
lignes, qu'un événement fatal, imprévu, et pourtant dans les
tristes conditions de notre fragile humanité, est venu, plongeant la capitale dans la stupeur et le deuil, consterner, au
milieu des diverses nuances des partis, même les cœurs les
plus insensibles. Mercredi dernier, pas plus tard, est mort le
plus misérablement du monde, à deux pas du palais de ses
pères, dans une pièce basse servant d'arrière-boutique, un
prince jeune, spirituel, aimable, le modèle accompli de toutes
les qualités physiques et morales, l'orgueil d'une famille il-

lustre, l'espoir le plus cher d'une Royale Dynastie. Il partait pour une absence de quelques semaines à peine, et, les apprêts du voyage terminés, voyage doublement heureux et pour l'époux et pour le soldat, tout entier une heure encore à ses devoirs de fils, il allait pieusement renouveler, près de la meilleure des mères, des adieux déjà faits la veille. Hélas! à quoi tiennent souvent les plus belles, les plus nobles destinées? Un attelage est trop court, un cheval ombrageux se tourmente, s'emporte; et soudain, sans qu'aucun secours humain soit possible, avant qu'une voix amie ait pu calmer cette fougue insensée, avant qu'un bras protecteur se soit jeté au-devant de l'abîme, est ravie cruellement, à tout jamais, une précieuse existence qui va coûter bien des regrets, bien des larmes.

Placé par la nature même de notre spécialité en dehors de toute polémique sérieuse, écho joyeux des innocents loisirs, destiné à redire les hennissements des fiers coursiers, les accents belliqueux de la fanfare, ou les sauvages concerts de la meute, il n'entre point dans nos attributions modestes de calculer ici les conséquences politiques qu'entraîne avec elle la mort de Mgr le duc d'Orléans, cette douloureuse, cette irréparable perte. Ce n'est pas à nous qu'il appartient de discuter les questions de Minorité ou de Régence, de compter des jours dont Dieu seul sait le nombre, de prévoir les chances plus ou moins probables d'un avenir gros d'orages, et que chacun exploite d'avance au profit de ses propres passions. Mais, s'il nous est interdit, et c'est là certes un heureux privilége, de mettre le pied sur ce terrain brûlant, si nous n'avons point à nous occuper de l'infortuné prince qui n'est plus, en le considérant comme prince Royal, c'est-à-dire comme héritier direct, hier encore, de ce lourd fardeau que l'on nomme Monarchie, un autre rôle nous reste, un rôle qui, pour le. *Journal des Chasseurs*, est un devoir véritable à remplir, celui de rendre un légitime et dernier hommage à l'homme privé, au plus zélé protecteur du *Sport* en France, en d'autres termes, à l'éleveur et au maître d'équipage.

Jamais tâche ne fut plus facile assurément, car jamais prince, placé si haut sur les marches du trône, ne s'adonna avec plus de tact, de discernement et d'amour réel tout à la fois, à ces goûts généreux, dont l'abus deviendrait un passe-temps frivole, mais qui, réglés par un sage emploi, sont sans contredit le plus bel ornement du gentilhomme. Appartenant par son éducation, par son âge, par toutes ses sympathies et ses instincts, à l'élite de cette jeunesse avide de nouveauté, qui l'avait vu grandir avec elle, et qui porte aujourd'hui son deuil avec autant d'affliction qu'elle a mis d'empressement à porter dans ses chasses l'uniforme de sa Vénerie, Mgr le duc d'Orléans avait merveilleusement compris quel parti l'on pouvait tirer en France des courses de chevaux, cette institution si nécessaire à l'amélioration de nos races. Déjà, sous la branche aînée des Bourbons, un protecteur non moins zélé de tous les intérêts nationaux, Son Altesse Royale Mgr le Dauphin, avait cherché à encourager des progrès naissants, dignement secondé dans cette tâche, par son habile écuyer, l'aimable et brillant duc de Guiche : le jeune prince, jaloux de parfaire l'œuvre commencée, accepta avec empressement un legs qui ne pouvait mieux revenir qu'à lui, et bientôt, placées sous son patronage, les luttes de nos hippodromes prirent un éclat qu'elles n'avaient jamais eu. On a vu naguère, par la description que nous avons donnée du haras de Meudon, quelle métamorphose avait subie en peu d'années cet établissement modèle si prospère, si complet aujourd'hui. La même révolution s'opéra par degrés au Champ de Mars, où, à l'aspect de cet éleveur nouveau, ne reculant devant aucun sacrifice, fondant de sa bourse des prix importants, engageant de nombreux produits, se ranima non-seulement le zèle des autres éleveurs, mais même l'intérêt du public, spectateur jusqu'alors assez tiède; et l'on peut dire avec certitude que si, à l'heure qu'il est, les courses de Paris, aussi bien que celles des départements, exercices longtemps incompris de la foule qui n'en appréciait point le but sérieux, ont fini par obtenir une certaine popularité, Mgr le duc d'Orléans doit figurer en tête du petit nombre d'amateurs auxquels revient de droit cette conquête. Président honoraire avec son frère, Mgr le duc de Nemours, de la Société d'Encouragement pour l'amélioration de la race des chevaux en France, il s'associa tout entier aux utiles travaux de ses honorables membres; et, versé par une étude approfondie dans la connaissance spéciale des moindres règles du *Turf*, il ne manqua jamais de prendre part aux délibérations du Comité, chaque fois que se présenta soit une difficulté grave à résoudre, soit une décision importante à rendre. C'est à lui, c'est à sa protection éclairée et bienveillante que Chantilly, ce triste désert depuis la mort du dernier Condé, dut l'établissement de ces courses qui, fondées à la suite d'une chasse, entre un pari et un déjeuner d'amis, ont pris depuis un accroissement successif, et sont devenues le rendez-vous annuel de l'aristocratie parisienne; c'est à lui encore que Versailles est redevable de son magnifique hippodrome; et, vainqueur comme vaincu sur tous ces champs de bataille

équestres, où il assistait toujours en personne, non pas en
fils de Roi, mais en simple éleveur, on peut le dire à sa
louange, tels étaient le tact, le savoir-vivre, l'exquise urbanité du prince, les moindres de ses qualités aimables,
qu'heureux d'applaudir le premier au gagnant quel qu'il fût,
on ne le vit jamais ni plus fier ni plus triste, à la suite d'un
triomphe ou d'une défaite.

A sa passion dominante pour les chevaux, ces ingrats qui
devaient être un jour les aveugles instruments de sa perte,
S. A. R. le duc d'Orléans joignait un autre goût destiné à
compléter en lui le double personnage du véritable *sportsman*. Il aimait l'une et l'autre chasse, la *chasse à courre* et
la *chasse à tir*, et il les pratiquait toutes deux, non pas avec
ce fanatisme violent qui en fait une occupation exclusive,
mais avec cette sobriété de l'homme sage qui sait jouir en
réglant ses plaisirs. Meilleur cavalier que veneur, il considérait le premier de ces passe-temps, plutôt comme un
exercice salutaire, comme une course au clocher, à travers
tous les obstacles naturels du terrain, que comme une lutte
acharnée, une sorte de duel à mort, où chaque parti épuise
ses ressources, l'un pour la défense, l'autre pour l'attaque.
Aussi, sous un pareil point de vue, les longs débûchers par
monts et par vaux étaient-ils, de tous les incidents de la journée, ceux qui souriaient le plus au prince. Autant il aimait
à voir l'animal prendre franchement parti, et lui procurer
ainsi le plaisir de percer lui-même à sa suite, le plus souvent à la tête de ses chiens, autant il détestait les lenteurs
d'une chasse où le cerf ruse et se fait battre. Impatient dans
un défaut chaque fois qu'il survenait de l'embarras, il n'eût
pas mieux demandé que de raccourcir la meute, cette mé-

thode vicieuse, capable de gâter le plus sûr équipage, et son grand principe, que nous sommes loin de citer comme un exemple à imiter, était avant tout que, pour bien chasser, il faut savoir aller vite. Soixante-dix chiens anglais environ, que venait de compléter dernièrement une remonte nouvelle, dans laquelle se trouvaient des sujets du plus beau modèle, composaient sa meute, dont la résidence habituelle était à Saint-Germain en Laye, à la Vénerie. Deux piqueurs et quatre valets de chiens, dont deux à cheval et deux à pied, formaient le personnel peu nombreux, affecté à son service. On a pu suivre, par le relevé exact des chasses princières, fidèlement consignées dans notre Revue[1], dont elles ont alimenté plus d'une fois les pages, les progrès qu'avait faits, depuis deux ans surtout, cet excellent équipage. Modeste pour un prince, il était plus que suffisant pour l'usage particulier de Son Altesse, qui s'en servait moins souvent qu'elle ne le mettait généreusement à la disposition de ses frères et même de ses amis.

La chasse à tir, cette distraction d'un autre genre, mais qui a bien aussi son charme, présentait peut-être plus d'attrait à monseigneur le duc d'Orléans, que la chasse à cor et à cris : cette prédilection provenait sans doute de ce qu'elle lui fournissait plus fréquemment l'occasion de faire briller son adresse. En effet, il était habile tireur, et, sans approcher toutefois de la perfection de Sa Majesté Charles X, il avait, en dépit d'une vue faible, un coup d'œil d'une justesse remarquable. Du reste, peu jaloux d'un avantage dont il ne tirait point vanité, il aimait à s'entourer de réputations rivales, et

---

[1] Le *Journal des Chasseurs*.

invitait de préférence aux tirés de Versailles et de Saint-Germain les chasseurs les plus en renom parmi ceux qui avaient l'honneur d'approcher sa personne, heureux de disputer sur le terrain une royauté quelquefois contestée. Que de propriétaires nous pourrions citer, trop égoïstes ou trop orgueilleux pour choisir ainsi leurs compagnons de chasse !

Entièrement ravagées à la révolution de 1830, les forêts Royales, ces réserves où s'alimentent plus tard les propriétés privées, ne comptaient plus un seul animal ; et c'était à la demande du prince, qu'à force de soins et de surveillance l'administration les avait peu à peu repeuplées. Son Altesse manifesta le même désir pour les tirés Royaux ; et bientôt, grâce à un service bien entendu, mais moins onéreux que par le passé, les faisanderies, rétablies sur leur ancien pied, purent faire des élèves assez nombreux pour réparer les massacres sanglants que Juillet avait éclairés.

S'il y a quelque fauve aujourd'hui dans les inspections des environs de Paris, un instant si pauvres, si misérables ; si le menu gibier, multipliant lui-même de proche en proche, n'a pas totalement disparu dans un rayon de vingt lieues à l'entour de la capitale, c'est donc au duc d'Orléans, à ses nobles penchants pour tout ce qui touchait au *Sport*, que nous devons ce double avantage ; car c'est lui le premier qui arrêta le pillage des forêts Royales, et qui, s'opposant aux destructions générales commandées après 1830 et jusqu'en 1831 et 52, dans Compiègne, Saint-Germain, Fontainebleau, Versailles, Villers-Cotterets, Marly, ces giboyeuses capitaineries transformées en abattoirs publics, où la venaison à l'engrais se vendit sur pied comme la viande de boucherie, rendit à leur destination primitive les belles demeures de ces vastes forêts.

.... Le 13 juillet 1841, il y a eu juste de cela un an le 13 du présent mois, époque qui datera désormais parmi les jours néfastes, s'accomplissait au pied des rochers de Fontainebleau, sur les rives ombragées de la Seine, un épisode plein d'intérêt qu'a déjà raconté tout au long notre chronique.... Un cerf dix-cors-jeunement, attaqué aux bois des Seigneurs, passait la rivière au petit Barbeau, poursuivi par quelques chiens d'élite, et, tandis que les veneurs gagnaient le bac à Fontaine-le-Port, pour traverser à leur tour, eux et leurs chevaux, l'animal, profitant de ce retard, perçait tout droit en plaine, où il avait pris beaucoup d'avance sur la meute. Arrivé de l'autre côté de l'eau, l'équipage balance, indécis. Les piqueurs eux-mêmes semblent se consulter à deux fois avant de rien entreprendre. Comment suivre, par cette chaleur étouffante? Comment surtout se lancer à travers cet océan de blés encore debout, immenses savanes qui déroulent à perte de vue tout un horizon de moissons jaunissantes? Deux jeunes cavaliers surviennent, ce sont les ducs d'Orléans et de Nemours, et à l'instant même toute hésitation a cessé. Un requêté sonne; les chiens retrouvent la voie et rapprochent. Quoi qu'il arrive, morbleu! il ne sera pas dit que la Vénerie du prince, dût le cerf crever bêtes et gens, n'aura pas accepté le défi qu'on lui jette. On se rappelle quelle fut l'issue glorieuse de cette lutte, de part et d'autre si noblement engagée et soutenue; on sait comment, après un débûcher de plusieurs lieues à travers champs, l'animal fut pris à Villefermoy, au bout de cinq mortelles heures de chasse. Jamais courre n'avait autant intéressé les princes, le duc d'Orléans surtout, que ce beau triomphe flattait doublement comme maître d'équipage, et tout récemment encore, aux dernières courses de Chantilly, S. A. R., qui nous faisait l'honneur de causer chasse avec nous, éprouvait un véritable plaisir à nous rappeler quelques circonstances de cette prise mémorable. Les obstacles de la saison, la difficulté du pays, les fatigues de cette expédition, accomplie sous un soleil brûlant, le maigre repas de la ferme des Hollains, si bien assaisonné par l'appétit et la gaieté des convives, les six à sept lieues de retraite à faire pour regagner Fontainebleau et un lit, où nos veneurs n'eurent pas besoin d'être bercés pour dormir, tous ces incidents étaient autant de joyeux souvenirs présents à l'esprit du prince, et qui lui faisaient nous dire en souriant : *Je me souviendrai du 15 juillet. Ce fut une rude journée !*

Hélas! et nous aussi, nous nous souviendrons du 15 juillet, Monseigneur! cette autre journée si rude pour un vieux père, si rude pour une mère éplorée, pour une jeune épouse dont vous étiez l'idole, pour ces frères justement fiers de marcher sur les traces de leur aîné! Nous nous associerons du fond du cœur à ce deuil de famille, à ces cruels et déchirants regrets, car il y avait en vous tout ce qui fait aimer et pleurer un prince; et à côté des goûts nobles que nous n'avons fait qu'effleurer en passant, nous qui devions nous borner à parler du gentilhomme, se distinguaient éminemment toutes les qualités sérieuses qui promettent plus tard un grand Roi.

Une catastrophe affreuse, inattendue, a tranché le cours de votre vie généreuse; et, au milieu des sanglots éclatant à ce triste spectacle, une seule larme, s'échappant de vos yeux, sous les baisers maternels qui pressaient vos lèvres décolorées et muettes, a semblé dire qu'au milieu des souffrances d'une lente agonie vous compreniez cet éternel adieu. Oh ! c'est là une fin cruelle sans doute, une mort digne d'une éternelle pitié. Périr ainsi dans la fleur de sa jeunesse, périr plein d'espérance et d'avenir au milieu des êtres qui nous furent le plus chers, lorsque tant de motifs devaient nous rattacher à l'existence, se sentir si fort et tomber devant un grain de sable, est une destinée horrible, vouée à une fatalité bien malheureuse assurément. Cependant, quelque misérable que soit cette condition, qui de nous, Philosophe ou Chrétien, par le temps déplorable où nous vivons, dans ce siècle d'égoïsme, sans foi, sans stabilité, sans principes, oserait dire si elle n'a pas encore été préférable pour l'infortuné prince, mort entouré d'universels regrets, à la triste nécessité de monter un jour sur le trône de France?

XV

UNE OUVERTURE A GROS-BOIS, CHEZ LE PRINCE DE WAGRAM

Les promesses de la campagne. — Le vrai chasseur parisien. — Une ouverture en Brie chez M. le prince de Wagram, au château de Gros-Bois.

A coup sûr, si l'an de grâce 1842 doit bien mériter des joyeux disciples de Bacchus, et leur rappeler, dit-on, la fameuse année de la Comète, par la qualité de ses vins, Septembre, qui vient de s'écouler, est un mois à enregistrer également dans la mémoire reconnaissante des vrais amateurs de chasse. Protégés par un printemps sans pluies suivi d'un été sans orages, les couvées ont généralement réussi ; et, dans certaines provinces, les pays de grandes cultures par exemple, où les blés ne souffrent que peu de prairies artificielles, ces couverts perfides, ruine ordinaire des plus belles espérances, le perdreau, particulièrement, a si bien fait, qu'on ne se souvient pas d'avoir vu depuis longtemps des compagnies plus fortes et plus nombreuses. Aussi Dieu sait quelle levée de boucliers a eu lieu aussitôt qu'a paru, pour chaque département, l'arrêté préfectoral si impatiemment attendu. Malheur à qui n'avait point pris toutes ses mesures d'avance et fait sa visite obligée, dans la première quinzaine d'août, à tous les fournisseurs auxquels il faut payer tribut en pareil cas : l'armurier, le quincaillier, le fabricant de guêtres et de chaussures, sans oublier le tailleur surtout ; le tailleur, cette seconde Providence du chasseur, et qui, d'un seul coup de ciseau donné maladroitement, peut, en manquant une *entournure*, compromettre à tout jamais la réputation du tireur le plus habile. Pendant trois semaines entières on ne s'est couché ni jour ni nuit dans plusieurs ateliers que nous pourrions citer, et les *Humann* de la capitale ont eu pour le moins autant de besogne, avec les vestes et les paletots à livrer, que la brigade des bons gendarmes de Saint-Denis ou du Bourget, le 25 au matin, avec les envahisseurs de leurs plaines.

A voir la migration qui s'opère dans nos murs, la veille et le jour même de l'ouverture ; à compter un à un les excellents types de ces chasseurs bourgeois que voit défiler la Barrière, véritable armée capable de prendre d'assaut la ville et ses faubourgs, il nous serait franchement bien difficile de dire vers quels parages ignorés se dirige cette procession de grotesques, et ce serait un curieux calcul à établir que de supputer approximativement ce qu'il faudrait de gibier pour satisfaire, même à une pièce par tête, l'ambition quelque peu famélique de ces honnêtes Béotiens auxquels, chaque année, le fisc vend 15 francs, le droit de brûler leur demi-

livre de poudre. Bien certainement, la confédération germanique tout entière, cette terre classique des chasses féodales,
demanderait en vain un pareil impôt aux vastes et giboyeux
domaines de ses plus vieux landgraves.

Le *vrai chasseur parisien*, — ne riez pas d'un air d'incrédulité, ami lecteur, — Dieu merci, parmi nos amateurs,
nous pourrions encore, sans aller loin, citer plus d'un *sportsman* en renom bien digne de réclamer ce titre ; le *vrai
chasseur parisien*, disons-nous, celui enfin que sa position,
sa fortune ou ses goûts ont fixé dans la capitale, se garde
bien, au jour dit, de grossir par sa présence le flot de cette
avalanche compacte. Loin de là, il se renferme chez lui,
entre quatre murs, dans la crainte qu'on ne le confonde
avec cette troupe échappée, à laquelle l'ordonnance Delessert
a lâché la bride. De même que la plupart des propriétaires
dont les chasses bien gardées, seul refuge offert au malheureux gibier, se trouvent situées dans un rayon de quelques
lieues, aux environs des grandes villes, le jour de l'ouverture
il s'abstient, il ne sort pas : fût-il à la campagne, au sein de
la réserve la mieux peuplée, en dépit de cette fusillade dont
l'écho lointain lui saigne le cœur et le provoque, vous le
voyez impassible, stoïque, se bien garder de mettre le pied
sur le terrain, sur ce sol neutre où rappelle en paix plus
d'une compagnie encore vierge ; car il sait qu'il prendra sa
revanche un peu plus tard ; et à quoi bon, par une précipitation mal calculée, se faire le pourvoyeur de tous ces flibustiers aux aguets, qui, placés sur l'extrême frontière, flairent,
le nez au vent, les douces émanations d'une plaine dont l'entrée leur est interdite. Patience ! l'asile offert momentanément au gibier n'est qu'un piége ; quelques jours encore, et

le signal sera donné. Là où régnait naguère un calme trompeur, un feu général et bien nourri annoncera le terme de la trêve.

C'est par suite de ce sage calcul, qu'à Gros-Bois, l'une des chasses les plus belles de Seine-et-Oise et de Seine-et-Marne, car la magnifique résidence de M. le prince de Wagram, est à cheval sur l'un et l'autre département, et s'étend sur plusieurs communes à la fois ; l'ouverture n'a jamais lieu que cinq ou six jours après celles de Brie-Comte-Robert, Boissy-Saint-Léger et autres pays circonvoisins, dont le territoire morcelé est abandonné à tout propriétaire... d'un port d'armes. Cette année la solennité avait été fixée par le prince au 1er septembre, et de nombreuses invitations, parmi lesquelles se trouvait un mot des plus aimables adressé au directeur du *Journal des Chasseurs*, y réunissaient, dès dix heures du matin, une société brillante et choisie. Après un déjeuner charmant, auquel fit honneur la gaieté des convives, dignement présidés par leur noble hôte, seize chasseurs se trouvèrent à midi sous les armes dans la cour d'honneur du château ; M. le prince de Wagram ; son beau-frère, M. le comte de Plaisance ; M. le prince de la Moskowa, M. le prince Lucien Murat, M. le baron de Saint-Pierres, M. Paul Berthier ; MM. Manuel, Philippe Hottinguer, François et Nicolas Clary, beaux-frères du prince ; M. le général Dutaillis ; MM. de Varelles, de Vergennes, Alphonse Lherminier, Léon Bertrand ; n'oublions pas l'honorable M. Vallerant, procureur du Roi à Corbeil, auquel nous avons vu faire quelques coups de *longueur* assez beaux pour ne le point passer sous silence. Les places respectives tirées au sort, toute cette ligne formidable s'est étendue en front de bandière, balayant la plaine

devant soi, et traversant à distances rapprochées une très-
courte portion du parc, où chacun eut l'occasion de brûler
déjà plus d'une amorce. Puis, une fois hors des murs, le
cercle s'est développé davantage, l'aile gauche, gagnant les
hauteurs, tandis que la droite se prêtait, par une lenteur
combinée, à l'exécution du mouvement, et certes, pour tout
spectateur désintéressé, ce ne devait pas être un coup d'œil
indifférent que cette grande manœuvre fort bien dirigée par
M. de Plaisance, et dans la répétition de laquelle a consisté
toute la tactique de la journée. On peut dire que le perdreau
pullule à Gros-Bois ; et les ressources du pays avaient encore
été augmentées, cette année, par la mise en liberté de plus
de trois cents élèves. Le lièvre est beaucoup moins abondant,
à cause de la proximité de quelques petits pays vignobles
dont les paysans sont trop habiles colleteurs, pour permettre
que l'espèce se propage. Cependant on en rencontre encore
assez pour varier agréablement une chasse. Malheureusement, la sécheresse de 1842 s'est fait sentir en Brie comme
partout ailleurs : les *regains*, au 1er septembre, ne sup-
pléaient point comme couverts à l'insuffisance des chaumes,
et le gibier, bien que chassé pour la première fois, est
presque toujours parti hors de portée. Pour comble d'infor-
tune, sur les deux heures de l'après-midi, a commencé à
tomber un brouillard qui s'est converti plus tard en une
pluie intense, et qui a gâté toute la fin de la journée. On
aurait dû tuer plus de trois cents pièces aisément. Grâce
à la saison et au temps, cent quarante-cinq seulement,
dont vingt et un lièvres, cinq cailles et cent dix-neuf perdreaux, ont été cotées à l'appel, et c'est M. le prince de la
Moskowa qui, nous dépassant de quatre pièces, s'est trouvé

le Roi de la chasse. Nous ne dirons rien aujourd'hui de la gracieuse hospitalité exercée à Gros-Bois par le maître du château, si bien secondé dans cette tâche par madame la princesse mère et madame la princesse de Wagram. Ce serait déflorer le chapitre que nous comptons prochainement publier sur cette résidence royale : tout ce que nous pouvons certifier, c'est qu'aucun étranger n'y sera reçu sans la quitter avec regret, et sans emporter un vif souvenir de reconnaissance pour les trop courts moments de plaisir que lui ménage l'accueil plein de bienveillance de cette noble et aimable famille.

XVI

SIX JOURS EN BEAUCE, CHEZ LE MARQUIS DE GASVILLE

L'existence nomade d'un chasseur. — Physionomie de la Beauce.
— La terre de Meslay-le-Vidame. — Le château et ses propriétaires, M. le marquis et Mme la marquise de Gasville. — Leurs
invités. — Les chasses de la plaine et du parc. — M. le viconte
d'Ambray. — Un chasseur qui sait allier les devoirs et les plaisirs. — La vie de château. — Une chasse au sanglier. — *Qui
terre a guerre a.* — Comment à Meslay on s'est débarrassé des
braconniers.

Aujourd'hui ici, demain là : tel est le sort du chasseur
consciencieux qui, se mêlant comme nous de professer, veut
tout vérifier par ses yeux, avant que d'expliquer aux adeptes
les doctes et joyeux préceptes de la science. Toujours en
route, toujours par voie et par chemin, toujours appelé à
quelque expédition nouvelle, jamais vie nomade n'a été plus
errante et plus occupée que la sienne. Point de brillante
partie à laquelle on ne le convie ; tous les départements le
réclament à la fois : la *Somme,* avec ses marais couverts de

bécassines ; le *Pas-de-Calais*, aux dunes minées par les terriers ; le *Finistère*, aux landes peuplées de loups ; l'*Indre* aux vieilles futaies, refuge inexpugnable du peu de sangliers qui nous restent. — « Eh ! de grâce, mes maîtres, un instant ; souffrez que nous respirions un peu... tant d'invitations pressantes nous honorent, nous touchent : nous voudrions pouvoir rendre visite à chacun de vous, sans aucun doute, trop heureux de faire ainsi notre tour de France de château en château, et de vous remercier, l'un après l'autre, d'une aussi bienveillante sympathie. Mais, hélas ! à notre grand regret, les jours consacrés au plaisir passent si vite, que, dans ceux de loisirs qu'il nous faut compter, nous ne pouvons, quelque bonne volonté que nous y mettions, nous multiplier assez, pour être à la fois sur tant de points opposés. »

Ainsi disions-nous, le 4 de ce mois, tout en roulant, armes et bagages à nos côtés, et notre fidèle *Pointer* sous les pieds, dans le coupé de la diligence de Chartres. L'Eure-et-Loir est un département où nous n'avions encore jamais chassé, et nous ne connaissions ses perdreaux que sur les échantillons de Lemoine, ce grand consommateur dont les pâtés justement célèbres engloutissent chaque année dans leurs flancs les trois quarts des perdreaux de la Beauce. Nous n'étions donc point fâché d'arpenter un peu ces vastes plaines du pays chartrain, que, sur la foi des touristes, nous nous représentions toutes nues, sans végétation et sans arbres, n'offrant tout au plus au chasseur surpris par un orage que ce maigre et mince baliveau, si bien représenté, dans l'*Averse en plaine*, par le crayon spirituel de Grenier. D'ailleurs, la réputation bien connue de notre nouvel hôte, *sportsman* distingué s'il

en fût, **M.** le marquis de Gasville, ancien préfet de l'Eure et
de l'Yonne, ne nous laissait aucun doute sur l'agréable emploi de notre temps pendant notre séjour à sa terre de Meslay-
le-Vidame.

La propriété de Meslay, l'une des plus giboyeuses du département, est à cinq lieues de Chartres, à gauche de la route
de Bordeaux passant par Châteaudun et Vendôme. On quitte
cette route à la Bourdignières, premier relais de poste après
Chartres, et à peine a-t-on pris la traverse, que déjà l'on aperçoit à l'horizon les arbres et les murs du parc, qui n'a pas
moins de huit cents arpents d'étendue. A examiner la topo-
graphie du pays, certes il serait difficile au voyageur transporté là tout à coup par l'enchantement d'un pouvoir magique et qui se demanderait où il est, de se supposer au
milieu de la Beauce. A l'aspect de ces champs de moyenne
étendue, coupés de prairies artificielles et de bosquets, de
ces futaies de belle venue, étalant à droite et à gauche de
riants massifs de verdure, bien mieux, de ces allées de pommiers dont les branches plient sous le poids des fruits, il est
évident que cette partie de la contrée fait exception : on se
croirait volontiers en Normandie.

L'entrée d'honneur du château, situé au centre du village,
consiste en une double rangée d'arbres séculaires, immense
pelouse dont plus d'une ville serait fière, et où se tient annuellement la *Saint-Maurice*, la fête patronale du pays.
Bâti sous le règne de Louis XIV, il est entouré de fossés profonds et flanqué sur les ailes de grands bâtiments en retour
plus que suffisants pour la commodité du service. De vastes
écuries et des communs en proportion s'élèvent dans une
cour à part tout à fait indépendante de l'habitation princi-

pale; enfin une faisanderie, destinée à faire de nombreux élèves, et un chenil capable de contenir une meute de soixante chiens, complètent, à l'une des entrées du parc et sous les yeux d'un garde portier, cette belle résidence de chasse.

Neuf heures sonnaient comme nous descendions de voiture, le lundi, 5 septembre, sous le vestibule du château, où M. et madame de Gasville nous reçurent avec une courtoisie tout aimable, et bientôt (à la campagne on est toujours moins cérémonieux qu'à la ville) nous eûmes, sous les auspices de notre hôte, fait connaissance avec l'honorable assistance réunie à Meslay-le-Vidame. Madame la marquise de Sesmaisons la mère, M. le marquis et madame la marquise de Sesmaimons de Flamanville, M. le marquis et madame la marquise de Civrac, M. le comte et madame la comtesse de Goulaines, tous parents de la famille de Gasville, plus un excellent veneur de l'Orléanais, M. Théobald de Tristan, ex-officier de l'armée d'Afrique, composaient, à notre arrivée, cette société intime à laquelle vint s'adjoindre, pour ce jour-là, M. de Villeneuve, le préfet de Chartres. A onze heures et demie, c'est-à-dire au sortir de table, un char-à-bancs tout attelé, véritable omnibus de chasse, dans lequel il y a place pour tout le monde, chasseurs, chiens et gibier, nous fut amené devant la porte et nous transporta sans fatigue jusqu'au rendez-vous fixé pour l'ouverture de notre première campagne.

A Meslay, on ne connaît que deux manières de chasser, la chasse aux chiens courants et la chasse en battues. Cela se conçoit : M. de Gasville ne résidant que six semaines tout au plus, chaque année, dans cette propriété, vu qu'il en a deux autres non moins importantes, l'une dans le Loiret, l'autre dans la Seine-Inférieure, entre lesquelles il faut qu'il se partage ; il est urgent pour lui de bien employer le temps, et la grande quantité de gibier exige des destructions en rapport avec la reproduction annuelle. Or, ce jour-là, il avait été décidé que nous chasserions en battue, ce qui est rare pour une ouverture, et, dès le matin, les gardes et les rabatteurs à leur poste avaient rejeté au bois presque tous les perdreaux de la plaine. Nous en fusillâmes quelques compagnies, qui, malgré la difficulté du tir dans les allées étroites où chaque arbre vous fait un obstacle, ne s'en allèrent pas intactes, et après quelques traques dans le bois de Fresnay, belle réserve d'une centaine d'arpents, assez bien peuplée en faisans et en lièvres, nous gagnâmes le parc, immense tiré vraiment royal, entièrement sacrifié au gibier que là vous rencontrez à chaque pas et sous toutes les formes. On ne comptait pas à Meslay moins de cent chevreuils cette année. Si vous joignez à ce nombre une multitude incroyable de lapins, les faisans nés sur le sol, ceux élevés dans la faisanderie, quelques perdreaux rouges, qu'on est parvenu à acclimater, non sans peine, et une quantité raisonnable de perdreaux gris, vous pourrez vous faire une idée des jouissances du chasseur auquel on donne carte blanche au milieu de pareilles richesses. On avait en entrant voté la mort de trois chevreuils, sans distinction d'âge ni de sexe ; un brocard et deux chevrettes payèrent de leur vie ce tribut, facile à prélever, et quatre-vingts autres pièces de gibier diverses, onze faisans, un lièvre, vingt-trois lapins et quarante-cinq perdreaux formèrent pour ce jour-là le contingent de notre chasse, assez beau résultat, pour six tireurs, à une époque où le bois n'a pas encore perdu une de ses feuilles.

Le lendemain, 6, nous arriva, comme renfort, un chasseur auquel les forêts de l'antique Neustrie doivent une partie du *fauve* qui leur reste aujourd'hui, M. le vicomte d'Ambray, fils de l'ancien chancelier de France, et propriétaire actuel du château de Montigny, situé sur la route de Rouen, entre Tôtes et Dieppe; il vint à propos pour remplacer M. le préfet d'Eure-et-Loir reparti la veille pour Chartres, où l'appelait l'ouverture du Conseil général : gai, spirituel, aimable, M. le vicomte d'Ambray est un bon compagnon de chasse, et notre petite troupe, toujours au complet, grâce à la participation du nouveau venu, recommença comme de plus belle le cours glorieux de ses exploits.

Car telle est la vie que l'on mène chez M. le marquis de Gasville : hormis le dimanche, jour consacré au repos, et où tout le monde, sans exception, se remet des fatigues laborieuses de la semaine, l'équipage dans son chenil, les chevaux dans leur écurie, les maîtres de la maison au salon où ils tiennent compagnie aux dames, tous les autres jours de la semaine sont employés à quelque expédition nouvelle. Et ne vous imaginez point qu'on exploite le même canton ; nullement : les ressources de la propriété sont telles, qu'on peut y chasser une semaine entière sans visiter les mêmes lieux deux fois de suite. Habitué, comme homme d'administration, à une exactitude ponctuelle, M. de Gasville a conservé dans la vie privée les habitudes de l'ancien préfet : son grand principe a toujours été qu'on peut, lorsqu'on le veut, mener de front les affaires et les plaisirs, et, du reste, sa conduite personnelle a prouvé que cette alliance n'était point impossible. Sous la Restauration, placé deux fois à la tête de départements importants, il les a l'un et l'autre parfaitement dirigés, et, quoiqu'il fût à cette époque l'un des premiers chasseurs de France, sans contredit, excellent veneur, maître d'un équipage qui

prenait jusqu'à soixante sangliers par an, dans la Bourgogne;
il faut lui rendre cette justice, qu'il n'a jamais, dans son honorable carrière politique, sacrifié les devoirs sérieux aux exi-
gences de sa passion favorite. Levé dès quatre heures du matin,
pour faire sa correspondance et son travail, il était, deux
heures après, à la disposition du public pour ses audiences,
et jamais un rendez-vous donné ne faisait faire chez lui anti-
chambre à un solliciteur, quel qu'il fût. La besogne achevée,
la séance levée, M. le préfet d'Auxerre endossait l'uniforme
de chasse, montait dans une chaise de poste et se rendait encore utile à ses administrés en purgeant le pays d'une foule
d'animaux nuisibles dont les campagnes déploraient les ravages. Il était, dit-on, d'une sévérité excessive pour les braconniers de profession, et tous ceux qu'il soupçonnait d'être
sujets à caution avaient bien de la peine à obtenir de lui un
port d'armes : certes, ce n'est pas nous qui blâmerons cette
rigidité salutaire dont les résultats ne seraient pas douteux,
si tous nos préfets actuels la prenaient pour modèle.

Avec un tel maître de maison, on conçoit que, tout étant
réglé et positivement arrêté d'avance, ses hôtes doivent être
fort peu embarrassés de la manière dont ils occuperont leurs
journées. Ce qu'il y a de bien positif, c'est qu'elles passent
vite, et d'autant plus agréablement que, comme nous le faisions pressentir tout à l'heure, grâce aux heureuses ressources qui les varient, elles se succèdent et ne se ressemblent
pas. Aujourd'hui c'est la *Caloterie* qu'on met à contribu-
tion; demain, c'est le *bois Joly;* après demain, le *bois de
Beauvoir;* ainsi de suite : après l'hallali d'un sanglier vient
la prise d'un daim, admirablement bien chassé par un équipage de bâtards anglais composé de trente-six chiens d'un ma-

gnifique modèle. Tantôt, c'est une battue bien conduite, vaste hécatombe où ne trouve point grâce le faisan, ce royal oiseau ; tantôt, une chasse au chevreuil dans laquelle ne figurent que trois ou quatre chiens dispersant devant eux toute une harde effrayée de chevrettes et de faons timides. Puis enfin arrive le tour des bassets, autre meute moins ambitieuse, dont les premiers glapissements font fuir d'enceinte en enceinte les nombreux habitants surpris hors de leurs demeures souterraines..., et cependant les heures volent, s'écoulent, le temps fuit inaperçu, toujours trop prompt dans sa course rapide; mais, au moment où la retraite a sonné, où ce mot *aujour-d'hui* n'est plus qu'un mot vide de sens, stérile, déjà, en votre présence, et dans le seul but aimable de ne pas même vous laisser un regret, est fixée la chasse du *lendemain*.

C'est ainsi que nous avons passé six jours entiers sans repos, et pourtant sans fatigue, dans l'intimité de cette délicieuse réunion de famille, présidée tout paternellement. Là se trouvaient de jeunes et jolies femmes, l'une venant de Bagnères, l'autre s'apprêtant à franchir les Alpes, toutes sans prétention aucune, ce qui est rare dans le siècle où nous sommes. D'une amabilité à nous faire rougir d'être si souvent loin d'elles, et d'une indulgence à ne point même plaisanter, le soir, le chasseur à moitié endormi qui s'était levé trop matin, ces dames ne causaient ni politique, ni voyages, ni littérature, ni beaux-arts, et la plupart du temps, l'aiguille en main, ne nous demandaient, pour tous frais d'esprit, que d'assez mal jouer au billard, pour leur laisser disputer une modeste poule. Que d'honnêtes bourgeois enrichis devraient enfin comprendre la vie de château comme l'entend la véritable noblesse !

Le vendredi, 9, eut lieu une chasse superbe au sanglier, par l'équipage, et à laquelle prirent part deux joyeux veneurs de plus, MM. de Malartic, arrivés à Meslay la veille[1]. Attaqué à sept heures du matin dans le petit parc, un ragot, sur lequel deux relais furent successivement bien donnés, vint se faire prendre après trois heures de menée vigoureuse, pour ainsi dire, dans la cour du château. Nous eûmes l'honneur d'arriver un des premiers à l'hallali, malgré le grand vent qui permettait difficilement de suivre la chasse, et là nous fûmes récompensés par le plus magnifique spectacle. Acculé dans un angle de mur, l'animal tenait en respect toute la meute, à laquelle il avait déjà fait plus d'une blessure, chargeant intrépidement le premier qui l'approchait de trop près. Une balle, que M. de Gasville nous pria de lui envoyer, mit fin à cette scène pathétique qui menaçait de devenir plus sanglante.

La journée du samedi, 10, fut consacrée à une dernière battue dans le parc, où nous eûmes, pour notre part, l'avantage d'abattre deux chevreuils, et où bon nombre de pièces furent en outre immolées. Il est impossible assurément de voir une plus admirable réserve de chasse que ces huit cents arpents, clos de murs, où tout le bois ravagé par le gibier est percé de la manière la plus favorable, soit pour en faire le théâtre d'un courre, soit pour y pratiquer des traques. Généralement de peu d'étendue, les enceintes n'exigent guère plus d'une douzaine de rabatteurs, et les allées se

[1] Une première avait déjà eu lieu le 7 : mais l'animal, une laie, avait été tuée presque aussitôt après l'attaque, par M. d'Ambray, sur l'invitation formelle de M. de Gasville, afin de mettre bien dans la voie du sanglier, les chiens qui n'avaient point chassé depuis six mois.

croisent tellement en tous sens, qu'aux chiens courants il est rare qu'on perde, même momentanément, la chasse.

Il y a douze ans, ces huit cents arpents, traversés par plusieurs routes livrées à la circulation du public, dépendaient du château, mais n'étaient pas encore fermés. Un beau matin, M. de Gasville prit la truelle et, aidé par trois cents ouvriers, il eut en quelques mois enveloppé, d'une enceinte formidable, ces taillis, où il voulait un jour retrouver sous sa main la race, à lui bien connue, des vieux chevreuils de la forêt d'Othe. On cria beaucoup dans le pays; les communes voisines menacèrent de procès le propriétaire qui interceptait leurs routes. Mais l'homme qui avait été préfet connaissait mieux que personne de quel côté était le bon droit; il s'inquiéta peu de ces vaines clameurs, et, comme en définitive il avait raison, les chemins une fois barrés, il fallut bien, quitte à faire un détour, que MM. les Beaucerons en cherchassent d'autres. Ce qui lui donna beaucoup plus de soucis dans le principe, ce fut la race des braconniers, race audacieuse s'il en fut, qui, loin de se chagriner de cette clôture, comme d'une barrière opposée à ses tentatives, se réjouit, au contraire, à l'idée de n'avoir que dix pieds de haut à franchir, pour faire dans un seul et même lieu toutes les provisions nécessaires à sa criminelle industrie. Partout où le gibier abonde, soyez sûr de trouver du renard. Or, pendant quelques années, il ne manqua pas à Meslay de ces renards bipèdes et de la plus dangereuse espèce. Plus d'une fois, les quatre gardes et le régisseur, qui passaient les nuits en patrouille, firent connaissance avec le plomb destiné au gibier, et ripostèrent sans autre explication, à ce *qui vive* de nouvelle espèce. Comme on le pense bien, cette *petite guerre* désolait

M. de Gasville, qui en prévoyait les suites funestes, et il dut
aviser au plus sûr moyen d'y mettre un terme. Nul n'est suivant nous plus efficace que celui qu'il choisit, et nous le re-
commandons à tout propriétaire qui se trouverait dans un embarras semblable. M. le marquis acheta quatre gros mâtins
de la plus forte taille et d'une férocité dont rien n'approche. Ce sont ces gaillards-là qui font aujourd'hui la police
de son parc : lâchés le soir par les gardes, ils ne font aucun
mal au gibier dont ils comprennent qu'ils sont les défen-
seurs naturels; malheur, par exemple, à l'imprudent qu'ils
rencontreraient dans leur tournée, ce serait un homme
perdu.

Aussi telle est la terreur qu'inspire à dix lieues à la ronde
cette escouade, vraiment redoutable, que depuis leur installation dans leurs fonctions, pas un coup de fusil n'est tiré,
pas un seul collet posé dans les massifs du parc. Les faisans
dorment en paix au branché; les chevreuils brament sans
crainte dans la bruyère; les lapins, se livrant à tous leurs
ébats, ne redoutent plus qu'une cravate de laiton les étrangle
au passage. Enfin, nul braconnier n'est assez hardi désormais
pour tenter, dans les murs de Meslay, la plus petite excur-
sion nocturne.

Peut-être, après tout, le mérite de cette métamorphose
complète dans les habitudes des délinquants, n'est-il pas dû en
entier à nos mâtins : sur les deux façades latérales de Meslay-
le-Vidame, sont encadrées et gravées dans la pierre, deux
vieilles inscriptions latines, qui remontent à la fondation du
château, et qui témoignent hautement, au milieu de toutes
les profusions du luxe, de l'esprit d'humilité des premiers
seigneurs du lieu.

On lit d'un côté : *Memento homo, quia pulvis es et in pulverem reverteris.*

De l'autre : *Ne abutaris, respice finem.*

Certain braconnier un peu lettré, aura sans doute un soir, par quelque beau clair de lune, déchiffré ces deux sentences. Il en aura demandé l'explication au maître d'école de la paroisse, qui sait passablement de latin, et voilà comment, à la satisfaction commune du propriétaire dont on ne tue plus le gibier, des gardes dont le sommeil n'est plus interrompu, la race des affûteurs de nuit, race maudite, se tenant pour bien et dûment avertie, a totalement disparu de Meslay.

XVII

LA SOCIÉTÉ DE RALLYE-BOURGOGNE

ÉQUIPAGES MAC-MAHON ET MONTMORT

Réorganisation de la Société. — Fusion des deux équipages de M. le
marquis de Mac-Mahon et de M. le comte de Montmort. — Liste
de MM. les Sociétaires. — Premières escarmouches en Nivernais.
— Déplacement de la Côte-d'Or. — Faverolles. — Attributions
respectives de ces messieurs. — Les chasses. — Une pointe à Auberive et à Grancey. — La Saint-Hubert. — Sang-froid et intré-
pidité du comte de Bernis. — Histoire d'un sanglier amoureux.

La Société de *Rallye-Bourgogne*, cette réunion modèle
fondée par nos meilleurs maîtres d'équipages, et dont à pareille époque, l'an passé, nous avons fidèlement relaté les
exploits, a reçu, cette année, une organisation plus complète encore. MM. de Mac-Mahon et de Montmort ont formé
désormais une alliance étroite et tout à fait homogène, où
règne l'accord le plus parfait dans les principes comme dans
le but.

A d'autres la haute science de vénerie ; à d'autres les habitudes classiques de nos aïeux, au milieu des forêts princières. Ici, le romantisme de la chasse aventureuse, à travers des forêts vierges, des routes le plus souvent impraticables, parmi les périlleux obstacles de terrains toujours inconnus.

— Mettre le moins de temps possible pour arriver aux résultats, grâce au mélange bien combiné de la vitesse anglaise avec la régularité de la méthode française, voilà le problème à résoudre.

— Faire savamment le bois, attaquer avec discrétion et prudence, donner peu ou point de relais, laisser-courre tout *de meute à mort* avec les chiens les plus vites, rallier toujours à la tête en activant la queue de la chasse, voilà la solution.

Trois piqueurs légèrement montés, trois valets de chiens dont un seul à pied, six limiers, quatre-vingts chiens purs anglais, tous marqués de la lettre *M*, tel est le personnel de la vénerie.

Quant aux membres formant la Société Rallye-Bourgogne, en compte environ trente, dont plusieurs ont aussi des meutes particulières.

Voici la liste de ces messieurs, que nos lecteurs ne seront peut-être pas fâchés de connaître, et dont nous sommes d'autant plus en droit de citer les noms que notre journal a eu l'honneur de les compter presque tous individuellement sur la liste de ses fidèles :

Président : M. Ch. de Mac-Mahon.

Vice-président : M. J. de Montmort.

Ces deux messieurs propriétaires de l'équipage.

Membres Sociétaires :

MM. Al. de Bernis.
    L. de Bernis.
    O. de la Rochefoucauld.
    De Chazelles.
    Verry.
    De Villers la Faye.
    Th. de Villers la Faye.
    E. de Mac-Mahon.
    Ch. de Vogué.
    De Vitry.
    De Gontaut-Biron.
    De Mun.
    E. de Montmort.

MM. Baillet de Souza.
    De Chassiron.
    Perret.
    De Roquefeuil.
    De Sassenay.
    Pigenat.
    Simonis de Barbançon.
    De Wall.
    De Galitzin.
    Champy de Boiserand.
    Ligier.
    De Saluces.
    De Chastellux.

Cette année, septembre tout entier a été, comme d'habitude, consacré aux devoirs administratifs et sociaux qu'impose la louveterie ; et, après quelques expéditions couronnées d'un plein succès, la fin du mois a vu s'opérer à Fours la réunion annuelle des veneurs de l'équipage à ceux du Nivernais, représentés par les excellentes meutes de MM. de Pracontal et de Chargères.

Là, plusieurs sangliers ont été pris successivement. Les chiens français de M. le comte de Chargères ont été, dès la première fois, d'une tenue si parfaite pendant près de quatre heures, qu'ils ont porté bas un ragot des plus vigoureux. Cette espèce de chien réunit à un bon pied une belle gorge, de sorte que le bruit de la chasse n'éprouve aucune modification : il est presque toujours égal, et roule comme un torrent, sans suspension ni défauts. De son côté, la meute anglaise, mise en haleine, a forcé un sanglier dont l'hallali a été signalé par une particularité remarquable. Les soles des traces de devant de l'animal ne portaient plus sur terre, c'étaient les gardes seules et les os de la jambe, dont les tendons ensanglantés se trouvaient en partie détruits; et le sanglier, toujours mené à fond de train, était ainsi hideusement estropié.

Les chasses de ce premier déplacement terminées, le 15 octobre, seize chasseurs, tous membres de Rallye-Bourgogne, se trouvaient réunis à cinquante lieues de Fours, dans les forêts de *la Chaume* et d'*Auberive*, louées par eux et où l'on s'était donné rendez-vous pour cette époque. La meute, arrivée de l'avant-veille seulement, était déjà cantonnée dans un petit village de la Côte-d'Or, nommé *Faverolles*, où les logements des veneurs avaient été disposés le matin même.

L'équipage de Rallye-Bourgogne étant presque toute la saison en déplacement, on conçoit que ses chefs ont dû le mettre sur un pied de mobilité facile. Commandements et manœuvres, là tout s'opère et s'exécute avec un ensemble et une célérité incroyables. Une fois entrés en campagne, bêtes et gens vont en quête du gibier, comme des soldats ardents vont au feu. Deux heures suffisent souvent pour caser hommes, chevaux et chiens; car chacun dans la Société a ses attributions spéciales, et travaille, suivant les fonctions qui lui sont départies, à l'établissement ou l'entretien du bivouac commun.

M. *Simonis de Barbançon* a pour mission de régler les prix de table et de déguster, en qualité de gourmet, les vins qu'on sert les grands jours d'hallali, fonctions importantes et délicates, dont il s'acquitte à la satisfaction générale.

M. *Al. de Bernis* s'occupe des chambres et des lits, partie qu'il entend, de son côté, à merveille, rapprochant avec un tact merveilleux les intimités et les âges.

M. *de Gontaut-Biron* est préposé à la répartition des cigares. M. *Eugène de Mac-Mahon* a la garde des cartes entières, deux ressources fort rares dans les hameaux.

M. *O. de la Rochefoucauld* visite les notabilités locales avec toute l'urbanité du gentilhomme chasseur ; et, crainte de conflit ou d'entraves, M. l'avocat *Baillet de Sourza* va faire sa cour aux autorités forestières et administratives. On sait que, depuis la location des forêts de l'État, le cahier des charges est resté tellement embrouillé pour tout ce qui est relatif aux droits réciproques de l'administration et des adjudicataires, qu'il faut autant que possible parer, par de bons procédés, aux chicanes sans nombre que pourrait susciter le plus léger mauvais vouloir.

M. *de Saluces* a pour rôle une partie essentielle qui a bien aussi son mérite. Directeur intelligent, caissier incorruptible, c'est lui qui a le maniement des fonds destinés à combler l'oisiveté des jours de repos, soit par les jeux et les prix donnés aux villageois, soit par les bals et spectacles offerts aux villageoises, avec autorisation de M. le maire. Quelques fonds de plus ajoutés, l'année prochaine, à cette partie du budget, et il y aura, entre autres fêtes, espère-t-on, le couronnement public d'une rosière.

MM. *de Montmort*, eux, toujours à cheval, sont spécialement chargés tous les deux d'aller en éclaireurs battre le pays à trente kilomètres à la ronde, pour prendre des renseignements sur le gibier ; et il n'est pas rare de les voir revenir en triomphe, rapportant, le mouchoir au bras, la motte de terre où se trouve encore fraîchement empreint le *volcelet* d'une quatrième tête ou d'un tiers-an.

Quant au président, M. *Charles de Mac-Mahon*, spécialement nulle part, on est cependant sûr de le trouver toujours partout et à son poste.

Le 16 octobre, à onze heures, on a frappé à la brisée d'un daguet accompagné d'une biche. Huit chiens seulement sont donnés pour redresser la voie; ils lancent à deux cents pas et l'on découple. Par un incident bizarre et fâcheux, un sanglier bondit entre la brisée et l'attaque; il enlève la meute. Une vieille biche, qui s'est livrée aux chiens d'attaque, débuche immédiatement; les chiens de meute abandonnent successivement le sanglier à mesure qu'ils ont connaissance de la première chasse; mais dans un équipage aussi vite que celui de Rallye-Bourgogne, de semblables fautes se réparent difficilement, surtout en un tel pays; la chasse se forlonge, et l'on est réduit à rompre toute la queue des chiens, aucun balancer ou retour n'ayant permis de les enlever à propos. Cependant les huit chiens débuchent à cinq lieues en plaine, et là, aidés de quelques chasseurs rares et plus heureux que leurs collègues, ils mettent bas l'animal, forcé en trois heures de temps.

Le surlendemain 18, rapport est fait par les piqueurs de deux sangliers, dont un *grand*, connu depuis longtemps dans le pays, qu'on supposait *miré* et peu dangereux en raison de son poids. Le temps tout à fait au sec, permettait difficilement d'en bien revoir, et les animaux se trouvant rembuchés dans la même enceinte, le hasard de la chasse voulut que les chiens tombassent sur la voie du plus petit, sanglier *tiers-an*, qui, au bout d'une heure, tint aux abois. Alors s'ouvrit une terrible scène de carnage qui ne se prolongea pas moins de vingt minutes. Par une fatalité déplorable, pas une carabine n'était présente sur le champ de bataille. L'animal, vingt fois acculé par quarante chiens, en tua deux et en blessa quinze; et cependant, spectateurs émus mais impuissants, dix veneurs étaient à quatre pas de lui dans le fort, sans qu'il leur fût possible de le mettre hors de combat à l'arme blanche. Dans ces charges et évolutions successives, M. *de Mac-Mahon* et son cheval sont culbutés par le sanglier furieux. Le cheval du piqueur *Laforêt* est à son tour blessé à l'épaule. Enfin M. *de Bernis* seul a l'adresse et le courage de mettre fin à ce sanglant épisode, par un coup de couteau lestement donné dans le flanc de l'animal encore debout, qui chancelle et tombe aussitôt, achevé par M. *de Montmort*.

Une ambulance établie à *Faverolles*, sous la surveillance d'un valet de chiens, chargé de soigner les blessés, nos chasseurs partirent pour *Auberive*, charmant village situé à trois lieues de là, tout proche des sources de l'Aube.

Avant d'aller plus loin, il est utile d'observer que, privés cette année par l'événement déplorable de la mort de monseigneur le duc d'Orléans, de la chasse royale d'Arc-en-Barrois, nos chasseurs se virent réduits à tenter intrépidement la solution d'un difficile problème : celui de forcer à travers les côtes pyrénéennes et les rochers à pic avoisinant *Chalancey*, *Chamberceaux* et *Grancey*, les cerfs réputés à juste titre pour les plus vigoureux de France, soit par suite de la nature du sol qu'ils foulent, soit grâce aux mœurs nomades qui les tiennent constamment en haleine.

Heureusement que MM. le comte d'*Esclaibes*, colonel d'artillerie, et de *Chambrulart*, tous deux riches propriétaires, auxquels sont amodiées les chasses de ce pays, mirent très-gracieusement à la disposition de la Société tout entière leurs forêts et leurs droits, imités en cela par MM. *Bordet* et *Becquey* d'Auberive; et qu'à son tour, loin de rester en arrière, en face de si généreux exemples, M. de *Mandat de Grancey*, possesseur de plusieurs milliers d'hectares de bois et d'un magnifique château, donna immédiatement à nos veneurs le droit de suite dans les uns, et une hospitalité empressée dans l'autre.

A la première chasse les chiens se divisèrent : vingt-cinq partirent sur un *hère* qu'ils portèrent bas en deux heures, et trente sur une biche qui s'en fut toujours fuyant à quatre lieues du lancer, à travers des bois clairs et des plaines tout à fait inconnues aux maîtres et aux piqueurs. A la nuit close, on sonnait le *bat-l'eau* dans un étang fangeux, hérissé de joncs si impénétrables que quelques-uns des plus vaillants chiens, saisis par le froid, y seraient morts indubitablement, sans l'assistance de M. de *Gontaut* qui, plongeant jusqu'aux reins dans une vase glacée, les prit alternativement sur ses épaules pour les transporter auprès d'un grand feu de forge. Bientôt la biche se dessina aux rayons de la lune sur la rive opposée du marais, où les chiens l'atteignirent et la noyèrent. La curée *chaude* se fit dans le village le plus voisin, à la lueur de dix chandelles apportées en guise de torches. La fumée des entrailles de la victime se mêlait à celle de ces lumières vacillantes et prêtait un aspect vraiment fantasmagorique à ces groupes nocturnes de paysans ébahis, de jeunes filles émerveillées et de chiens dévorants. Il était onze heures du soir lorsque cette fraction de la chasse, à demi perdue dans les brouillards épais de l'automne, rentrait à *Auberive* au bruit des fanfares d'un double hallali, et trouvait pour souper un dîner trois fois refroidi.

A la chasse suivante, un cerf dix-cors fut manqué par le change; quoique l'animal tînt l'hallali debout dans des rochers inaccessibles, les chiens qui cependant le jarretaient, ne purent se réunir en nombre sur lui, et ce fut en vain que de leur côté les veneurs tentèrent de l'aborder même à pied.

Aux deux attaques qui succédèrent, à quarante-huit heures d'intervalle, on prit consécutivement deux daguets enlevant six lieues de plaine rase en débucher avec soixante-dix chiens à leurs trousses, et telle fut la vitesse de ces deux chasses, que pas un cheval ne put se maintenir en vue de la bête de meute.

Au retour d'*Auberive*, *Faverolles* offrit pour la seconde fois ses sangliers comme délassements aux chasses de cerfs, si dures pour hommes, chevaux et chiens. Un ragot de soixante kilog., mis bas en cinquante minutes, fut dévoré au tiers, sans aide de la part des veneurs. Lors de la retraite, un incident imprévu causa quelque désordre. En traversant les bois, les chiens tout couplés s'emportèrent sur une voie de sanglier fuyant; plusieurs se prirent dans les branches, d'autres brisèrent leurs couples; la plupart furent rompus et ralliés; mais quinze d'entre eux, échappés, malgré tous les efforts des piqueurs, prenaient deux heures après, en pleine nuit, une laie dans la rivière d'Ource.

Le jour de la Saint-Hubert fut férié sur un sanglier à son tiers-an. Au bout d'une heure et demie de chasse eut lieu un premier abois suivi d'un second plus prolongé, puis immédiatement d'un troisième définitif. Deux des Sociétaires et le valet de chiens *Clovis* arrivèrent les premiers à l'hallali. Comme on se disputait à qui aurait l'honneur de porter le coup mortel, M. *Eugène de Mac-Mahon*, d'un coup de couteau de chasse trop impétueux, traversa l'extrémité de la main gauche de M. *de Bernis* qui, sans se déconcerter, sans laisser échapper un signe de douleur, n'en perça pas moins l'animal de la main droite. Ce sang-froid n'est-il pas vraiment digne d'un des héros de Rome ou de Sparte?

Une charrette arrive : la mort confond les ennemis qu'elle rapproche et forme un trio funéraire composé du monstrueux animal et de deux chiens éventrés par lui. Rallye-Bourgogne est en grande tenue. Douze trompes sonnent la fanfare du jour, et le cortége entier s'achemine triomphant vers *Faverolles* éclairé par le beau soleil de cet autre sanglant Austerlitz.

Mais est-ce une vision fantastique, une apparition, un rêve? Quel groupe bizarre se dessine de loin à l'horizon, s'avançant à la rencontre de nos veneurs? Sur *Lantara*, ce vétéran du *Sport* et du *Turf* se balance au grand pas un être pâle, amaigri, défait, aux pommettes saillantes, aux yeux caves, tout scintillants de fièvre pernicieuse. Un bonnet persan relève cette taille osseuse qu'enveloppent les replis ouatés d'une longue tunique et où flotte une trompe muette. Un homme de chasse en grand costume, mène par la bride le coursier à tête basse, et un valet de chambre soutient la jambe du cavalier fantôme.

Qu'est-ce? qui est-ce? Le chevalier de la Triste-Figure à la recherche de sa Dulcinée? Non. C'est un chasseur ressuscité, un veneur malade et guéri par la seule influence de ce grand jour, le brave vicomte de *Montmort*, si regretté le matin, si bien accueilli en ce moment, alors que, saluant d'un sourire tous ses frères d'armes attendris, il a à peine la force de leur dire à voix basse : « Amis, me voilà, je suis encore des vôtres. »

Quelques gelées précoces, des chiens égarés à de grandes distances, des chevaux plus ou moins écloppés, grâce à ce pays d'enfer où neuf furent déferrés dans une seule chasse, et où, par la mort de l'un d'entre eux tombé au champ d'honneur, *la guerre put nourrir la guerre*, tout contribua plus tôt qu'on ne l'eût désiré, à mettre un terme au déplacement .. Le moment des adieux arrivé, Rallye-Bourgogne se sépara donc à regret Mais ce ne fut qu'une désunion momentanée et partielle, car, si nous sommes bien informé, quelques-uns de ces rudes chasseurs pour lesquels il n'existe ni trêve ni fatigue, ne tardèrent pas à reprendre loin de là, dans un certain château où ils s'étaient donné rendez-vous en partant, le cours de leur vie active et poétique. L'écho indiscret des vieilles futaies d'Autun a fait parvenir jusqu'à nos oreilles les sons lointains de nouvelles fanfares ; et nous ne terminerons pas cette relation sans donner à nos lecteurs un échantillon des chasses dont cet autre quartier général est devenu le théâtre. L'épisode s'est passé le 9 décembre dernier.

Depuis quelques jours, un sanglier, voyageur amoureux, amené dans ces parages par la saison du rut, mettait en défaut tous les valets de limier de Rallye-Bourgogne. Sa nuit faite, l'animal s'en allait à six lieues plus loin, toujours en quête de galants ébats ; on le rapprochait jusqu'à la nuit, et le lendemain recommençait la même manœuvre.

Cependant, hommes, chevaux, chiens et limiers, cheminant à sa suite, couchaient près du champ de bataille, au village le plus proche, et suivaient d'étapes en étapes, de brisées en brisées, ce terrible et infatigable marcheur.

Grâce à la vaste ceinture de bois qui entoure à quinze lieues de distance le château dont le toit hospitalier réunissait alors nos veneurs, le drôle avait de la marge devant lui... mais il apprit enfin à ses dépens qu'en dépit de tout ce manége il tournait dans un cercle vicieux. Le troisième jour, gagné de vitesse par la tangente, notre ragot en bonne fortune, fut rencontré en excellente voie ; on parvint à le rembucher, et l'infortuné, affaibli par ses nuits amoureuses, vérifia bientôt, étouffé sous les chiens après trois quarts d'heure de chasse, cette maxime judicieuse d'un grand capitaine à ses soldats, la veille d'un assaut :

« Enfants, pour être hommes demain, oubliez les femmes cette nuit. »

XVIII

LE VAUTRAIT DE BOIS-BOUDRAN

Un déplacement à Fontainebleau. — Veneurs présents. — Un buisson creux. — L'équipage prend sa revanche. — Chasse remarquable de sangliers.

Nous avons fidèlement enregistré, l'an passé, les succès de
cette excellente meute : deux grands loups, vingt louveteaux
et louvarts, dix sangliers, onze daims et deux cerfs; en tout
quarante-cinq animaux, la plupart portés bas par les chiens,
quelques-uns tués au milieu d'eux : tels avaient été dans quatre forêts différentes les résultats glorieux des laisser-courre
de cet équipage.

Les chasses de cette année ont présenté un début moins
brillant : ce n'est pas que les animaux manquassent dans le
pays qui environne le château de Bois-Boudran, quartier

général de nos veneurs ; outre quelques daims et cerfs, trois
ou quatre compagnies de sangliers, et même quelques solitaires, avaient été reconnus par les valets de limier pendant
toute la saison dernière. Mais une remonte de vingt chiens
anglais de la plus grande beauté, arrivée un peu tard ; une
autre de dix jeunes bâtards anglais, nés au chenil, demandaient d'abord à être bien mises dans la voie ; et si l'on joint
à ce premier désavantage la sécheresse excessive de l'été dernier, les difficultés sans nombre qu'éprouvent des chiens anglais habitués à chasser en plaine, lorsqu'ils sont transportés
tout à coup dans les demeures presque impraticables dont se
compose la majeure partie des forêts où chasse d'ordinaire
l'équipage, on s'expliquera facilement ces. premiers échecs,
d'autant moins humiliants pour la meute, qu'en définitive,
malgré tant d'obstacles réunis, trois sangliers et trois daims
ont cependant été pris par elle depuis le mois de novembre
jusqu'au mois de janvier.

Le 14 de ce mois, rendez-vous avait été donné à l'élite de
nos veneurs à la Croix de Saint-Hérem, forêt de Fontainebleau.
Il était difficile de voir une plus brillante réunion de chasseurs. Nous citerons, entre autres, M. Bush, ce célèbre *sportsman* anglais, qu'on peut si justement aussi appeler un excellent veneur français ; M. le comte Charles Greffülhe ; M. Cé-
lestin de Pontalba ; MM. Alphonse et Édouard de Perregaux ;
M. le baron de la Rochette ; M. le marquis de Pracomtal, dont
le tact exquis avait su ce jour-là renoncer aux bottes fortes si
utiles au *louvetier* du fangeux Nivernais, pour adopter les élégantes bottes à revers du chasseur des allées sablonneuses de
Fontainebleau ; M. Henri Thuret, cet ancien propriétaire d'un
des meilleurs équipages qu'il y ait eus en France ; M. Phi-

lippe Hottinguer, veneur consommé autant que modeste:
M. le comte de Tholozan enfin, ce joyeux boute-en-train de
tous les déplacements.

Malheureusement le sort fatal jeté sur l'équipage n'était
point encore levé. Tous les veneurs que nous venons de nommer sont à leur poste ; l'administration de la forêt s'est jointe
à eux, et cette foule inquiète, impatiente, se promène en attendant le rapport dans la vaste étoile du carrefour, où les
chiens tout hardés frémissent d'ardeur, tandis que les chevaux anglais frappent du pied la terre. Enfin, à midi sonnant,
le dernier valet de limier rentre : on l'entoure, on le presse...
mais, hélas ! il n'a pas plutôt parlé, qu'un découragement
général s'empare de l'assemblée : les compagnies de sangliers
qui, toute la saison, n'avaient pas quitté la forêt, ont traversé
la Seine dans la nuit même.

Que faire?... Ma foi, où passent les sangliers, les veneurs
passent aussi : on se décide à les poursuivre, et rendez-vous
est donné à Valence pour le 17. Cette fois, MM. le baron de
la Rochette, Henri Thuret, Alphonse et Édouard de Perregaux, se trouvent seuls présents à l'appel; mais c'est pour
acquérir la triste certitude, et cela deux jours de suite, qu'ils
n'ont pas serré les fuyards d'assez près. Le 17 et le 18, en
effet, les valets de limier ont bien connaissance de sangliers,
mais ces animaux, toujours sur pied, s'en vont fuyant vers le
fond du pays. Enfin le 19 on rejoint à Montigny la compagnie entière, et là, quarante sangliers sont rembuchés ensemble. Jusqu'alors chacun, plein d'une noble émulation,
avait brûlé du désir d'atteindre l'ennemi : en le rencontrant
si nombreux, la crainte commence à s'emparer des cœurs les
plus intrépides ; et bientôt, malgré toutes les précautions ima-

ginables, la tournure que prend la chasse justifie ces appré-
hensions trop bien fondées : il devient impossible d'éviter le
change ou l'accompagné, et les sangliers battent en retraite,
se relayant toute la journée devant les chiens, qui méritaient
un ennemi plus loyal. Le lendemain, la température a changé ;
la gelée commence, légère, il est vrai, mais suffisante cependant pour motiver une trêve de huit jours, à laquelle il faut
condamner l'équipage.

Le 28, un nouveau rendez-vous est fixé au rond-point de
Villeneuve, dans les bois de Montigny ; par une coïncidence
fâcheuse, ici se reproduit encore la circonstance qui a fait
manquer la chasse du 19. C'est dans trente sangliers qu'on
attaque : ils se séparent il est vrai, mais c'est pour se rejoindre plus loin, et, de change en change, les animaux promè-
nent encore sans résultat la meute que M. le comte Henri
Greffülhe et M. le baron de la Rochette suivent seuls ce jour-
là jusqu'à la nuit tombante. Cépendant ce laisser-courre, en
apparence infructueux, eut des conséquences importantes :
outre qu'il mit les chiens à fond d'haleine, il fit repasser la
Seine aux animaux las d'être tourmentés sur l'autre rive.

Effectivement, deux jours après, arrive une lettre de Delamotte, le garde de Franchard, excellent valet de limier ; il annonce la rentrée de vingt sangliers dans les demeures de
Fontainebleau. L'équipage est immédiatement dirigé de Bois-
Boudran sur la forêt, et rendez-vous donné pour le mardi
31 janvier à la Croix de Saint-Hérem.

Cette réunion improvisée ne présentait pas, à beaucoup près,
l'aspect animé de celle du 14 ; M. le baron de la Rochette,
MM. Alphonse et Édouard de Perregaux, accompagnaient
seuls M. le comte Henri Greffülhe, qui, ayant appris à ses dé-

pens que les sangliers n'attendent personne, s'était vu pris
trop à court cette fois pour prévenir tous ses nombreux amis.
Amédée Delamotte fait, à midi, rapport de la compagnie entière
dans les forts de Recloses ; un quart d'heure après, elle est
lancée par six chiens d'attaque, et au bout de dix minutes,
quarante chiens de meute, amenés à propos par Labrisée et
Fontaine, sont découplés sur une bête d'un an, déjà séparée.
Sauter le Pavé de Nemours, traverser la futaie de Saint-Hérem, arriver au Long-Rocher, tout cela est pour l'animal
l'affaire d'un quart d'heure ; mais les chiens y sont aussitôt
que lui, et, trouvant que la vitesse ne lui réussit pas, le sanglier essaye de la ruse.

Tous nos lecteurs connaissent les rochers de Fontainebleau ;
ils se figureront facilement la difficulté qu'il y a pour les
chiens à suivre l'animal sur ces masses énormes de grès, où
il ne laisse exactement aucune trace : monter et descendre
sans cesse, dépister le sanglier dans ses nombreux retours,
sur le terrain le plus désavantageux, tel fut le métier auquel
l'équipage se vit condamné pendant une demi-heure. Mais, à
la fin, l'animal lui-même se lasse de ce manége ; il prend son
parti en brave, le train devient terrible, et vingt minutes
après le sanglier, porté bas en plaine, au bord de la rivière
du Loing, est tué à coups de couteau de chasse par M. Édouard
de Perregaux. La chasse n'avait pas duré en tout une heure
et quart.

Le surlendemain, 2 février, rendez-vous est pris à la Croix
du Grand-Maître : présence des mêmes veneurs. Trente sangliers ont repassé la Seine dans la nuit; Labrisée et Delamotte
ont bien connaissance d'une vingtaine d'autres en très-bonne
voie, mais toujours sur pied, et qu'il n'a pas été possible de

rembucher. On se dispose néanmoins à essayer de les rejoindre, lorsque M. Édouard de Perregaux, qu'un heureux hasard avait mis un peu en retard ce jour-là, arrive ventre à terre, faisant rapport de cinq animaux qu'il a vus par corps sauter sur la route de la Croix du Grand-maître, à deux cents pas environ du rendez-vous. Quarante chiens amenés à la voie sont aussitôt découplés et partent à fond de train. C'est à dessein que nous employons cette expression, car c'éta t plutôt une course qu'une chasse, les chiens chassant pour ainsi dire à vue. Au Pavé de Moret, les animaux se séparent, et cinq minutes après une laie à son tiers-an est portée bas par dix-huit chiens sous la futaie du Pavé du Prince. A ce moment, M. le baron de la Rochette et Labrisée, qui suivaient huit chiens chassant une bête d'un an, déjà mal menée, entendent sonner l'hallali derrière eux ; ils n'hésitent plus alors à donner une harde de dix chiens, amenée par Fontaine. Chassé encore plus vivement, l'animal est porté bas une demi-heure après, en plaine, au milieu du village des Sablons, et tué à coups de couteau de chasse par M. le baron de la Rochette.

C'est alors le tour de nos deux veneurs de sonner un second hallali ; mais ils entendent tout d'un coup des tons pour chiens à leur droite. Sans hésiter, ils enlèvent les vingt chiens qui aboient l'animal mort, et dix minutes après les voilà sur la voie d'un troisième animal que M. le comte Greffülhe et l'Andouiller ont vu sauter pendant que, leur animal pris, ils ralliaient à la seconde chasse. Du même âge que le dernier, il était seulement mené par deux chiens, mais maintenant c'est à trente qu'il a affaire ; aussi est-il porté bas un quart d'heure après. Troisième hallali au Carrefour de la Petite-Haie.

Le lendemain matin, 5, un sanglier est encore rapporté

au chenil. Il a été pris la veille au bord de la Seine, près du parc de la Rivière, par trois chiens seulement.

Cette journée fait à la fois honneur à la vitesse des chiens et à l'activité des veneurs. Sur cinq sangliers attaqués, quatre ont été pris, et cela en moins de trois heures. Nous voilà certes bien loin du temps où du Fouilloux ne craignait pas d'interdire aux veneurs de son époque de frapper à la brisée d'un sanglier au-dessous de son tiers-an, sous peine de sonner la retraite manquée. Non-seulement on a attaqué des bêtes de compagnie, mais la prise de trois d'entre elles a justifié tant d'audace, et les chiens sont si peu fatigués, qu'ils chasseront le surlendemain pour la troisième fois de la semaine.

Le 4 février, rendez-vous à la Croix du Grand-Maître, à cinq minutes de laquelle l'Andouiller laisse-courre un bon ragot. MM. de la Rochette, Alphonse et Edouard de Perregaux sont encore présents à côté de M. le comte Henri Greffülhe. Un cerf et trois biches se sont rembuchés dans la même enceinte que l'animal; aussi ne découple-t-on que six chiens d'attaque à une heure de l'après-midi. La brisée est saignante, les chiens partent chassant, et chassant même si bon train, que les quarante chiens de meute ne peuvent malheureusement être donnés que de très-loin. L'animal prend son parti en ligne droite vers la Seine; mais à moitié chemin tous les chiens sont ralliés à sa poursuite, et il a à peine dix pas d'avance au moment où il se précipite dans l'eau de la prairie du parc de la Rivière. Quelques chiens des plus ardents suivent d'abord à la nage, mais la largeur du fleuve débordé les effraye bientôt, et ils regagnent la terre. Arrivé à une île qui se trouve au milieu du courant, le sanglier s'y arrête un

moment pour secouer ses soies hérissées, puis le son bruyant
des trompes le décide à se replonger de nouveau dans la
Seine; il gagne l'autre rive, et commence aussitôt à gravir
le rocher de Samoreau.

Mais déjà nos veneurs et les piqueurs, partis à fond de
train, ont été passer le pont de Valvins. C'est un détour de
près de quatre lieues; et cependant une demi-heure s'est à
peine écoulée qu'on les voit déjà sur l'autre bord attendant
les chiens, qui passent dans deux bateaux, à la marche desquels la largeur de la rivière et la rapidité du courant offrent
de nombreux obstacles. Enfin les voilà débarqués, découplés
de nouveau, et gravissant bientôt, à la suite du fugitif, les
pentes escarpées de Champagne. Dans les bois du même nom,
l'animal est relancé; en vain il traverse en droite ligne et à
toute vitesse les bois de Maisonneuve et ceux de Valence; les
chiens le suivent de près et enfin le forcent à trois heures environ à prendre la plaine dans le petit débucher de Manche-
court, où ils le rejoignent au milieu des champs, à deux
cents pas du bois. Couvert par vingt chiens au moins, le
sanglier est un instant porté bas; M. de la Rochette se précipite alors de cheval, pour le piquer; mais à peine l'animal
a-t-il senti la pointe du couteau, qu'il lance en l'air et tue
sur le coup *Verbaleau*, un des meilleurs chiens de l'équipage,
en découd huit ou dix autres, se débarrasse du reste, et culbute notre téméraire veneur, sans pouvoir heureusement le
blesser. A partir de ce moment, pas un assaillant n'ose revenir à la charge; accroupi au milieu d'une mare de sang, le
monstre fait claquer ses défenses, et semble défier les chiens
rangés tous en cercle à dix pas autour de lui, et l'aboyant
sans relâche. Il n'y a plus à songer à le piquer, l'animal est

presque à son tiers-an et dangereusement armé. L'Andouiller, resté derrière dans un retour, et qui seul porte une carabine, n'arrive pas. Ce retard donne du répit au sanglier, qui, suivant un fossé, et s'arrêtant à chaque instant pour charger les chiens, parvient à gagner les bois de Forges, toujours tenu aux abois par la meute haletante. Enfin l'Andouiller paraît : quatre coups de carabine, dont trois traversent l'animal de part en part, ne suffisent pas pour le faire tomber, mais il perd à la fois son sang et ses forces; et au bout de quelques minutes il devient possible à l'Andouiller de le porter bas d'un coup de couteau de chasse.

Ce laisser-courre est remarquable comme ayant offert des beautés de nature à faire préférer la chasse du sanglier à toutes les autres. Huit ou dix lieues parcourues en ligne droite, à fond de train et sans un défaut, le passage d'une grande rivière, ce changement complet de pays, qui, des sables et des futaies de Fontainebleau, a conduit les veneurs dans le terrain boueux et fourré de Champagne et Valence; et enfin cet admirable hallali en plaine si palpitant d'émotions, et qui n'a pas duré moins de trois quarts d'heure : ce sont là des incidents merveilleux à raconter, plus magnifiques encore à voir.

On ne s'arrête pas en si beau chemin : les chiens blessés, ceux qui ne sont pas rentrés, les chevaux un peu éprouvés par trois chasses dans la même semaine, la neige qui tombe en abondance, la gelée qui menace, tout cela n'arrête pas M. le comte Greffülhe. Fontaine, valet de chiens à pied, est envoyé au contre-pied pour requêter les chiens restés de l'autre côté de l'eau; et rendez-vous est donné pour le mardi 7 à la Croix de Saint-Hérem.

Au jour dit, M. le baron de la Rochette se trouve seul présent avec M. le comte Henri Greffülhe. Le rapport est des plus satisfaisants, et surtout remarquable dans une forêt si claire, où l'on a chassé sans interruption toute une semaine. Hamel, ce vétéran des valets de limier, dernier reste de la grande louveterie de France, a un ragot seul à la Croix du Grand Maître ; Labrisée et Delamotte font rapport de quatre bêtes de compagnie au Belvédère ; l'Andouiller enfin laisse-courre un sanglier venant à son tiers-an au carrefour du Gros-Feuillard.

C'est à cette dernière brisée qu'on va frapper. L'animal, lancé à deux heures seulement par six chiens d'attaque, reçoit cinq minutes après quarante chiens de meute découplés à propos. Après avoir traversé rapidement les masses de rochers qui se trouvent de ce côté, le sanglier saute le Pavé de Recloses, longe ensuite le champ de manœuvres, passe la grande route de Bouron près de la Faisanderie, et prend enfin son parti en ligne droite sur le Long-Rocher sans pouvoir gagner une minute d'avance sur les chiens. Après s'y être fait battre une grande demi-heure sans mettre une seule fois en défaut la meute qui le suit, malgré tout l'avantage que lui donne le terrain, il gagne les forts de Marlotte, et traverse le village de Bouron, chassé à vue par l'équipage. C'est littéralement au milieu des chiens qu'il remonte la pente des rochers qui dominent ce village ; à dater de ce moment, il tient tous les cinquante pas ; enfin, porté bas au carrefour de la Cave-aux-Brigands, il est tué par l'Andouiller d'un coup de carabine, après avoir blessé huit de ses vaillants adversaires.

Cette chasse, qui rappelle, par le parti qu'a pris l'animal, une belle chasse de cerf, n'a pas duré plus de deux heures, sans un défaut, le train toujours très-sévère : une couche assez épaisse de neige couvrait la terre, et cette circonstance, favorable le matin pour les valets de limier, devait naturellement gêner beaucoup les veneurs pour galoper à la suite des chiens. Cependant aucun accident n'est arrivé, et plusieurs personnes, tant de Fontainebleau que des environs, étaient à la mort avec les veneurs que nous avons cités et les piqueurs.

Nous devons ici rendre hommage à la bienveillance toute particulière dont M. de Bois-d'Hyver a fait preuve dans ce déplacement : toujours présent aux rendez-vous, M. l'inspecteur de Fontainebleau favorisait, en amateur zélé de la chasse à courre, par les ordres donnés à ses gardes, le matin la quête des valets de limier, et dans la journée la chasse elle-même.

Mais c'est surtout au choix intelligent des chiens, à ce mélange bien proportionné des chiens anglais et des bâtards choisis toujours, il est vrai, avec la plus inflexible sévérité, que les veneurs, présents à ces chasses, sont redevables des brillants hallalis auxquels ils ont assisté. Dans l'équipage de Bois-Boudran, point de système exclusif; nulle de ces théories bonnes à discuter dans un cercle, mais impraticables sur le terrain; on chasse comme on peut, et pour le mieux. On tâche surtout de suivre, de loin il est vrai, et sans avoir la prétention ridicule d'en approcher, les errements de chasse légués aux veneurs modernes, par le premier veneur de son époque, monseigneur le duc de Bourbon, de la maison duquel soit le piqueur qui dirige la meute de M. Greffülhe.

Le succès inouï qui a couronné ce déplacement, et qui est

évidemment autre chose que du bonheur, prouve du reste
que, pour être modeste, la méthode n'en est pas moins
bonne. Et, si une pensée triste est venue troubler, pour nos
veneurs, la joie de ces hallalis successifs, lorsque rien ne
manquait ni à la difficulté du triomphe ni à la loyauté parfaite avec laquelle il avait été obtenu, c'est le souvenir de ce
prince, nous dirons, nous, de ce *sportsman* accompli, dont
la perte est à jamais regrettable; et qui, après avoir donné
la permission de courre le sanglier à Fontainebleau, dont
M. Henri Greffülhe profite encore, avait assisté l'année dernière, presque à pareille époque, à l'hallali d'un sanglier à
son tiers-an, porté bas dans la même forêt par le même
équipage.

XIX

LES SANGLIERS DE LA FORÊT D'OTHE

AUX PRISES AVEC LES SOCIÉTAIRES DE RAMBOUILLET

Un rendez-vous donné et accepté. — Un déplacement à Courge-
nay. — Opinion du marquis de Mac-Mahon sur l'attaque. —
Veaumort et Arce. — Un sanglier qui prend parti d'Arce à
Joigny.

Le 15 mars a eu lieu le dernier laisser-courre de Rambouillet. Nos veneurs attablés, tels que les Girondins à leur
dernier repas buvant à l'immortelle liberté, trinquaient à
l'immortalité de la vénerie française.

Une voix haute domine les toasts :

— *Qui nous aime, nous suive!*

— Où ? répondent à la fois dix convives.

— Aux coteaux giboyeux de la Bourgogne.

— Quel jour ?

— Le 25, à la brisée d'un sanglier.

Et le 25, à neuf heures du matin, les quarante lieues de Paris au petit hameau de Courgenay, entre Sens et Troyes, étaient franchies par cinq calèches de poste. Douze braves en descendaient :

MM. de Sainte-Aldegonde, de Saluces, de Perthuis, de Cossette, de Plaisance, de Chazelles, de Tournon, de la Guiche, et les quatre invaincus, mais non pas invincibles, MM. de Mac-Mahon et de Montmort.

A midi, une laie vierge était prise dans des prés émaillés et sur les bords fleuris d'un charmant ruisseau ; cette douce et tendre verdure contrastait vivement avec la lutte de cinquante chiens couverts de sang et de boue.

La chasse du lendemain 26 échoua par un incident survenu au moment de l'attaque. Quatre chiens de *recri*, emmenant l'animal à deux lieues de là, le dérobèrent à la meute. Aussi de toute la soirée on ne put, quelque effort qu'on fit, arracher même un demi-sourire au rude maître de l'école romantique, le marquis de Mac-Mahon, dépouillé là du chapeau et des blanches culottes anglaises pour le grave costume de Rallye-Bourgogne. Les seules paroles qui tombèrent de ses lèvres sévères furent celles-ci :

— Que vous avais-je prédit, messieurs? A tout prendre, il y a meilleure chance à attaquer de *meute à mort* avec quarante chiens.

Le surlendemain, 28, autre désappointement glorieux. Écoutez, veneurs, et profitez. Quatre bêtes de compagnie avaient été sur-allées par la quête ou avaient fui, rapport fait. La meute donnée d'attaque, la circonstance fut vite reconnue, les chiens plus vivement encore recouplés, et la voie confiée à quatre vétérans d'élite. Il était onze heures, et le printemps n'avait pas encore eu de journée plus chaude. Alors commence un dédale de fuites et de retours, un labyrinthe inextricable de voies croisées, d'allées et de venues, aussi difficiles à démêler qu'à décrire. Nos fidèles rapprocheurs, le nez à terre, donnant toujours, traversent bien des lieues, et le temps, qui marche aussi, s'écoule durant cette œuvre laborieuse. Enfin les montres marquaient cinq heures du soir ; les courages, les chevaux et le jour lui-même fléchissaient ; un nuage assombrissait les fronts désappointés. Un seul veneur faisait bonne contenance.

— Quelle chance avons-nous si tard ? se hasarde-t-on à dire à ce chef d'équipage.

— Celle de la nuit, répond-il joyeusement. Et dix minutes après les sangliers bondissaient sous le nez de *Cérébro*. — Écrivez ce nom en lettres d'or. — Et avant six heures, une laie ragote non chargée, courue à vue par nos quatre héros, tantôt roulée par eux, tantôt leur échappant, tombait enfin dans la meute, qui s'en donna à belles dents.

Vingt-quatre heures après cet exploit, la colonie tout entière émigrait pour Cerisiers, bourg situé à quatre lieues de là, sur la grande route de Tonnerre. La poste voiturait sur de doux ressorts *Cérébro* blessé et les limiers espoir du lendemain. L'unique chasse qui se fit au nouveau quartier général, en se terminant par la prise d'un ragot, attaqué dans les bois de Veaumort, n'offrit de remarquable que la grande vitesse des débuchers, vitesse fatale au bouillant cheval du bouillant vicomte de Montmort, qui s'y creva. Que la terre lui soit légère !

Le dernier laisser-courre du déplacement eut lieu à Arce, à trois lieues plus loin ; mais déjà la désertion avait éclairci

les rangs des veneurs, dont on pouvait dire : *apparent rari
nantes*.

Un épisode curieux signala cette clôture de la saison, et le
fait mérite d'être cité à l'instruction de tous. Depuis une
heure, les chiens de meute chassaient vivement un sanglier
tiers-an. L'animal, la tête haute, tient les abois. Les chasseurs
descendent de cheval, leurs couteaux de chasse au poing; les
trompes sonnent l'hallali debout. Tout à coup notre tiers-an
ravisé repart en rechignant. Les veneurs remontent en selle,
et chacun se disant, *il n'ira pas loin*, se promet d'avance
l'honneur de servir la bête. Oui-da, vous comptez sans votre
hôte, mes maîtres. Un fourré d'épines aide aux ruses de l'animal, un retour le favorise. Il bondit de nouveau, traverse la
grande route de Tonnerre et prend parti. Quel parti, grand
saint Hubert! un débucher jusqu'aux portes de Joigny, six
lieues de bois ! Hommes et chevaux, peu ménagés d'emblée,
suivaient de surprise et de colère : les chiens fatigués baissaient
de voix pour prolonger leurs forces et leur vitesse ; mais telle
fut leur tenue dans cette chasse difficile, qu'à la nuit close
deux veneurs heureux, MM. de Sainte-Aldegonde et de la
Guiche, dérobaient seuls, à la juste fureur de la meute au
complet, le tiers-an déjà en lambeaux. Notre coureur extraor-
dinaire fut apporté dans la salle du déplacement, et là, piqueurs et valets de chiens présents, on le soumit à tous les
commentaires d'usage. Voici le procès-verbal : — mince et
court de corsage, — maigreur de cheval entraîné, — hauteur
de jambes d'un grand sanglier.

Ce fut le lendemain de cette chasse, le 2 avril, que se sépara la brillante assemblée; les Parisiens, pour retourner aux
rives de la Seine; les autres, pour regagner leur maison des

champs. La guerre était forcément terminée, car, parmi les maîtres d'équipages, M. de Plaisance n'avait plus guère sous les armes qu'un cheval de disponible, et M. de Mac-Mahon, de son côté, en laissait quatre sur la litière, dans quatre villages différents. — Au revoir donc, mes gentilshommes, et à l'année prochaine, si Dieu nous prête vie!

XX

L'EQUIPAGE DU DUC DE CHEVREUSE

ET LES SANGLIERS DE MARCHÉNOIR (LOIR-ET-CHER)

Un déplacement à Marchénoir. — Un sanglier mauvais coucheur.
— Une chasse de MM. de l'Aigle. — Une chasse au loup à Chantilly, domaine du duc d'Aumale. — Les suites d'un bal non
masqué. — Un sociétaire de Rambouillet intrigué par une Diane
chasseresse.

Tous les ans, au mois de novembre, M. le duc de Chevreuse, accompagné de quelques amis, vient rendre visite
aux sangliers de la forêt de Marchénoir, forêt située dans le
département de Loir-et-Cher, sur les confins de celui d'Eure-
et-Loir, et qui, jadis faisant partie de l'ancien comté de Du-
nois, appartient aujourd'hui, ainsi que le vieux manoir de
Châteaudun, à M. le duc de Luynes. Pendant les quelques
jours consacrés à ce déplacement annuel, se succèdent une
foule d'incidents dont la relation présenterait, à coup sûr, un

vif intérêt à nos lecteurs; mais cette fois nous nous contenterons de rapporter une chasse qui faillit devenir tout à fait
tragique.

Depuis deux semaines environ que nos veneurs étaient venus camper à Marchénoir, cinq bêtes de compagnie et un
tiers-an avaient succombé sous les efforts de la meute : enfin
le dernier jour était arrivé, et il fut convenu à l'unanimité
qu'on le consacrerait à célébrer dignement une solennité
chère à tous les chasseurs : la fête du grand saint Hubert. La
Croix-Grêlée avait été désignée comme lieu de rendez-vous :
neuf heures finissaient à peine de sonner, que déjà l'honorable assistance, — MM. le duc de Chevreuse, le duc de
Luynes, qui avait bien voulu ce jour-là quitter son magnifique château de Dampierre et ses occupations scientifiques
pour participer un instant à de bruyants plaisirs, le vicomte
de Contades, le vicomte Octave de Tarragon, le vicomte A. de
Sarrazin, louvetier de Loir-et-Cher, le vicomte de Déservil-
lers, de Brunier, etc., — se trouvait réunie auprès du vieux
Comte-Thibaut, chêne séculaire qui a vu s'asseoir sous ses
rameaux touffus alors, Thibaut, surnommé *le Tricheur*, et
auquel la tradition a conservé le nom de son ancien maître[1].
Bientôt arrivent au rapport les valets de limier, partis dès le
point du jour pour faire le bois. L'un a cinq loups de détour-
nés; l'autre a rembuché un ragot *pigache;* on décide sans
hésiter que l'on ira frapper à cette dernière brisée.

Aussitôt les relais hardés sont envoyés aux différents débuchers, et les chasseurs, suivis de chiens d'attaque, vont cerner

---

[1] Ce vétéran des forêts compte plusieurs siècles d'existence. Sa cir-
conférence est de dix mètres soixante-cinq centimètres. Il ne tient plus
à la vie que par une seule branche.

en silence l'enceinte étroite et peu fourrée où l'animal est
baugé. Un fossé profond et alimenté par les ruisseaux voisins,
traverse cette partie de bois dans toute sa longueur : le sanglier y étant descendu, et rentrant dans l'eau, il était fort
difficile de faire goûter la voie aux chiens : aussi à peine sont-
ils découplés, que deux renards, mis sur pied, se voient
souffler au poil d'une rude manière. Heureusement on parvient à rompre cette première chasse, et les piqueurs recom-
mencent à fouler. Longtemps, en dépit des hurlements et des
hourvaris, rien ne bouge dans l'enceinte, battue et rebattue
en tous sens. Déjà l'espoir de nos veneurs désappointés diminue, quand tout à coup un chien de tête se récrie, un autre
donne, tous sont sur la voie, et bientôt s'élance du fossé, couvert en cet endroit d'un épais fourré d'épines, un superbe
ragot à hure argentée. La fanfare de Saint-Hubert le salue à
son passage, et tous les chasseurs, lancés au galop, suivent
la meute, qui perce d'abord dans la direction du bois de
l'Orge. Au milieu de cette course à fond de train, digne
des plus intrépides *gentlemen-riders*, un des cavaliers,
M. de Tarragon, disparaît tout à coup presque entièrement, lui
et son cheval, au milieu d'une fondrière, du sein de laquelle
ses amis stupéfaits le voient heureusement surgir presque
aussitôt, nouveau dieu Scamandre, enduit d'une épaisse couche de limon verdâtre. Ce comique incident ne fait qu'égayer
l'assemblée, et, chacun remis en selle, on continue comme de
plus belle la chasse un instant interrompue. Cependant l'animal a bon jarret et file grand train. Quelque temps il se fait
battre dans les usages de Saint-Laurent, puis, se décidant à
sauter la route de Marchénoir, il gagne le Grand-Saleux,
longe la route de Ville-Grand, passe deux fois le chemin du

Baron, après avoir tenu la ligne du Puits-de-l'Homme et celle du Loup-Pendu. Ce n'est qu'au delà du chemin du Duc, qu'il traverse, qu'il commence à ralentir l'impétuosité de sa course. Arrivé à la grande route d'Authenville, et là, pressé vigoureusement par deux relais, qui lui ont été bien donnés dans le cours de la chasse, il essaye de faire tête, et se défend bravement contre quarante adversaires acharnés, dont plusieurs, et des meilleurs, payent cher leur bouillante audace. Couvert de sang et d'écume, il repart au bruit des trompes ; mais, arrivé près des ruines de la vieille abbaye de Cîteaux, sous d'antiques futaies, prêtant leur dôme majestueux à la sombre énergie du drame, l'animal s'arrête de nouveau, et de pied ferme, digne acteur sur un théâtre digne de lui, le voilà se ruant une seconde fois sur les chiens qui ne reculent pas, mais qu'il maltraite cruellement dans sa furie. A ce moment critique arrive le piqueur ; en une seconde il est à bas de son cheval, et il cherche à prendre sa carabine pour mettre un terme aux ravages du monstre. Mais le sanglier, plus leste, ne lui en donne pas le temps. A peine a-t-il aperçu un homme, que, comme l'éclair, il fond sur lui, le culbute et le laboure de son boutoir. Animés par les cris du piqueur, les chiens reviennent à la charge et le dégagent heureusement assez pour qu'il puisse se relever à moitié et dégaîner son couteau de chasse. Alors s'engage corps à corps une lutte entre les deux champions : bientôt l'animal, traversé d'outre en outre, va rouler expirant à quelques pas de là. Quant au piqueur, pâle, défait, fort en désordre, il se remet, se tâte et s'aperçoit que, par un hasard providentiel, il en a été quitte pour la peur. Témoins impuissants de ce combat, engagé et fini en quelques secondes, les vencurs, qui, à la distance où ils se trouvaient, n'avaient pu, malgré toute la vitesse de leurs chevaux, apporter un secours efficace, arrivèrent pour féliciter le vainqueur. Le calme un peu rétabli, on procéda sur place à la curée chaude. De vibrants hallalis, répétés par l'écho des vieux cloîtres, ranimèrent un instant ces solitudes, et troublèrent jusque sous les dalles de leurs tombes les cendres paisibles des bons moines. Enfin, toutes les cérémonies exigées par la vénerie étant bien et dûment accomplies dans les règles, on revint triomphalement au château, en sonnant la retraite prise, et rendant au vaincu tous les honneurs dus à sa belle défense.

—La forêt de Laigue a été, de son côté, le mois dernier, le théâtre d'une chasse au sanglier qui mérite d'être consignée dans ces annales. Le 12 janvier, l'équipage de MM. de l'Aigle, ces dignes et intrépides champions qu'enregistre au premier rang notre école moderne de vénerie, a attaqué sur le mont Saint-Marc, forêt de Compiègne, un grand sanglier, bon ragot, venant à son tiers-an, qui, sorti de l'enceinte au bout de cinq minutes, se vit découpler aux talons quarante-six chiens de meute. Après une courte tournée sur les hauteurs, l'animal est venu traverser la vallée de Vieux-Moulin et est remonté sur les Beaux-Monts, où il a tenu un moment dans les houx et blessé trois chiens. Puis, prenant enfin son parti, il est descendu au Berne, a passé la rivière près le Franc-Port, et est entré à la forêt de Laigue. Là s'est dessinée une chasse d'une heure et demie on ne peut plus vive, au bout de laquelle l'animal tout à fait forcé, après avoir tenté un nouveau débucher derrière le village de Saint-Crépin, et être rentré à la forêt en traversant le Banc-Duval, s'est mis à tenir une seconde fois et a été tué au milieu des chiens. Malheureusement avant qu'on ait pu le servir, il avait fait lui-même de nombreuses victimes : un chien avait été tué roide, et quatorze autres blessés, dont douze très-grièvement, puisque sept d'entre eux, presque éventrés, ont été rapportés au chenil sur des brouettes. Cette chasse, cruellement achetée, fait le plus grand honneur à l'équipage des MM. de l'Aigle, équipage qui du reste a toujours été cité non-seulement pour sa tenue, mais pour l'entente parfaite des veneurs habiles qui le dirigent.

— Notre correspondance particulière nous apprend qu'une vieille louve, la seule dont on ait eu connaissance dans les forêts de Chantilly pendant tout cet hiver, a été tuée au commencement de ce mois par l'inspecteur des domaines de Son Altesse Royale Mgr le duc d'Aumale, M. Dampierre. Arrivée en forêt dans la nuit du 1er au 2 février, par un temps d'assez mauvais revoir, attendu que la neige à ce moment était en partie fendue, cette louve, qui paraissait très-fatiguée, ne tenait que les routes et les chemins, et il était d'autant plus difficile d'y faire suite qu'ils étaient déjà très-battus. Elle ne put être détournée qu'à midi, dans une enceinte située au poteau du Parc-aux-Pourceaux, par les gardes Larchain et Mollet : tirée par le brigadier Larchain, qui la blessa légèrement, elle força les batteurs. Heureusement que le garde général Lefebvre et l'inspecteur qui étaient à cheval purent la suivre, et parvinrent à la rembucher de nouveau dans l'enceinte du Fond-de-la-Fourrière, près la pelouse de Chantilly. Là, blessée une seconde fois, mais toujours peu grièvement, elle vint en dernier lieu passer à M. Dampierre, qui, bien que la tirant de dessus son cheval, fut assez heureux pour la tuer roide.

— Terminons par une petite anecdote de salon, toute musquée, toute parfumée, et en même temps toute récente, que nous a racontée un indiscret, et qui nous a paru de nature à figurer ici, parce qu'elle tranche assez nettement une question souvent débattue, la priorité des veneurs d'autrefois sur nos veneurs d"aujourd'hui.

Paris brûlait des derniers feux du carnaval de 1844. Fatiguées de danses, de lumières, de fleurs et de propos galants, deux femmes, à l'écart sur un aristocratique velours, s'isolaient un instant de ce bruit, de cette vaine cohue... Un jeune homme, les genoux chancelants, les traits altérés, tombe plutôt qu'il ne s'assied près d'elles. Ouf!...

Le nouveau venu ne connaissait qu'une de ces dames.

— Qu'avez-vous? lui dit celle-ci.

— Je suis mort.

— De quoi? Il y a bien des manières d'être mort...

—De fatigue. J'arrive de Rambouillet; cinquante lieues depuis ce matin, chevaux crevés, cerf forcé, chute sur la tête, un train fou... On ne chassera plus ainsi. Oh! vraiment, on n'a jamais si bien chassé.

— Je ne réponds pas de l'avenir, mais je défends le passé, oui, le passé, dit alors, prenant part à la conversation, l'autre dame, la délicieuse inconnue, avec son teint rosé de dix-huit ans et sa taille de vingt-cinq. Combien de temps avez-vous couru le cerf, monsieur?

— Trois heures, madame.

— Trois heures, c'est long. C'était un dix-cors?

— Non, madame.

— Une quatrième tête?

— Non, madame.

— Un modeste daguet?

— Non, madame.

— Mais quoi donc. O ciel! Vous me faites frémir... était-ce?...

— Et mon Dieu! oui, madame... une biche.

— Horreur! horreur! monsieur! violation de tout principe. Sous Louis XV, la Vénerie laissa courre une biche brehaigne, le Roi fut très-mécontent, et le valet de limier mis à pied. Une biche! une biche! répétait avec une indignation croissante la jeune dame; et notre chasseur aux abois de méditer et de contempler, de plus en plus surpris, le charmant professeur dont il reçoit de si savantes leçons. Il veut répondre, mais sa parole s'alourdit au contact de tant de verve. Inhabile à la riposte, il se sent malmené, et le feu de la défense va s'éteignant sous celui des questions pressées de l'assiégeante :

—Le rendez-vous était-il à la croix de *Villepair?* Alors la *vieille meute* était au carrefour *Maintenon* et les *six chiens* à la *Patte d'Oie*. La prise a dû se faire à l'*Étang de la Tour*, à cause du hourvari des *Yvelines*. Le courre devait durer une heure et demie pour un dix-cors et deux heures pour un cerf moindre de tête. Mais vous avez donné dans le change, malgré vos avantages sur la savante Vénerie du feu Roi, qui courait là à travers deux mille animaux réduits à cinquante aujourd'hui, n'est-ce pas, monsieur?

— A merveille, vous avez mille fois raison, madame... Mais, de grâce, une valse au nom de ma défaite. Et une fantaisie de Schubert entraîna, dans son rapide tourbillon, l'apprenti veneur et la savante praticienne.

Ce ne fut que le lendemain que M. de M... apprit de la bouche d'un ami le nom de sa séduisante institutrice. Que ne pouvons-nous le répéter ici, que ne pouvons-nous nommer tout haut cette gracieuse fille du dernier des vieux veneurs! Toute jeune fille, elle a porté le coin du poêle à l'inhumation de l'antique vénerie française, sous les futaies mérovingiennes de Fontainebleau. Que Paris n'a-t-il vu alors sa taille de guêpe à demi ployée sur un coursier fougueux, qu'agaçait sa blanche main! lorsque son œil noir étincelait sur le volcelet du cerf, que Paris n'a-t-il pu entendre cette douce voix, dominant les trompes, s'écrier : « Monsieur *la Trace*, le cerf est accompagné; prenez garde au change. »

Hélas! nous nous souvenons encore, comme d'hier, de ce temps heureux qui n'est plus. Quelles chasses! Alors l'ivresse montait à tous les fronts, pénétrait dans tous les cœurs. Il fallait voir comme l'assistance conjugale rusait dans le contre-pied, comme nos veneurs épars comprenaient tout l'entraînement du change. Oui, elle avait parfaitement raison, cette très-gentille dame. La grave Vénerie Royale chassait mieux, cent fois mieux que nous; et vous, mieux que tous, nôble cœur de femme, qui conservez, comme dans un sanctuaire, le doux respect des choses d'autrefois. Ah! si ces lignes arrivaient jusqu'à ce vieux et Royal veneur qui survit encore, tout meurtri d'un contre-coup douloureux, loin des monarchiques futaies de la patrie [1], votre nom surnagerait sans effort dans sa mémoire attristée, et vous pourriez, interprète fidèle, lui dire, en notre nom, d'une voix émue : « Prince, l'absent a pu avoir tort près de beaucoup; mais tous les veneurs, du moins, lui ont voué l'amère religion de leurs souvenirs. »

[1] S. A. R. le duc d'Angoulême

XXI

M. LE BARON GEORGES SCHICKLER

Son goût pour la chasse à courre. — Il préfère la France à l'Angleterre et à l'Allemagne. — Il afferme en 1820 le domaine de Mortefontaine. — Ses meutes et ses piqueurs. — Horace Vernet son peintre et son ami. — Son hospitalité fastueuse. — Belle tenue de ses équipages de chasse. — Le prince de Condé achète Mortefontaine. — Le baron Schickler loue la Varenne-Saint-Maur. Ses chasses de lévriers à l'anglaise. — En 1833, il afferme le parc et le château de Maisons; en 1834, le château et la forêt de Rambouillet. — Sa mauvaise santé l'oblige, en 1839, de ne pas renouveler son bail. — Il ne conserve que le château et le grand parc. — Madame la baronne Schickler.

Lorsqu'au mois d'avril dernier nous empruntâmes quelques lignes au feuilleton du *Siècle* pour annoncer à nos lecteurs la perte très-regrettable que le *Sport* venait de faire en France dans la personne de M. Georges Schickler, nous prîmes l'engagement de consacrer plus tard à la mémoire de l'honorable défunt une notice biographique assez complète

22.

pour nous permettre de payer, à notre tour, un légitime
tribut à l'homme qui, après le dernier Condé, a certainement
le plus contribué à raviver parmi nous les plaisirs aristocratiques de la grande chasse, les traditions élégantes de la vénerie. Aujourd'hui des renseignements officieux, puisés à
une source authentique, nous mettent à même de tenir notre
promesse.

Né à Bordeaux, de parents étrangers, M. Schickler n'avait
pas plus de vingt-cinq ans, lorsque la mort imprévue de
toute sa famille vint le placer à la tête d'une fortune princière, à la hauteur de laquelle il resta constamment depuis
par le noble emploi qu'il en sut faire.

Amateur passionné de la chasse, mais principalement de
la chasse à courre, dont le train fastueux convenait mieux
à ses habitudes de luxe, il ne tarda pas à se livrer à son exercice favori avec toute l'ardeur que comportaient sa jeunesse
et ses goûts. La France, l'Allemagne et l'Angleterre furent
tour à tour, pour notre jeune veneur, un théâtre où il voulut
étudier par lui-même la méthode des différentes écoles. Ce
fut à l'école française qu'il accorda la préférence, non par
caprice, mais parce qu'il ne tarda pas à reconnaître, par sa
propre expérience, à la suite de nombreux essais, combien
elle était supérieure aux deux autres. Il avait l'habitude de
faire en peu de mots, sous ce rapport, la part de chaque
pays : « De l'autre côté de la Manche, disait-il, ce sont des
courses ; au delà du Rhin, des massacres ; mais, en France,
c'est la chasse. » A l'appui de cette opinion personnelle, il
citait volontiers lord Chesterfield, qui, mettant à part tout
amour-propre national, plaçait, en effet, la vénerie française
au-dessus de celle de tous les autres pays de l'Europe, et

recommandait à son fils de s'en occuper spécialement, de s'identifier avec sa forme et son langage, étude importante, complément indispensable, selon lui, de l'éducation de l'homme comme il faut.

Fixé en France par prédilection et bien décidé à n'y jamais chasser qu'à la française, en dépit des essais maladroits tentés par quelques novateurs, M. Schickler loua donc, en 1820, le superbe domaine de Mortefontaine, où il monta bientôt un équipage presque en état de rivaliser, pour la bonté et pour la tenue, avec celui du prince de Condé, son voisin et son modèle. Le vieil Obry, ancien piqueur du duc de Berry, devint, aux appointements fixes de six mille francs par an, le chef de cette vénerie importante, dont quatre piqueurs à cheval, quatre valets de chiens à pied complétèrent le personnel; et cent vingt chiens de meute environ, formant les équipages réunis du cerf, du daim et du chevreuil, et un vautrait, c'est-à-dire un équipage pour sanglier, peuplèrent des chenils assez vastes pour ne rien envier en magnificence à ceux de Chantilly lui-même.

Là, pendant sept années consécutives, se succédèrent sans interruption, grâce à de tels éléments, d'admirables laisser-courre qui obtinrent un grand retentissement, non-seulement dans les bois de Mortefontaine, mais jusque dans les sombres futaies de la Ferté-Vidame et autres forêts de la Normandie, et qui, suivis par une assistance nombreuse, eurent encore l'avantage d'être plus d'une fois retracés par l'un des veneurs les plus fervents, Horace Vernet, dont le pinceau s'est chargé d'en transmettre le souvenir à la famille. Aujourd'hui, dans les cercles les plus brillants de la bonne société parisienne, il se rencontre peu d'amateurs véritables

parmi les hommes d'un âge mur, qui n'aient fait partie de
ces réunions recherchées qu'honoraient à l'envi de leur présence tous les jeunes gens appartenant, par l'éducation, la
fortune ou le rang, à la plus haute aristocratie. Interrogez-
les l'un après l'autre, invoquez un instant leurs souvenirs,
tous rendront un éclatant témoignage à la noble et généreuse hospitalité avec laquelle M. Schickler accueillait ses
hôtes, et démentiront ces feuilletons mensongers de la *Presse*
où un écrivain, trompé par de faux rapports sans doute, s'est
amusé à nous dépeindre l'amphitryon en pantoufles et en
robe de chambre, s'occupant, dans une réserve giboyeuse,
à massacrer des compagnies entières de faisans, tandis que
ses invités battaient inutilement au loin des cantons tout à
fait dépeuplés.

Dans les dernières années de la vie de M. Schickler, lorsque sa santé compromise ne lui permit plus la fatigue d'un
exercice trop violent, il est vrai que, pour satisfaire à ses
goûts de chasse, on eut soin de réunir sur un certain point
quelques pièces de gibier destinées à lui offrir un tir plus
facile; il est encore vrai que son état de souffrance lui imposant un isolement forcé, il prit quelquefois seul une distraction plus convenable au malade qu'au chasseur; mais ce
que l'on a négligé de dire, soit oubli, soit mauvaise foi, c'est
que, dans ces circonstances exceptionnelles, par une géné-
rosité qui exclut toute pensée d'égoïsme, en même temps
que le maître, à peine convalescent, s'adjugeait à la porte du
château quelques hectares de taillis où il faisait au plus une
promenade d'une heure, le parc tout entier de Rambouillet,
réserve on ne peut plus giboyeuse, était abandonné sans restriction à ses hôtes. Si nous rappelons ce fait, que bien des

témoins dignes de foi pourraient certifier au besoin, c'est
moins pour prouver l'urbanité et le savoir-vivre exquis d'un
maître de maison dont l'hospitalité est citée encore aujour-
d'hui comme un modèle, que pour défendre sa mémoire de
l'attaque injuste et calomnieuse dont, l'année dernière, un
journal quotidien n'a pas craint de se faire l'écho public.
Avant de s'ériger en écrivain du *Sport*, que de gens devraient
en apprendre la langue; avant de vouloir amuser, aux dépens
d'autrui, une classe de lecteurs qui s'amusent bien souvent
d'eux-mêmes, que d'honnêtes critiques feraient bien d'étudier
de plus près ces mœurs aristocratiques que, pour la plupart
du temps, ils ignorent; d'aller apprendre, dans ce même
monde où ils n'eurent peut-être jamais l'honneur d'être
admis, ces formes distinguées, ce tact et cet usage dont ils
reprochent l'absence chez les autres. C'est une autorité fort
respectable sans doute qu'un feuilleton plus ou moins véridique, où l'on peut, d'un trait de plume, essayer de vouer
un homme au ridicule; mais peut-être y a-t-il quelque témérité à signer à la légère de pareils faits, même pour amuser
le bon public bourgeois, quand l'élite de la société contemporaine est là pour y donner un démenti et certifier positivement le contraire. Certes, M. le duc de Fitz-James, M. le
comte de Girardin, M. le comte de Mornay, MM. de l'Aigle,
M. Achille Delamarre, M. le comte de Grasse, M. le comte de
Cambis, M. de Béhague, et notre grand artiste lui-même,
Horace Vernet, ce type admirable de bon ton et d'élégance,
ont bien connu la manière de vivre de l'honorable M. Schickler... Qu'on les consulte, et l'on saura à quoi s'en tenir sur
la façon gracieuse dont l'hospitalité s'est exercée dans cette
noble maison, tant que la maladie n'en eut pas franchi

le seuil, pour venir, nuit et jour, s'asseoir au chevet du maître.

La couleur des équipages de chasse de M. Schickler était rouge : il avait emprunté cette couleur aux modes anglaises et la préférait comme plus voyante. Les piqueurs portaient la poudre et le chapeau à cornes ; des culottes de Manchester, blanches et noisette, et les grandes bottes à l'écuyère, complétaient l'uniforme, qui était parfait comme tenue. Le premier piqueur était le seul véritable commandant de l'équipage ; le maître donnait l'exemple en se soumettant lui-même à Obry, ni plus ni moins qu'un des hommes placés sous ses ordres, et il considérait cette soumission aveugle, cette abnégation, comme la condition la plus essentielle pour obtenir des résultats satisfaisants et former une bonne meute.

C'était merveille de voir avec quel calme M. Schickler prenait son parti, lorsque arrivant au rendez-vous, le piqueur, chapeau bas, lui annonçait qu'il n'y avait rien au rapport : « A une autre fois, messieurs, disait-il simplement aux personnes de sa société ; il faut espérer que nous serons plus heureux. » Bien qu'il fût excellent veneur, M. Schickler n'a jamais fait le bois lui-même et essayé en personne de détourner l'animal, ainsi que le font quelques maîtres d'équipage. Mais il reste à savoir si, au fond, il ne convient pas mieux que, dans une vénerie montée dans les règles, chacun demeure à sa place, et si le maître, intervertissant les rôles, a raison de se transformer ainsi en un simple valet de limier.

Suspendues, en 1828, par l'acquisition du domaine de Mortefontaine, que le prince de Condé réunit, ainsi que celui d'Ermenonville, à la forêt de Chantilly, ce théâtre trop étroit

pour un veneur de sa trempe, les chasses à courre de
M. Schickler ne furent reprises que cinq ans plus tard. La
plaine de la Varenne-Saint-Maur, qu'il exploita dans l'intervalle et pendant l'espace d'une seule saison, ne pouvait lui
offrir, comme dédommagement, que d'assez tristes ressources. La chasse qu'il y pratiqua le plus volontiers était du
genre de celles qu'on nomme *cursing* en Angleterre. Elle
consiste à lâcher un couple de grands lévriers sur un lièvre,
au moment où l'animal part du gîte ; les cavaliers suivent, et,
autant que possible, on relaye les premiers lévriers par
d'autres donnés à propos. Ce passe-temps est une véritable
course au clocher ; car les chevaux, lancés à fond de train,
ne peuvent que difficilement suivre les chiens.

Ce fut au château de Maisons que se trouvèrent transportés, en 1855, pour y reprendre le cours de leurs exploits trop
longtemps interrompus, les équipages de M. Schickler. Mais
déjà s'était déclarée la redoutable affection qui devait l'emporter par la suite. Atteint, en 1850, d'une paralysie au côté
gauche, notre Nemrod était resté longtemps sous l'influence
de l'attaque d'apoplexie qui avait déterminé cet accident. Ces
symptômes alarmants finirent par disparaître tout à fait ;
mais une vague inquiétude n'en resta pas moins dans l'esprit
du malade, et les chasses de Maisons se ressentirent, quoi
qu'on pût faire, de cette situation morale. Les plus beaux
laisser-courre consistèrent dans quelques prises de daims. A
une chasse, entre autres, qu'on se rappelle encore sur les rives
de la Seine, un magnifique dix-cors traversa deux fois la rivière, suivi à la nage par tous les chiens, la première fois à
Maisons même, la seconde à Bezons, et depuis les prises de
daims de l'infortuné duc de Berry, qui affectionnait beaucoup

ce chasser-là, jamais plus beau coup d'œil ne termina plus glorieusement une semblable partie.

Rambouillet, devenu domaine de l'État et mis en adjudication par suite de l'ordonnance Royale de 1852, excita bientôt la juste ambition de M. Schickler, qui crut y voir tous les éléments nécessaires pour en faire un courre digne de lui. Il le loua donc et vint s'y fixer en 1834. L'équipage, dès les premiers jours de son installation, y fut remis sur le même pied qu'à Mortefontaine ; mais malheureusement un état de santé de plus en plus inquiétant, empêcha le chef et l'âme de ces réunions de se livrer comme par le passé à son exercice favori. Du reste, Rambouillet, comme gibier, était des plus pauvres à cette époque ; la grosse bête y manquait : le dernier cerf dix-cors, échappé, en 1830, à la horde de va-nu-pieds que vomit la voiture du Sacre, seul et unique survivant des magnifiques troupeaux de fauve dont Napoléon avait fait à grands frais amener la race d'Allemagne, y fut tué en 1835, à l'affût, par le garde d'une propriété particulière ; les daims, lâchés dans les bois, périrent bientôt sous les balles des braconniers, et l'on se vit réduit à tenir enfermés dans un petit parc réservé, d'où on les tirait au fur et à mesure qu'on en avait besoin, les animaux destinés au service de la meute. La seule chasse de cerf vraiment digne d'un vif intérêt fut celle où un dix-cors, attaqué près de Rochefort, alla se faire prendre à Chaville, au delà de Versailles, porté bas après sept heures de chasse, par quatorze chiens de *meute à mort*. Mais, nous le répétons, les chasses de Rambouillet ne furent que le pâle reflet de celles de Mortefontaine, et les craintes trop fondées qu'inspiraient à sa famille les souffrances toujours croissantes de M. Schickler déterminèrent, quelques années avant sa mort, sur l'avis même de la faculté, la suppression totale de l'équipage.

On sait combien la chasse de chevreuil est difficile. Un fait qui vient à l'appui de cette assertion, et que nous devons consigner ici, c'est qu'avec l'équipage de chevreuil de Mortefontaine, le seul qui méritait alors d'être cité pour cette spécialité ingrate, M. Schickler n'a jamais forcé franchement qu'un seul de ces animaux; et encore, tous les relais compris, le nombre des chiens employés à ce laisser-courre s'éleva-t-il à plus de soixante-dix. Les autres chevreuils pris le furent toujours par suite de circonstances tout à fait fortuites. Ainsi, un jour l'animal, perdant la tête, donnait au milieu des relais; une autre fois, ayant pris de l'eau, on parvenait à réunir les chiens et à l'en accabler au moment où il quittait l'étang; la plupart du temps, l'état de l'animal indiquait qu'il était malade. Du reste, le prince de Condé, ce grand maître dont l'expérience en vénerie ne saurait être contestée, partageait entièrement l'opinion de M. Schickler sur la presque impossibilité de forcer le chevreuil, ce point délicat de la chasse, l'écueil des meilleurs chiens et des meilleurs veneurs. Aussi les chasses enregistrées par le *Journal des Chasseurs*, où l'un de ces animaux fut bien franchement forcé avec un petit nombre relatif de chiens, méritent-elles, de la part des vrais amateurs, une considération toute spéciale.

M. Georges Schickler laisse plusieurs enfants : l'aînée de ses filles est mariée depuis trois ans au comte de Praslin, et demeure ainsi que son mari, avec madame la baronne G. Schickler, femme supérieure, d'un esprit éminent, et dont la grâce et la beauté auraient fait une reine de salon, si ses goûts simples, ses vertus privées, sa charité inépuisable, ne lui avaient tracé un rôle moins brillant, mais plus digne, celui d'excellente mère, de bienfaitrice des pauvres, et de maîtresse de maison, faisant les honneurs de chez elle comme on ne les fait nulle part. Nous croyons savoir de bonne source que l'intention de madame Schickler serait de sous-louer aujourd'hui le château de Rambouillet et ses dépendances, demeure princière qu'elle ne veut plus occuper depuis son veuvage. A cette location importante se joindrait naturellement le droit de chasse dans le grand parc, qui se compose de mille hectares clos de murs. Le prix de la totalité de cette cession irait, dit-on, à 12,500 francs par an, non compris l'entretien, qui peut s'élever à 3 ou 4,000 francs. Mais quel grand seigneur, dans ce siècle mesquin, ira mettre 16,000 francs à une chasse? Il n'y a guère que la Société de Rambouillet qui puisse se passer cette fantaisie. Ce serait une location très-convenable pour elle, puisque MM. les Sociétaires n'ont pour tout pied-à-terre à Rambouillet que l'auberge de madame Barry; et, d'un autre côté, les Mac-Mahon, les Montmort, les Greffülhe, les Perthuis, les la Ferté, les Plaisance, les Saint-Aldegonde, les Pracomtal, les Wagram, les Crussol, et tant d'autres veneurs accomplis, ne seraient point de trop indignes successeurs, qu'en pensez-vous? à ce *sportsman* distingué dont le duc de Bourbon fut jaloux, à juste titre, et qui s'appela Georges Schickler.

XXII

S. A. R. MONSEIGNEUR LE DUC D'ANGOULÊME

— 3 JUIN 1844 —

Amateur de *sport*, Mgr le Dauphin était meilleur écuyer que veneur. — Ses habitudes aux chasses à courre. — Ses qualités privées. — Sa participation aux tirés Royaux. — Ses chasses en exil
chez les princes de Rohan. — Sa renonciation complète à ses
plaisirs favoris après la mort du roi Charles X. — Sa conduite au
siége du Trocadéro.

Le 3 juin dernier est mort, sur une terre étrangère, entouré de sa famille et de quelques serviteurs fidèles, un prince
appelé au trône par droit de naissance, et, peu s'en est fallu,
Roi de France, comme héritier direct de la monarchie légitime.
Renfermé dans les limites de notre spécialité, et par principes
étranger à toutes ces questions de haute politique qui ne sont
point de notre domaine, nous n'avons point à nous occuper
ci des Royales qualités du défunt, à rechercher, ainsi que l'ont

fait d'autres journaux avant nous, si cette couronne, dont
une révolution l'a privé, eût été pour lui un fardeau plus ou
moins pesant, si ce sceptre, qu'il abdiqua si noblement, eût
été tenu d'une main plus ou moins ferme... Sous cet aspect,
M. le duc d'Angoulême appartient désormais à l'histoire, et
l'histoire, équitable envers lui, saura, nous n'en doutons pas,
lui rendre pleine et entière justice. Notre rôle à nous est plus
restreint et plus modeste; écrivain cynégétique, nous devons aussi notre tribut à la mémoire du prince, mais nous
devons le payer à notre manière, c'est-à-dire laisser de côté
les récriminations des partis, à quelque couleur qu'elles appartiennent, oublier, en un mot, l'héritier du trône pour
nous borner à parler des qualités privées de l'homme, à rappeler quelques-uns de ces goûts simples et nobles à la fois,
qu'il pratiquait dans la vie intime, et qui, en dépit de vaines
déclamations, n'en seront toujours pas moins l'un des plus
dignes passe-temps destinés à occuper les loisirs et du gentilhomme et du monarque. Notre tâche ainsi simplifiée ne
sera ni longue ni difficile, puisqu'il ne s'agit, en définitive,
que de recueillir quelques souvenirs pour ajouter un por-
trait de plus à la galerie des chasseurs célèbres que notre
Revue a ouverte, dans ses archives, à toutes les illustrations
contemporaines.

M. le Dauphin, de même que M. le duc d'Orléans, était
meilleur écuyer que veneur, et s'il aimait la chasse à courre,
c'était surtout comme exercice de cheval. Il mettait fort rarement pied à terre pour revoir de l'animal de meute : toujours
accompagné par son piqueur favori, Saint-Aignan, qui sonnait pour lui et ne le quittait pas plus que son ombre, à cause
de la faiblesse de sa vue, le prince s'inquiétait peu des inci-

dents de la chasse ; mais il suivait intrépidement, sans cesse
à la queue des chiens comme un véritable piqueur, et n'hé-
sitant jamais, sur les simples indications de son guide, à
enlever son cheval pour franchir toute espèce d'obstacle.
L'animal une fois sur ses fins, si le prince, en retard, se
trouvait un peu en arrière, il était d'usage que tous les chasseurs placés en tête, ralentissent l'allure de leurs chevaux, de
manière à le laisser, sans affectation, arriver l'un des premiers à la mort du cerf. Plus jaloux, sous ce rapport, que
M. le duc de Bourbon, dont le principe, une fois en chasse,
était : *Chacun pour soi, saint Hubert pour tous*, M. le duc
d'Angoulême se montrait fort sensible à cette marque de déférence, et, par contre-coup, ne manquait jamais de témoigner
un peu d'humeur aux veneurs qui s'en dispensaient. Il était,
du reste, aux *hallalis*, d'une simplicité charmante, et con-
fondu parmi les spectateurs, le plus souvent appuyé familière-
ment sur l'épaule du commandant de la Vénerie, le baron
d'Hanneucourt, il aimait à hannir, en ce moment, toute espèce de contrainte ou d'étiquette.

Froid et réservé, on pourrait même dire timide avec les
étrangers, le Dauphin n'aimait pas les nouvelles figures. Mais
il s'entretenait volontiers, en revanche, avec les officiers de sa
maison et affectionnait beaucoup les gens attachés à son service ; c'est à un tel point, qu'il ne mariait jamais un piqueur
ou un simple ramasseur de gibier, sans lui donner une somme
de dix à douze mille francs, à titre de cadeau de noces. C'était
un excellent maître, ayant toutes les manières de l'ancien
régime, que nous en sommes à regretter aujourd'hui ; humain, généreux, charitable, incapable de faire le moindre
mal et toujours disposé à faire le bien ; un vrai seigneur, en

un mot, familier avec les siens, très-affable pour sa noblesse
à lui, mais se tenant à distance du tiers-état, probablement
par la difficulté qu'il éprouvait à aborder un visage inconnu.

Dans les chasses à tir, M. le duc d'Angoulème se servait
de lunettes, et, bien qu'il fût bon tireur, c'est sans doute à
ce désavantage réel qu'il a dû de n'avoir jamais atteint, sous
ce rapport, l'adresse et le coup d'œil de Sa Majesté Charles X.
Les jours de grandes chaleurs, il montait un cheval d'arquebuse, attendu que, mauvais marcheur, il supportait difficilement la fatigue d'un tiré. Le cheval, parfaitement dressé,
suivait au pas le routin de chasse, ayant à ses côtés un valet
de pied ; derrière venait une voiture où l'on plaçait le gibier,
et sur le devant de laquelle était une banquette destinée au
conducteur, poste que le prince usurpait quelquefois dans les
temps de brouillard ou de pluie. On sait que, dans les grands
tirés du Roi, à Versailles, le maire de la ville, présent, avec
le préfet et les autorités militaires, pour recevoir Sa Majesté
à sa descente de voiture, touchait toujours un billet de mille
francs pour les pauvres. Les jours de petites chasses, c'est-à-
dire quand le Dauphin venait seul, un de ses officiers remet-
tait au maire, dans le même but, cinq cents francs pris sur la
propre cassette du prince, celui-ci ne voulant pas remplacer
son père dans ses plaisirs sans l'imiter dans sa Royale munifi-
cence. Ses libéralités ne se bornaient pas là; car il était dans ses
habitudes de n'oublier personne, et les gardes employés à ces
tirés particuliers, recevaient, chaque année, suivant l'importance de leur grade, des gratifications de trois à quatre cents
francs, données directement par le premier valet de chambre.

D'une grande déférence envers son auguste père, auquel
il n'adressait la parole en public qu'à la troisième personne, il

ne tirait jamais une pièce dans sa direction, et s'empressait de lui faire remettre, sans la moindre contestation, celles que Sa Majesté lui envoyait réclamer. C'était un modèle de soumission aveugle aux volontés paternelles, toujours prêt à suspendre ou à continuer la chasse, suivant que le Roi en témoignait le désir.

Nous ne savons pas pertinemment si M. le duc d'Angoulême a eu occasion, dans les premiers temps de son troisième exil, de cultiver sa distraction favorite. Il est plus que probable que lors de son séjour en Écosse, cette terre classique du gibier, le prince ne s'est point privé du plaisir de la chasse. Mais ce qu'il y a de certain, et ce que nous pouvons affirmer positivement parce nous le tenons de bonne source, c'est que M. le Dauphin et Sa Majesté Charles X ont chassé plusieurs fois en Allemagne, notamment chez MM. les princes de Rohan, qui, dans leurs magnifiques domaines de la Bohême, se sont efforcés de rappeler à leurs illustres hôtes les tirés de Saint-Germain et de Versailles. Depuis la mort du Roi son père, M. le duc d'Angoulême, par un sentiment de piété filiale facile à comprendre et auquel on ne saurait trop applaudir, n'a pas, une seule fois, touché un fusil ou monté un cheval de chasse, et pourtant le parc de Kirchberg, très-giboyeux, est peuplé d'un grand nombre de daims, les bois voisins abondent en chevreuils et la plaine elle-même est couverte de lièvres. Mais si, tout entier à sa douleur et concentré désormais dans ses amers regrets, M. le Dauphin s'était condamné physiquement à une inaction volontaire, il n'en avait pas moins conservé un goût très-vif pour les histoires de chasse, ainsi qu'une parfaite estime pour les francs veneurs, dont le contact et la conversation semblaient le rajeunir en faisant un moment diversion à ses pénibles souvenirs.

Bien que d'un caractère naturellement timide, quelquefois même irrésolu et indécis, M. le duc d'Angoulême devenait très-ferme et même très-énergique, ainsi que l'a fort bien observé l'honorable duc de Liancourt, quand il était maître de ses décisions, quand il était libre et responsable. Nos lecteurs nous permettront, en terminant ces quelques lignes, de leur raconter, à l'appui de cette assertion, un épisode de la guerre d'Espagne, que nous a rapporté un témoin oculaire et que nous répétons avec d'autant plus de plaisir que nous ne l'avons vu cité nulle part.

Lors du siége du Trocadéro, le prince visitait quelques travaux avancés, exposés au feu du fort. On s'aperçut du danger que Son Altesse courait, et quelques officiers supérieurs, parmi lesquels se trouvait celui qui nous a raconté le fait, l'engagèrent vivement à ne pas continuer son inspection et à gagner un poste disposé d'avance, d'où l'on pouvait tout voir sans nul péril : « Messieurs, qui commande ici? » demanda le prince. Tous se regardèrent, un peu surpris d'une interpellation aussi brusque. Enfin le général Obert, portant la main à son chapeau, répondit en balbutiant : « Mais, monseigneur... c'est Votre Altesse... — Eh bien! Messieurs, si c'est moi qui commande, veuillez, je vous prie, me dispenser d'obéir. »

Le mot est historique et il est digne.

XXIII

UNE OUVERTURE EN SOLOGNE

Influence des chemins de fer sur la chasse. — Boisgibault en Sologne. — Aspect du château. — Ses hôtes. — Le parc et ses ressources giboyeuses. — Un mot du baron de Sahune, conservateur des forêts de la Couronne. — Opinion de Mme la marquise
de Gasville sur les dégâts du gibier, question d'économie forestière.

On répète tous les jours, et je crois que ce mois-ci le
Vieux Chasseur, qui n'est pas un alarmiste, tant s'en faut,
exprime à son tour la même crainte :

*Les chemins de fer consommeront avant peu la ruine
du gibier en France.*

C'est possible : je ne soutiendrai pas le contraire; mais en
attendant que cette triste prédiction s'accomplisse, qu'il me
soit permis d'applaudir au progrès; et sauf à le regretter
plus tard, à devenir esprit rétrograde, qu'on me laisse payer

ici au nom du chasseur parisien, du véritable chasseur bien
entendu, si souvent, si injustement calomnié par la plume
ou le crayon de nos Grandville, un légitime tribut de reconnaissance à cette immense conquête, à ce bienfait inespéré
de la civilisation et de l'industrie, la *Vapeur*.

Allons! veneurs, debout! ce matin, le rendez-vous donné,
mes braves, n'est ni à Marly, à la place Royale; ni à la Muette,
forêt de Saint-Germain; ni à Senart, aux taillis de Montgeron;
pas même à Fontainebleau, au carrefour du Grand-Veneur,
ce témoin de tant d'assemblées brillantes. C'est au delà d'Orléans, c'est à Boisgibault, entre Olivet et Ardon, plein Loiret,
que nous attend cette fois la meute impatiente. Sept heures
sonnent au débarcadère comme nous quittons Paris, tout
bottés, fouet en main, cape en tête. Déjà sont bien loin derrière nous Saint-Michel, Étréchy, Étampes, Toury lui-même.
Voici Chevilly; voici Cercottes avec sa forêt toujours peuplée
de loups; Orléans enfin dont la cathédrale marque onze heures
et où nous ne faisons qu'entrer, passer et disparaître. A midi
et demi nous sommes en chasse : à quatre heures notre dix-
cors est pris ou manqué; et à cinq heures précises un nouveau convoi nous ramène dans la capitale, tout juste assez à
temps pour changer de costume et raconter au café de Paris
ou bien au foyer de l'Opéra, dans un entr'acte, la supériorité
incontestable des chiens anglais dans les longs débuchers de
la Sologne.

Qu'en dites-vous, messeigneurs, dans un siècle où la vie
s'use si vite, est-ce là connaître le prix du temps et bien employer sa journée? Eh bien! ce tour de force qui tient du
prodige, et que n'eût pu vous faire accomplir, il y a un an à
peine, la baguette magique d'une fée, est à coup sûr possible

aujourd'hui, grâce à la seule impulsion de deux locomotives. Il est évident, et je tiens le pari quand on voudra, que toutes les dispositions voulues, bien prises d'avance, un amateur parti de Paris par le premier convoi d'Orléans peut, sans trop se gêner, forcer son cerf à trente et quelques lieues d'ici, et se remettant immédiatement en route, applaudir encore le soir la Carlotta dans la *Péri*.

En présence des résultats inappréciables que nous offrent cette célérité merveilleuse, cette rapidité de communication qui permet désormais en quelques heures, et sans trop de fatigues bien mieux, l'accomplissement de faits jadis matériellement impraticables, même en deux jours, ne nous alarmons donc point d'avance, hors de propos : jouissons des avantages du présent, sans nous affliger prématurément des suites désastreuses dont on menace l'avenir ; car qui nous dit, après tout, que la ruine du gibier par les chemins de fer ne soit pas longtemps encore une de ces vérités à ranger au nombre des éventualités probables ?

L'Angleterre a vu bien avant nous les wagons courir sur leurs rails ; planez un instant à vol d'oiseau sur ces comtés, parcs immenses et giboyeux, confisqués, là encore, au profit de la seule Aristocratie : ils sont autrement sillonnés que nos provinces par la vapeur, ce vaste réseau industriel dont les ramifications, semblables à autant de vaisseaux artériels, portent d'un bout à l'autre du royaume et le commerce et la vie : et nonobstant, aucun propriétaire ne s'y plaint que son gibier ait sensiblement diminué depuis ces dernières années. Il y pullule au contraire plus que jamais, puisque, à en croire les relations du *Sun*, dernièrement un digne *sportsman*, l'honorable Francis Baring, assisté de sept chasseurs de ses amis, a tué en six jours, tant sur ses domaines que sur les terres contiguës de sir Fr. Godrick, un total de cinq mille pièces, abattis monstre, que le journal anglais appelle avec raison *grande boucherie.*

Au surplus, *qui vivra verra.* Le pour et le contre de la question que je ne m'amuserai pas plus longtemps à débattre, n'empêche pas que le 9 octobre dernier, après avoir déjeuné au café Anglais et essayé un fusil au parc de Monceaux, chez Bryon, je me trouvais, grâce au chemin de fer d'Orléans, à dîner à Boisgibault, chez M. le marquis de Gasville, qui pour la plupart de nos lecteurs est déjà une vieille connaissance. Arrivé depuis deux jours de la Beauce, où l'année dernière, au mois de septembre j'avais passé dans l'intimité de la plus agréable réunion, toute une semaine si bien employée, mon hôte, qui avait fixé au lendemain 10 l'ouverture de sa chasse en Sologne, s'était empressé, par une courtoisie aimable, de me comprendre au nombre des invités.

Boisgibault est sans contredit l'une des plus belles réserves qu'un particulier puisse offrir en France, même à des loisirs princiers; et si jamais ce toit hospitalier avait l'honneur qu'a eu en Écosse le noble manoir de Burton, Mgr le comte de Chambord n'y regretterait point assurément les *fox-hunting* de sir Cliffort Constable. Placée à une lieue et demie d'Olivet, au centre de près de deux mille cinq cents hectares de bois ou de terres labourables, riche en gibier de toute sorte, attenante à un parc d'une contenance de six cents arpents environ où vous trouvez réunies toutes les espèces de gibier connues, depuis le cerf jusqu'au lapin, cette admirable propriété, inférieure à Meslay comme habitation, lui est beaucoup supérieure, à mon avis, comme résidence de chasse. Madame la marquise de Gasville, avec cette charmante simplicité qui dénote si éminemment chez elle la femme d'esprit, appelle modestement Boisgibault *son ermitage*. En Angleterre, on en ferait un délicieux *cottage;* mais, par ses dépendances plus qu'aristo-cratiques, il mérite bien le nom de château.

A peine est-on entré dans le vestibule, que la vue est d'a-bord frappée par un spectacle qui réjouit l'œil du veneur, en éveillant ses plus chères sympathies. Aux quatre angles, au pied de murs tout tapissés de glorieux trophées, sont couchés à la reposée quatre magnifiques dix-cors, l'oreille dressée, la tête haute, les naseaux ouverts, dans l'attitude enfin d'animaux prêts à bondir, lorsqu'ils perçoivent vaguement dans le lointain le rapprocher des chiens d'attaque et les premiers trôlements de la trompe. Très-convenablement montés par un naturaliste d'Orléans, qu'on croirait élève de Perrot, ce grand maître, ces rois déchus de la forêt, ont eu tour à tour l'insigne honneur de succomber noblement en faisant tête à une meute entière, et servent aujourd'hui tout uniment, ô vanité des grandeurs de ce monde! l'été, à former pour les dames des siéges dignes de Diane chasseresse; l'automne, à recevoir, suspendu à leur majestueuse empaumure, l'attirail superflu des chasseurs. Tout le reste de l'ameublement trahit plus ou moins à Boisgibault la passion dominante du maître. Dans le salon, devant les fauteuils et les divans, se groupent, mollement couchés en rond, le renard argenté et le renard charbonnier, tapis moelleux d'un nouveau genre, auxquels plus d'une jolie visiteuse, justement effrayée à l'aspect d'une double rangée de dents, n'a dû confier son pied qu'avec crainte. A chaque croisée, en guise de patères, se dressent de belles têtes de brocard dont les cous

gracieusement arqués supportent les embrasses des drape-
ries. Enfin dans les chambres à coucher, chaque descente de
lit uniformément représentée par une tête de loup, atteste
glorieusement que l'ex-louvetier du Loiret n'a point failli au
mandat dont il se trouvait naguère encore investi.

Le 10 au matin, nous étions, sans compter M. de Gasville,
huit tireurs réunis au château : son neveu, M. de Sesmaisons,
MM. de Rancogne, de Longthuit et moi, ses hôtes ; MM. de
Tristan, de Morogues, de Fricon et de Potrat, gentilshommes
des environs, appartenant à la première noblesse de la contrée. La journée s'annonçait bien : point de vent, un soleil
radieux, un temps tel que nous aurions pu le commander
pour le genre de chasse projeté. Il avait été décidé dès la
veille, qu'après un tour en plaine et dans quelques taillis du
voisinage, nous rabattrions sur le parc où, nous formant en
front de bandière, nous marcherions ainsi en ligne, le centre
et les ailes occupés par les gardes. De ma fenêtre, donnant
sur un parterre, et à travers un treillage en fil de fer de trois
mètres de haut destiné à protéger le jardin contre des inva-
sions hostiles, j'avais cru entrevoir au point du jour, sous la
futaie voisine, quelques chevreuils errants comme des ombres ;
un peu plus tard, il m'avait semblé entendre à plusieurs reprises le faisan jeter ce cri rauque et sauvage si harmonieux
à l'oreille du chasseur ; descendu de ma chambre pour m'assurer de plus près du fait, une rapide inspection des lieux
m'avait convaincu que je ne faisais pas un rêve et que ce
séduisant tableau n'était point une décoration d'Opéra, une
illusion d'optique, produite par une gaze trompeuse. Un premier enclos, retourné de fond en comble par toute une compagnie de sangliers ; un second enclos plus vaste encore,

occupé par une horde de daims et de biches, véritables haras
établis pour la reproduction de l'espèce ; des parquets spacieux
sous les filets desquels se poudraient pêle-mêle près de trois
cents faisans, coqs et poules ; d'immenses terriers, tout gris de
nombreux habitants, disparaissant l'un après l'autre à mon
approche : n'était-ce point là un spectacle plus que suffisant
pour lever tous mes doutes et me dire de bien préparer mes
armes ?

Mes armes... arrêtons-nous ici, le mot est prétentieux et
peu juste : je n'avais apporté à Boisgibault qu'un seul fusil ;
mais un bijou, un véritable chef-d'œuvre, patiemment éla-
boré, depuis quatre mois entiers, par cette triple puissance
aujourd'hui en arquebuserie qu'on appelle Bernard, Renard
et Devisme. Ces trois maîtres s'étaient réunis pour travailler
ensemble à ce meuble de luxe, réservé, entre les mains de
votre serviteur, à de fréquentes et rudes épreuves. Bernard
avait forgé les canons, Renard s'était chargé de la gra-
vure, et Devisme avait monté le tout avec ce fini qui n'appartient qu'à lui, et qui en a fait, en dépit de la jalousie
de quelques confrères, le fournisseur presque exclusif de tous
les vrais amateurs de la province et de la capitale. La veille,
sorti pour la première fois de sa boîte, mon fusil, passé de
main en main, avait subi l'examen d'appréciateurs compétents, qui tous, d'un commun accord, l'avaient déclaré
une arme parfaitement établie, irréprochable. Mais il
était tout neuf ; vierge encore, il n'avait pas reçu le
baptême de sang ; et son calibre quatorze, le jeu souple et
liant de ses batteries, les délicieuses gravures qui embel-
lissent ses corps de platine, sa plaque de couche, le pontet
de sous-garde, la pièce de bascule attenant aux culasses,

tout cela ne prouvait absolument rien en faveur de sa justesse ou de sa portée. On était content de l'ouvrier : restait au chasseur à faire valoir l'œuvre.

La chasse à tir, dans cette partie de la Sologne, exige une certaine étude. Protégés par d'épaisses et hautes bruyères, le lièvre et le lapin surtout, qui est le gibier dominant, s'y tirent les trois quarts du temps au juger. La charge, presque toujours amortie et divisée, demande donc à être très-forte. J'avais apprécié au premier coup d'œil ce désavantage de terrain, et quatre-vingt-dix grains de poudre des princes contre une charge en proportion de plomb numéro six, le seul dont je fasse usage au bois en octobre, me réussirent, dès le début, à merveille. Il était midi environ lorsque, après quelques légères escarmouches en plaine pour manœuvrer les perdreaux et les rejeter au parc, nous entrâmes sérieusement en chasse; et à quatre heures, notre tournée, fort bien dirigée par Armand, le piqueur, un gaillard, ma foi! qui vous tire un coup de fusil aussi adroitement qu'il détourne un cerf, était à peu près terminée. Cent cinquante pièces, dont cent et quelques lapins, le surplus en faisans, lièvres, perdrix et chevreuils, tel fut, si je ne me trompe, le résultat de cette première journée. Pour l'honneur de Devisme et de mon fusil, je dois confesser, toute fausse modestie à part, que j'eus ce jour-là l'avantage d'être le roi de la chasse. Il est vrai qu'un peu souffrant d'un récent accès de goutte, M. de Gasville, qui est un tireur excellent, s'était contenté de nous suivre en amateur, c'est-à-dire sans quitter les allées.

Un peu moins étendu que celui de Meslay, dont j'ai donné l'an dernier la description à nos lecteurs, le parc de Boisgibault renferme cependant une quantité de gibier plus consi-

dérable; et comme la surveillance et les soins sont les mêmes
dans l'un et dans l'autre endroit, il faut en conclure que cela
tient à la nature même du sol. Le terrain, à l'exception de
quelques parties plantées en futaies où de beaux et de grands
arbres bien filés annoncent un bon fond (comme ces parties
touchent au château, peut-être là les terres ont-elles été rap-
portées), le terrain, dis-je, est généralement léger, sablon-
neux, et convient parfaitement au lapin, qui, malgré les destructions énormes qu'on en fait, s'y multiplie dans une
proportion effrayante. Des terres labourables, semées en sarrasin, qu'on ne récolte jamais, en pommes de terre que les
daims, les cerfs et les sangliers se disputent, en ayant soin de
ne laisser tout juste, à chaque saison, que la semence de la
saison suivante; des prairies marécageuses, des étangs couverts de roseaux; une petite rivière enfin qui, dans son cours
capricieux, traverse le parc d'un bout à l'autre, tantôt ser-
pentant en plaine, tantôt longeant des massifs de bois, tel est
l'aspect superficiel de la partie la plus pittoresque. Quant à la
partie boisée, si le chasseur n'y peut faire un pas sans y
éprouver une jouissance, le forestier, en revanche, n'y pro-
mènerait qu'un regard attristé : déjà peu favorisé par le sol,
le taillis, rongé jusqu'à l'aubier, miné dans ses racines, n'y
pousse çà et là que quelques brins rabougris, et dans certains cantons les ravages sont tels, que le bois, tout à fait
mort, en est réduit à l'état de véritable squelette. Je connais
pour mon compte personnel un homme qu'un pareil spectacle affligerait bien profondément, et qui, à la vue de cette
désolation, de ce mépris complet pour les saines idées d'économie forestière, aurait bientôt fait prompte justice de tous
les coupables, enveloppant sans appel dans la même pro-

24.

scription, bêtes noires, bêtes fauves, ruminants, rongeurs et autres. Cet homme, c'est le très-digne et très-excellent conservateur des forêts de la Couronne, l'ennemi le plus acharné que je sache du gibier, quel qu'il soit, — M. le baron de Sahune. Dernièrement nous avions l'honneur de lui montrer la collection d'animaux qui compose notre musée. Il y a là parmi les quadrupèdes, dont la classe est presque complète à l'heure qu'il est, le grand loup de M. le comte du Laz, monstre de taille colossale qui ne manque jamais d'attirer sur-le-champ les regards du visiteur et de le faire s'apitoyer sur le nombre de moutons qu'un pareil paroissien a dû dévorer dans son existence de loup. Le premier, le seul animal qui ait frappé en entrant les yeux de M. de Sahune, c'est un superbe daim dix-cors, tué par nous l'an passé dans la vente des Matelots, à Versailles. « Voilà, me dit-il, en l'envisageant d'un air de satisfaction et de triomphe, un gaillard qui devait faire bien du tort au bois. » Le mot est caractéristique.

A Boisgibault, du reste, il est une personne qui ne voit pas précisément d'un œil aussi stoïque que le propriétaire, les dégâts toujours croissants que le gibier y occasionne : c'est la charmante et gracieuse châtelaine du lieu, madame la marquise de Gasville, femme d'un grand sens et d'un rare mérite, dont la simplicité, la bonté feront toujours pour ceux qui ont le bonheur de la connaître une maîtresse de maison accomplie. Mais, plutôt que de contrarier dans son goût, un mari qu'elle adore à juste titre, elle laisserait, je crois, volontiers la maison entière menacer ruine, contre-minée de fond en comble par les terriers, comme autrefois la ville de Saragosse Dans sa malicieuse gaieté, toutes ses épigrammes contre une passion de chasse qui, chez M. de Gasville ne fait que croître et embellir avec l'âge, se bornent à répondre en riant, quand on lui parle par hasard de l'état déplorable des bois : « Avec la meilleure volonté du monde, comment voulez-vous qu'ils poussent ? Le pied est rongé par les lapins, le milieu brouté par les chevreuils et les cerfs, la cime par les écureuils. »

Et en effet c'est à la lettre. Jamais phrase plus juste n'a mieux peint la situation de ce parc entièrement consacré à la chasse, où vous pouvez, variant vos plaisirs, forcer aujourd'hui un daim, un cerf, un sanglier, et demain tuer devant vous tout le gibier connu qu'arrête un chien couchant, depuis le perdreau rouge jusqu'à la bécassine et au canard sauvage; car, grâce aux prairies marécageuses ainsi qu'aux étangs dont j'ai parlé plus haut, grâce surtout aux nombreux appelants qu'on a soin d'éjointer et de laisser en liberté toute l'année, chaque printemps cette dernière espèce se reproduit d'elle-même à Boisgibault par de nombreuses couvées; elle y est fixée, sédentaire, et à la fin d'août dernier, M. de Gasville avait déjà tué pour sa part plus de soixante halbrans nés chez lui.

Année commune, on compte dans cette réserve, m'ont dit les gardes, de quatre-vingts à cent chevreuils, une vingtaine de grands animaux, et on y tue près de deux mille lapins : c'est donc, renfermé dans quelques cents arpents, autant et plus de gibier que n'en contient la forêt de Marly tout entière. Il est vrai que tout autour du parc s'étendent des bois immenses qui font partie du domaine, et que grâce, au système de clôture consistant en palissades de planches, soutenues par des arcs-boutants, le lapin peut aller et venir, émigrant au fur à mesure, suivant que les besoins de la population augmentent, jusque dans les landes voisines. La seule chose

que j'ai regrettée, à Boisgibault, surtout après avoir chassé à
Meslay, c'est la rareté du faisan qui, en dépit des soins les
mieux entendus, ne réussit point là comme dans la Beauce.
Tous les étés, cependant, on y fait de nombreux élèves; mais
la saison des chasses arrivée, c'est-à-dire le mois d'octobre,
puisque M. de Gasville ne vient qu'à cette époque en Sologne,
il faut se hâter de les reprendre pour les remettre en parquets,
sans quoi une migration complète, qu'on ne sait à quoi attribuer, les ferait bientôt disparaître l'un après l'autre. Peut-
être la trop grande quantité de lapins, race remuante, sans
cesse sur pied à toute heure de jour et de nuit, tourmente-
t-elle le faisan qui par lui-même est un oiseau inquiet et sauvage. Peut-être aussi ce sol, couvert de bruyères, mais où les
fourrés manquent, où il n'y a point de ronces, par conséquent
point de mûres sauvages; point de grandes herbes, par conséquent point d'abri pour réchauffer l'oiseau qui n'aime point
à brancher dans les nuits froides par les temps de gelée ou
de neige, ne convient-il pas à cette espèce, et l'empêche-t-il de
s'y acclimater.

Tout l'art de l'homme a beau faire : la nature qui n'obéit
que difficilement à ses caprices est plus forte encore qu'une
éducation factice. Maître exigeant et égoïste, il veut soumettre
à ses lois, à ses appétits, à ses plaisirs, tous les êtres de la
création. Quelque temps esclave, la nature plie et cède; mais
un beau jour, un je ne sais quoi, un instinct secret se réveille; la nature se révolte et bientôt elle reprend tous les
droits qu'elle n'a que momentanément aliénés.

XXIV

DISSOLUTION DE LA SOCIÉTÉ DE RAMBOUILLET

Rambouillet fait retour en 1852 au domaine de la Couronne. —
Liquidation de la Société de Rambouillet. — Dernière assemblée générale. — Emploi des fonds restant en caisse. — Rambouillet est mort, vive Chantilly!

Quomodo cecidit potens..

C'est en 1841, c'est-à-dire il y a douze ans passés, que
notre journal, ce fidèle historien toujours à l'affût du moindre
fait qui se rattache à sa spécialité favorite, a parlé pour la
première fois à ses lecteurs de la Société des chasses de Rambouillet. A cette époque, un article complet publiait et
les premières chasses de la Société et la liste officielle des
trente veneurs qui en formaient alors le brillant personnel.
Pendant sept années consécutives, les comptes rendus de

leurs exploits annuels ont continué à figurer dans nos annales, et ce n'est qu'en 1848 que nous avons cessé de parler
de cette Société modèle, bien qu'elle existât toujours et que
la plupart de ses membres fussent inscrits comme abonnés
parmi nos plus fidèles.

En 1852, la forêt de Fontainebleau étant rentrée du domaine de l'État dans celui de la Couronne, MM. les Sociétaires ont dû quitter le théâtre qu'avaient illustré tour à tour
tant de maîtres d'équipage justement célèbres, les Plaisance,
les Wagram, les Mac-Mahon, les Perthuis, les Greffülhe, les
Vogué, les Lagrange, les Lareinty, les des Roys, les la
Rochefoucauld, c'est-à-dire toutes les sommités cynégétiques
ou à peu près que depuis vingt ans compte la vénerie en
France. A la dernière assemblée générale de la Société, au
moment de procéder à une séparation qui laisse plus d'un
regret dans tous les cœurs, mais surtout dans ceux des malheureux, habitués à voir chaque année soulager leur misère,
il a été décidé à l'unanimité qu'une commission mixte,
nommée sur place et composée de trois Sociétaires, du comte
de Merinville, du comte de la Briffe, du baron Legras de la
Boissière et de M. Delamotte, avoué à Rambouillet, s'occu-
perait immédiatement d'apurer les comptes, et d'en répartir
le reliquat entre les pauvres de Rambouillet et ceux des diverses communes avoisinant la forêt, que les chasses traversaient le plus souvent.

Toutes les dettes de la Société payées, il est resté entre les
mains de M. Delamotte, agent-comptable, une somme
de 8,369 fr. MM. les commissaires ont pensé qu'avant de
songer aux pauvres étrangers à la Société, il était juste
de venir d'abord en aide à ses serviteurs, dont une si brus-

que dissolution pouvait compromettre les intérêts les plus chers.

Une somme de 300 fr. a été allouée à titre d'indemnité à la Forêt, valet de limiers, ci.   .   .   .   .   300 fr.

Une somme de 400 fr. a été partagée au même titre entre Pincebourde et Soret, les deux autres valets de limiers, ci   400

On leur a en outre tenu compte d'une somme de 97 fr., pour la nourriture et l'entretien de huit chiens qu'ils avaient conservés et employés aux panneautages de Chambord, ci   97

Total.   .   .   .   797 fr.

En retranchant cette somme de celle de 8,369 fr., il restait encore en caisse 7,572 fr.

MM. les commissaires ont attribué aux pauvres de Rambouillet et à une fondation pieuse dans l'église de cette ville [1] une somme ronde de 4,000 fr. ci .   .   .   .   .   4,000 fr.

Aux pauvres de Saint-Hilarion, 300 fr.; à ceux de Gazeran, 200 fr.; d'Hermeray, 200 fr.; de Poigny, 200 fr.; de la Boissière, 200 fr.; de

---

[1] Il y avait dans l'église de Rambouillet une chapelle dédiée à saint Hubert. Cette chapelle abandonnée était dans le plus triste état. Ces messieurs, mus par un sentiment auquel tout veneur applaudira, ont eu l'heureuse idée de la faire restaurer et de la restituer au culte du patron des chasseurs. Au-dessus de l'autel existe un magnifique tableau de Carle Vanloo, donné par Louis XV, représentant saint Hubert agenouillé devant le Christ. Les frais du rétablissement de cette chapelle, avec les ornements nécessaires, doivent s'élever à environ 1,000 fr , d'après le devis de l'architecte. C'est donc encore 3,000 fr. dont bénéficieront les pauvres de la ville.

Bourdonne, 200 fr.; de Gambais, 300 fr.; de Gambaiseuil, 200 fr.; de Saint-Léger, 200 fr.; des Bréviaires, 200 fr.; de Vieille-Église, 200 fr.; de Sonchamps, 200 fr.; d'Auffargis, 100 fr.

    Total, 2,700 fr., ci . . . . 2,700 fr.

    En prélevant ces 6,700 fr. des 7,572 fr. mentionnés ci-dessus, il restait encore à répartir la somme de 872 fr.

    MM. les commissaires ayant appris que dernièrement, à Poigny et à Saint-Léger, le feu avait détruit les chaumières de plusieurs habitants pauvres de ces deux communes, ont pensé que la Société serait heureuse de contribuer à soulager ces malheureux, et ils ont attribué aux incendiés de Poigny, 300 fr. et à ceux de Saint-Léger 200 fr., soit ensemble 500 fr., ci . . . . . 500 fr.

    Après ce dernier prélèvement, sur les 872 fr. ci-dessus, il ne restait plus sans emploi qu'une somme de 372 fr.

    Inspirés par un nouveau sentiment de charité chrétienne, ces messieurs ont donné à une pauvre femme des environs, qui venait de perdre son fils, seul soutien de la famille, cet appoint de 72 fr., ci . . . . 72 fr.

Puis enfin, revenant à des sentiments non moins justes mais plus matériels, et se rappelant sans doute ce refrain si vrai, fredonné par plus d'un d'entre eux en mainte occasion :

> Qu'on est heureux de trouver à la chasse
> Un bon souper et surtout un bon lit;

MM. les commissaires ont décidé dans leur sagesse que les 300 fr. qui restaient seraient partagés entre le cuisinier et le garçon de l'hôtel du *Lion d'Or*.

Si nos lecteurs se souviennent encore de ce que nous avons dit sur l'accueil quotidien fait à MM. les Sociétaires par les maîtres du *Lion d'Or*, les plus aimables hôtes que, de mémoire d'homme, ait rencontrés sur sa route chasseur en déplacement, ils ne pourront qu'approuver encore l'acquit de cette dette légitime, et ils feront comme nous, ils se diront : le règne de la Société de Rambouillet est fini; ayons foi dans la durée de celui de la Société de Chantilly qui commence. Il y a des institutions qui survivent à tout, la vénerie est de ce nombre. Les mêmes hommes d'élite et les mêmes éléments doivent à Chantilly, comme à Rambouillet, amener indubitablement les mêmes résultats et les mêmes choses. Nous n'avons pas besoin d'ajouter : *Ainsi soit-il.*

XXV

BRACONNAGE — CONTRE-BRACONNAGE

PAR ADOLPHE D'HOUDETOT

La dédicace du livre. — Comment et pourquoi j'en suis indigne. — Les futurs *Mémoires de Nemrod*. — Toussenel et nos premiers pas ensemble dans la vie cynégétique. — Le livre de d'Houdetot. — Son danger. — Sa division et ses différents chapitres. — La réhabilitation du moineau franc. — La femme protectrice naturelle de l'oiseau. — Une chasse de bécassine.

En me dédiant son dernier ouvrage, Adolphe d'Houdetot, ce preux chasseur, auquel je suis dévoué corps et âme et qui me fait tenir ses premières lisières, me décernant ainsi un parrainage qui me vieillirait un peu dans l'esprit du lecteur, s'il ne savait aussi bien que moi à quel âge a commencé la carrière cynégétique de l'auteur; Adolphe d'Houdetot, dis je, qui pourrait presque, je crois, s'écrier comme dans la *Métromanie :*

Et j'avais *quarante ans* quand cela m'arriva,

a commis une grave erreur à mon endroit, dès la première page de son livre; et, du fond de ma conscience d'honnête homme, s'est élevé, en constatant le fait, un cri réprobateur, remords involontaire que je ne puis étouffer, quelque pénible qu'il soit de risquer en public une confession semblable.

A celui, dit la dédicace, *qui s'est montré, comme chasseur, le fidèle observateur des lois!*

Merci, cher ami, pour ce brevet de vertu qui m'honore, et qui, avec un peu d'ambition de ma part, me ferait couronner *rosier* par tous les gardes champêtres passés, présents et futurs. Mais, hélas! qui a pu, dites-moi, vous suggérer cette amère plaisanterie, ou plutôt ce pieux mensonge que je repousse et que je répudie? ne vous faites jamais mon biographe, si saint Hubert m'appelle à lui avant vous, ô mon digne élève, ou bien apprenez, pour en faire votre profit, une chose que vous seul ignorez encore et que je vous confesse ici en toute humilité, afin que vous ne vous exposiez pas, le cas échéant, à vous faire accuser par mes ennemis, si j'en ai, d'un acte de basse flatterie, c'est que loin d'avoir toujours été, comme chasseur, *le fidèle observateur de la loi*, j'en ai été jadis, hélas! le plus effronté violateur : qu'en un mot, jamais braconnier, même en y comprenant le grand Labruyère, votre héros de prédilection, n'a été plus en guerre ouverte que moi avec toutes ces institutions salutaires que je suis le premier à défendre aujourd'hui, après les avoir autrefois si impudemment transgressées.

Autres temps, autres mœurs; ma conversion s'est faite un beau matin, et fort bien m'en a pris, car au train dont allaient les choses, nul doute qu'à une autre époque, sous les princes de Conti, par exemple, je n'eusse aussi, moi, pourri à Bicêtre dans quelque cul de basse-fosse : je ne veux pas remonter jusqu'au règne du roi Henri IV ; j'ai la conviction intime que sous ce Vert-Galant, un bon prince pourtant, bien moins jaloux de ses maîtresses que de son gibier, lui qui, passant une aile de poulet au page caché sous la table de la belle Gabrielle, disait si spirituellement : *Il faut que tout le monde vive*, j'aurais mal fini indubitablement, et je me serais vu tôt au tard bel et bien pendu à quelque vieux chêne de Fontainebleau, de Senart ou de Compiègne.

Après tout, saint Hubert lui-même s'est bien amendé : pourquoi n'aurais-je pas suivi son exemple, et qui peut me dire si comme lui, dans la suite des temps, après avoir racheté par une vie exemplaire toutes les erreurs de mon passé, je ne serai pas aussi canonisé? On a vu des événements plus extraordinaires que celui-là.

Un jour, sous ce titre que j'annonce dès à présent, afin qu'un autre ne s'en empare pas avant moi, les *Mémoires de Nemrod*, je ferai ce qu'a fait Jean-Jacques Rousseau dans ses *Confessions*, le récit exact de ma vie de chasseur. On verra par suite de quelles circonstances se sont développés en moi tous ces instincts cynégétiques qu'une vocation naturelle m'avait, pour ainsi dire, départis en naissant.

Je raconterai comment, destiné à hériter d'une magnifique fortune, élevé dès mon enfance dans des goûts de luxe et de plaisir, au milieu des pays les plus giboyeux de la Bourgogne; initié aux premiers éléments de cette belle science de la vénerie par le marquis d'Fleurigny, le véritable type du gentilhomme d'autrefois et le plus fin chasseur que j'aie encore rencontré dans ma vie, moi qui en ai tant connu depuis; armé à quatorze ans, par ses mains, d'un fusil à pierre acheté chez Delebourse; escorté du vieil Antoine Notté, mon garde, suivi de mes deux fidèles compagnons *Ramoneau* et *Flore*, l'un vrai serpent à jambes torses, basset incomparable, l'autre excellente braque française qui, à elle seule, eût dressé son tireur; chassant depuis le matin jusqu'au soir, bien modeste encore quand je ne passais pas à l'affût une partie de mes nuits; bercé donc, au milieu de cette vie active, par les plus beaux rêves que puisse faire l'imagination en vacances d'un échappé des bancs du collége; je m'éveillai un beau jour du mois d'octobre, complétement ruiné par l'imprévoyance d'un mien parent qui n'avait négligé qu'une chose en m'élevant comme un fils de grand seigneur, en m'habituant à cette fastueuse existence, mais une chose indispensable et que j'engage tout homme prudent à ne pas négliger en pareil cas, c'était de m'assurer les moyens d'en continuer le cours, grâce à un simple testament, rédigé en bonne et due forme.

Ce fut là pour moi comme un véritable coup de foudre, pour ma mère surtout, au cœur si plein d'espérances et doublement frappée dans mon avenir et dans le sien. Mes *Mémoires* diront ce qu'elle montra alors de résignation et de courage; puis, on verra par quelle transition, mais non pas sans une longue et pénible lutte, l'éducation du centaure Chiron ne fut pas tout à fait perdue pour le jeune Achille; c'est-à-dire comment, en d'autres termes, né chasseur, je restai chasseur, et, devenu simple prolétaire de millionnaire que j'aurais dû être, voyant disparaître à la fois forêts, meutes et chevaux, mais restant encore propriétaire d'un vieux fusil d'Aubron de Nantes que ne me réclama pas la succession

de défunt mon oncle, je rencontrai un matin un autre déshé-
rité de la fortune, mais un vrai fils de la nature, celui-là,
élevé comme moi en plein cœur des bois, caractère indépen-
dant, généreux, esprit délicat, âme d'élite, avec lequel je
sympathisai dès notre première poignée de main, l'ami Toussenel, ce naturaliste penseur, devenu depuis notre premier
écrivain cynégétique.

Avec Toussenel, reviendront tous ces frais épisodes de
jeunesse qui me sont encore présents comme s'ils dataient
d'hier, et qu'il n'a pas oubliés plus que moi, j'en suis sûr :
nos premières chasses ensemble sous les murs de l'Observa-
toire, à deux pas de la barrière d'Enfer, dans cette plaine
fertile, hérissée de carrières et comprise entre Gentilly et
Montrouge, dont les vastes champs de betteraves nous ont vus
souvent l'un et l'autre faire, avant midi, nos deux douzaines de cailles ! des cailles de fin septembre et d'octobre,
paresseuses à force de graisse, sybarites endormies au sein
des délices de Capoue, et que de si jolies petites mains,
en rentrant à notre cinquième étage, rue des Grès-Sorbonne
ou rue des Canettes, venaient joyeusement tirer du fond de
nos carniers !

Puis, arriva 1830, l'époque de la grande curée, où toute
mon ambition personnelle se borna à quinze faisans tués dans
Vincennes, expédition mémorable accomplie sous la conduite
de Théodose Burette, encore un aventurier chasseur bien digne d'entrer dans nos rangs et qui, plus tard, eût joué un
grand rôle, lui et son chien *Phanor*, dans l'illustre Société
des *quatre chapeaux gris*, adroits flibustiers dont Meudon et
Verrières ont encore gardé le souvenir, si, une fois engagé
sous bois, il avait un peu moins cultivé la noisette, défaut

essentiel et qui lui a fait bien du tort, en lui faisant souvent manquer les plus beaux coups.

Et enfin, brusquement, sans transition, nous aborderons de pied ferme cette période de six années, période pleine de péripéties émouvantes, où, une fois alléché par le gibier Royal, faut-il le dire? presque en révolte ouverte avec la loi, je devins le roi des braconniers, le cauchemar des gardes, guidant et protégeant les uns, dépistant et narguant les autres, nouveau Protée aux mille formes, nuit et jour en campagne, toujours vainqueur, jamais vaincu, véritable Peau-Rouge glissant comme une ombre sous bois, ne manquant jamais mon cerf ni mon chevreuil, le faisant disparaître en moins de temps que n'en met le héros de Cooper à scalper un ennemi, approvisionnant de venaison tout un quartier de Paris; un second Robin-Hood en un mot, moins épris des rayons de Phœbus que de ceux de la pâle Phœbé, couchant plus souvent sous un arbre que dans mon lit, et mis à l'index dans tout le ressort des forêts de la Liste Civile, devenu enfin un épouvantail dont le nom seul faisait bondir sur son fauteuil le vénérable baron de Sahune, chaque fois que quelque rapport nouveau venait à le faire prononcer devant lui.

Ce sera là une curieuse histoire, je vous le garantis, une odyssée non moins amusante à raconter qu'à entendre, et Dieu sait comment elle aurait fini, si un prince dont la mémoire me sera toujours chère, parce qu'il fut pour moi, dans cette circonstance, un protecteur plein de courtoisie et de bienveillance, S. A. R. le duc d'Orléans, n'était venu, par sa gracieuse intervention, me forcer de déposer les armes et me transformer tout à coup, en me faisant rentrer en grâce près du personnel forestier, du plus grand braconnier du monde en un conservateur modèle. Du reste, remarquez une chose, c'est que, dans toute conversion, c'est toujours là le privilége des grands coupables. S'il me fut beaucoup *pardonné*, c'est que j'avais beaucoup *braconné*; mais je puis dire que depuis mon absolution, en dépit des tentations du fruit défendu, semblable à la Madeleine repentante, et incorruptible comme elle, je ne suis plus retombé dans la même faute.

Or, maintenant que j'ai fait amende honorable et publique, et victorieusement démontré, je pense, à l'ami d'Houdetot quel terrible contrebandier j'étais avant de devenir directeur du *Journal des Chasseurs*, et de m'ériger à mon tour *comme professeur, en religieux gardien des saintes doctrines*, l'une des trois autres gloires dont il compose mon auréole cynégétique, passons à l'examen critique de son livre.

Adolphe d'Houdetot, commençons par le constater (car on l'a dit avant moi, le style c'est l'homme), est de l'école de Michelet et de Toussenel, ces deux philosophes humanitaires qui feront honneur au dix-neuvième siècle; et certes ce n'est pas moi, qui suis l'un de leurs plus sincères admirateurs, qui lui ferais un reproche de vouloir marcher sur les traces de ces maîtres. L'auteur de la *Petite Vénerie* et du *Chasseur rustique* a, comme ces deux grands modèles, un certain penchant à défendre l'opprimé, à soutenir le faible; il protége l'*oiseau*, il aime la *femme*, et cette secrète attraction, qui dénote en lui une nature d'élite que toute sa vie justifie si bien, lui a inculqué dans l'âme comme un fonds de tendresse qu'il ne faut pas prendre pour de la *sensiblerie*, mais bien pour cette indulgence aimable dont tant d'autres écrivains n'ont malheureusement pas le secret.

Il était donc tout naturel que l'homme qui a écrit *Dix*

épines pour une fleur, ce traité d'anatomie du cœur humain que ne désavoueraient ni la Rochefoucauld, ni Pascal, se laissât prendre de prime abord à l'espèce de sympathique intérêt que le braconnier inspire généralement. Il ne faut pas se le dissimuler, cette vie aventureuse, indépendante, a bien son charme, sa poésie; et, autant pour mon compte personnel, j'ai horreur de cette bête féroce qu'on nomme Montcharmont, Lécuyer, ces misérables qui, sans hésiter, cacheront le rapt d'un faisan par le meurtre d'un homme, autant je me sens d'indulgence instinctive (je le dis bien bas, craignant que ce ne soit par hasard un retour vers mes premières erreurs) pour ce pauvre diable que la passion de la chasse domine, et qui, sans un pouce de terre à lui, entouré d'un gibier dont l'état sauvage ne fait pas précisément à ses yeux un produit inhérent au sol, tente par une lutte adroite qui lui coûte tant de pas et de démarches, tant de nuits passées sans sommeil, de mettre en défaut la vigilance du garde, et d'accrocher, de temps à autre, un quartier de venaison ou un méchant civet de lièvre.

Seulement, cette sorte de faiblesse dont je ne me défends pas plus que d'Houdetot, à l'endroit du braconnier-chasseur, est-il vraiment bien utile de la laisser transpirer, même avec certains correctifs qui l'atténuent? Est-il bien prudent surtout d'indiquer les finesses et roueries du métier, d'enseigner à qui ne la sait pas la tactique habituelle de l'ennemi, quitte à mettre ensuite le remède à côté du mal, et à développer la manœuvre propre à déjouer telle ou telle stratégie? Sincèrement je ne le pense pas, et, sous ce rapport, l'auteur me semble avoir rien que par son titre : *Braconnage et contre-braconnage*, pris un faux point de départ pour son livre.

Si nous ouvrons le volume et si nous entamons le premier chapitre, constatons tout de suite un fait qui consolera l'auteur d'une légère critique de détail, touchant moins au fond qu'à la forme, c'est qu'une fois le nez dans sa prose, dans cette causerie intime dont le commerce de Blaze lui a enseigné le secret, il est impossible d'en sortir, et que les feuillets se succèdent, sans que le lecteur attentif se fatigue de tourner la page.

J'en ai eu la preuve convaincante le jour même où le nouvel ouvrage m'est arrivé à Bade. Parti le matin pour le Vieux-Château, j'avais emporté le livre sous mon bras, heureux de m'isoler avec un ami, au milieu d'une foule indifférente d'oisifs, et ce fut, perché au sommet d'une des plus hautes cimes dominant la rampe de rochers à pic qui font face à la tour de Mercure, que seul, avec ce sentiment d'égoïsme qui est naturel chez l'homme chaque fois qu'il peut savourer une jouissance intime, je commençai ce préambule, éloquent plaidoyer digne d'une meilleure cause, l'*Histoire du braconnage*. Un soleil brillant dardait ses rayons à travers les noirs rameaux des grands pins qui m'abritaient sous leur ombre séculaire : rien ne troublait le calme de ma retraite, pas même le souffle de la brise se jouant à travers les arbres, et à part un écureuil qui, dans ses évolutions agiles, sautait d'une branche à l'autre, laissant de temps en temps tomber sur la bruyère les cônes de quelque pomme de pin, le *martellement* cadencé d'un pic-noir, frappant de son bec l'écorce rugueuse d'un hêtre, puis au loin comme un écho lointain, les soupirs harmonieux de l'orchestre de Bade (il était, ce jour-là, occupé par la musique autrichienne), aucune distraction ne fut capable de détourner mon attention tellement captivée, qu'oubliant même l'heure du dîner, je ne songeai à quitter ma place pour reprendre le chemin de la ville que quand le jour manqua à ma lecture inachevée.

Et voyez un peu comme ce qu'a voulu démontrer l'auteur est vrai, c'est-à-dire comme la passion du braconnage est un sentiment primitif, naturel, inné chez l'homme; au moment où je descendais les flancs abrupts de la montagne déserte, sous ces futaies gigantesques, hérissées de sombres masses de pierres qu'on croirait entassées là par la main des Titans, tout à coup, au versant d'un carrefour, m'apparut, me regardant fixement à trente pas, un magnifique brocard, la tête haute, immobile, mais tranchant parfaitement, par le ton rougeâtre de son pelage d'été, au milieu de ces rochers grisâtres. Eh bien, le croiriez-vous? oui, sans doute, car vous êtes chasseur, mon premier sentiment fut de regretter de n'avoir pas une arme. J'aurais eu un fusil en main, que, la passion l'emportant encore une fois, j'aurais volontiers, je crois, envoyé une balle à cet hôte effronté du Grand-Duc, ne fût-ce que pour lui faire payer son audace. Fort heureusement pour lui comme pour moi, que nous n'avions tous les deux que nos jambes. Au premier mouvement offensif que je fis, l'animal bondit, escaladant ces falaises pour ainsi dire à pic, et je l'entendais encore faisant voler les pierres sous ses pieds agiles pour gagner une issue impossible, que déjà je ne le voyais plus.

A l'*Historique du braconnage*, tableau qui fait l'objet du premier chapitre et qui est tracé de main de maître, succède une autre étude non moins intéressante (chap. II) : c'est la physionomie des gendarmes et des gardes, ces utiles auxiliaires qui payent trop souvent de leur vie le zèle et l'abnégation vraiment stoïque qu'ils apportent dans l'exécution d'un mandat difficile; puis, à côté de ces natures franches et loyales, hommes de dévouement, parmi lesquels nous trouvons tous une figure de connaissance, viennent contraster (chap. III) d'autres types, ombres portées indispensables au tableau, *les Hommes braconniers*, portraits d'après nature, pris sur place, et dont je vous recommande l'examen attentif comme caractères et comme mœurs. Il est impossible de mieux connaître à fond toute cette famille de renards à deux pattes, race cauteleuse, rusée, pateline, doublée de gascon et de bas-normand, dangereuse parfois, implacable dans ses vengeances et dans ses haines, et qui cesse d'intéresser dès qu'on se rappelle tout ce qu'elle fournit, bon an mal an, à nos cours d'assises et au bagne. A la description exacte que fait l'auteur de tous les artifices mis en œuvre par les braconniers de haut et de bas étage, je serais presque tenté de le soupçonner d'être un peu de la *vache à Colas*, c'est-à-dire d'avoir, pour son compte personnel, mordu de temps à autre à la grappe. Je me rappelle du reste certaine aventure fort spirituellement racontée par lui, dans je ne sais plus quel livre, et qui viendrait corroborer mes doutes; c'est cette rencontre qu'il fit un beau matin, dans le parc de Saint-Cloud, de madame la Dauphine, alors que simple garde royal, mais ne dédaignant pas la gibelotte, il avait caché dans son bonnet à poil une demi-douzaine de lapereaux qu'il venait de tuer au bâton, et qui, faute d'une précaution préalable, indispensable en pareil cas, inondèrent son visage d'une sueur factice, et faillirent un moment le mettre dans une position difficile.

Oh! mon cher d'Houdetot, que je vous ai plaint souvent du fond de l'âme, en songeant à votre embarras dans cette circonstance critique, et à la contenance que vous deviez avoir, quand l'excellente duchesse, s'inquiétant de la fluxion de poitrine que vous courriez risque de gagner, vous disait de sa grosse voix bienveillante : « Oh ! comme vous avez chaud, monsieur le garde, vous feriez bien de rentrer au quartier. » Je suis sûr que vous n'avez pas demandé votre reste et que, profitant de l'avis, vous ne vous l'êtes pas fait répéter deux fois.

Les animaux et oiseaux braconniers occupent tout le chapitre IV du volume. La nomenclature en est longue, et l'auteur y puise une foule de tableaux successifs, touchés avec soin, où il prouve que les bêtes, qui souvent ont encore plus d'esprit que les hommes, sont, en tous cas, beaucoup moins féroces. D'ailleurs, le braconnage que nous reprochons à certaines espèces, parce qu'il vient diminuer nos ressources personnelles et nous faire parfois une concurrence désastreuse, n'est-il pas une loi obligatoire de leur nature, et dès lors la logique permet-elle de leur en faire un crime ? De quoi vivraient dans nos bois les loups, les renards, les chats sauvages, la martre et tant d'autres espèces qui se mangent entre elles, du petit au grand ? De quoi s'alimenteraient dans les airs, l'aigle, l'autour, le milan, la buse et toute la famille des oiseaux de rapine, depuis le faucon jusqu'à la pie-grièche ? Veut-on que les uns ne mangent que des noisettes ou des fraises, et que les autres se contentent de hannetons et d'insectes ? Ce sont leurs besoins, leurs appétits qui commandent leurs instincts sanguinaires, et cela est si rationnel qu'il y a même une certaine injustice à leur donner cette dénomination d'*animaux et oiseaux braconniers*. Ne serait-on pas plus dans le vrai en les désignant sous le nom d'animaux et d'oiseaux *chasseurs?* C'est une réhabilitation que je propose et qui ne me paraît pas trop déraisonnable. L'homme *braconnier* n'est pas dans le même cas.

Les chapitres V et VI sont consacrés au gros et au menu gibier. L'auteur a voulu nous offrir comme une compensation aux tristes impressions que nous laisse, dans le chapitre qui précède, la longue nomenclature des déprédations commises à notre préjudice par des rivaux cent fois plus fins et mieux armés que nous, le bilan exact des ressources giboyeuses qui nous restent. C'est ce qui s'appelle mettre du baume sur la plaie; mais, hélas! la plaie est si large, si gangrenée, si profonde, et, d'un autre côté, le baume diminue tellement par l'abus immodéré qu'on en fait (impitoyables prodigues que nous sommes), qu'il est fortement à craindre qu'avant peu, au train dont vont les choses, nous passions à l'état d'incurables, c'est-à-dire que, toujours et plus que jamais passionnés pour la chasse, nous ne trouvions plus moyen, faute de gibier, de nous livrer à ses nobles déduits.

Dans le chapitre VII, le dernier et le plus long (un dernier chapitre dans un livre est toujours comme le post-scriptum d'une lettre, ou la conversation de deux femmes qui se quittent sur un palier d'escalier), d'Houdetot, qui aime à causer aussi, lui, parce qu'il cause bien, nous initie, à propos des oiseleurs, classe mixte et peu définie, qui tient à la fois du braconnier et du chasseur, à une foule d'observations intéressantes qu'il a puisées, partie dans les auteurs qui ont écrit avant lui, partie dans les études qu'il a faites lui-même dans le grand livre de la Nature, de tous le plus infaillible. Tout ce chapitre, *oiseau non gibier, oiseliers, oiseleurs,* est un éloquent plaidoyer en faveur de cette grande et inté-

ressante famille des oiseaux que, dans notre ingratitude pour
les espèces qui nous sont le plus utiles, nous sacrifions la
plupart du temps, par forme de distraction, sans nécessité
en dépit des services quotidiens qu'ils nous rendent. Le moineau franc lui-même, ce prétendu parasite de nos campagnes et de nos villes, si souvent proscrit par des législateurs
égarés, y est défendu avec une chaleur de conviction que la
charmante Lesbie n'eût pas rencontrée pour son élève. L'auteur nous prouve par A plus B qu'on a indignement calomnié
ce spirituel pierrot, querelleur, batailleur, libertin, mais au
fond meilleur enfant qu'il n'en a l'air, et que, s'il prélève un
peu de sa pitance quotidienne aux dépens de nos greniers
d'abondance, il rend d'un autre côté des services assez si-
gnalés pour avoir droit à cette petite dîme. L'argumenta-
tion est pressante et logique, et la cause du moineau habilement défendue par d'Houdetot, serait gagnée d'emblée, quand
bien même des arrêts précédents n'auraient pas décidé sans
appel devant la sagesse des nations, *vox populi vox Dei*, que
cet oiseau, exilé à tort, devait être rappelé dans sa patrie,
ni plus ni moins qu'Aristide le juste.

La péroraison qui clôt ce dernier chapitre est une page
charmante : en avocat intelligent, l'auteur place ses clients
ailés sous la protection immédiate de l'être qui, après Dieu,
dit-il, a le plus de pouvoir, de la femme : « A l'œuvre, mes
beaux anges, s'écrie-t-il, reniez la dédicace qui vous a été
offerte de ces traités, de ces jeux cruels intitulés : la *Chasse
des dames*. Ne les autorisez plus par votre présence ; rendez
la liberté et la vie à tous ces pauvres petits êtres captifs, ou
destinés à la curée du grand ogre votre seigneur et maître,
c'est-à-dire votre adorateur et votre esclave. »

Puis, comme si la prose ne suffisait pas à cette éloquence persuasive : « Vos beaux yeux, ajoute-t-il,

> Vos beaux yeux sont déjà de trop puissantes armes;
> Jeunes beautés, laissez le fusil au repos;
> De pauvres orphelins quand on sèche les larmes,
> Peut-on faire pleurer les petits des oiseaux?
>   Anges gardiens du monde humanitaire,
>   Ah! n'allez pas nous imiter;
>   Votre mission sur la terre
> Est de donner la vie et non pas de l'ôter. »

Comment résister à cela? pour moi, qui suis du nombre des grands ogres, je le confesse, je me sens attendri, convaincu ; j'adore le pâté de Pithiviers, je le supprime ; désormais plus de mauviettes. Je me ferais fouetter pour un ortolan, cette bouchée succulente, si bien appréciée par ce gourmand de Blaze; eh! bien, plus d'ortolan, plus de becfigue. Je me contenterai, dorénavant, de la caille, du râle de genêt et de la bécassine, et encore y regarderai-je à deux fois.

N'hésitez pas comme moi, ami lecteur, si, sur la rapide analyse que je viens de vous en faire, vous désirez enrichir votre bibliothèque cynégétique du dernier livre de notre collaborateur. Quand je dis dernier, je m'entends; car je ne crois pas un mot de la menace que nous fait l'auteur, dans sa dédicace, en mettant sous mon patronage *ce dernier essai de ses forces.* D'Houdetot est encore vert, et ce n'est pas à son âge que l'on renonce à avoir des enfants. Ce qui le prouve, c'est qu'un peu plus loin, dans le cours du même volume, il se donne un démenti formel à lui-même, en nous annonçant incessamment la publication d'une œuvre nouvelle : « *Les*

Femmes chasseresses, » dont il nous promet les prémices.

En attendant, achetez et lisez *Braconnage — Contre-braconnage :* c'est un ouvrage amusant et instructif à la fois, deux mérites rares par la littérature qui court. Ne vous fiez-vous pas à moi? Voulez-vous un échantillon du style? écoutez ce passage sur la bécassine et jugez :

« A tout seigneur tout honneur !... le premier rang appartient à la bécassine. Cet oiseau, traqué sur tous les points, refoulé par les grands et salutaires dessèchements, erre dans l'espace, demandant une patrie : la bécassine, c'est la perle de l'air !...

« Alors que tout ce qui a nom de gibier fuit, disparaît, s'éteint... se peut-il que pas un seul prince d'Europe n'ait conçu la pensée de varier la monotonie de ses chasses, en se créant une conservation de sauvagine... le gibier le plus chatoyant qui soit sous la voûte des cieux? Connaissent-ils seulement une seule des nombreuses espèces de bécassines, pluviers, vanneaux, combattants, chevaliers, barges, courlis, bécasseaux et râles, qui peuplent les marécages, ainsi que les prairies inondées, ces pauvres Grands, condamnés au bagne du faisan? Quand donc lirai-je dans les journaux un bulletin mentionnant que tel prince, entrant dans la lice commune, la seule qui permette d'apprécier par comparaison les mérites exceptionnels d'un tireur, a abattu cinquante belles et vraies bécassines ! Avec quel transport j'acclamerais cette double et incontestable Royauté! Ah ! si j'étais *quelqu'un,* enflammé par le spécimen de si nobles joies, je voudrais comprendre au nombre de mes tirés celui de la sauvagine.

« Quoi de plus simple, en effet, que de faire, à proximité d'un étang ou d'un cours d'eau, choix d'un terrain inculte,

26.

submergé naturellement ou artificiellement à l'aide de vannes volantes ! terrain sur lequel on ferait passer légèrement la charrue pour rendre la terre malléable et rejeter à la surface le vermisseau et l'insecte dont la bécassine se nourrit ; au besoin même on pourrait y repiquer des bandes de gazon marécageux extraites d'autres marais, afin de se pourvoir de toutes les variétés de plantes herbacées recherchées par le gibier ; l'herbe, le cresson, la petite bruyère y croîtraient avec la vigueur que développe un terrain vierge ; le silence le plus absolu y régnerait.... De petites digues, espacées comme dans les tirés ordinaires, permettraient d'en suivre le parcours à pied sec ; la bécassine bondirait à chaque pas ; de nombreux voliers de pluviers et de vanneaux fourniraient de délicieuses surprises, et l'étang, dont on aurait abaissé les eaux afin d'y faire croître le jonc en abondance, offrirait en canards et sarcelles un bouquet, comme jamais mortel couronné n'aurait pu en agréer l'hommage.

« Point d'obstacles qu'une volonté ne surmonte. Les landes détrempées de la Sologne, que dis-je, sans sortir des apanages de la Couronne, leurs étangs, leurs cours d'eau fourniraient d'admirables emplacements. J'en ai dit assez : à bon entendeur, salut et respect.

« Un jour qu'au retour de la chasse, nous longions pédestrement, quelques camarades et moi, la route de Ville-d'Avray, nous nous croisâmes avec les équipages de la Cour.
« Voilà des chasseurs, » fit le Roi Charles X mettant la tête à la portière ; puis, reconnaissant à quelques bribes d'uniforme des officiers de sa maison, il donna l'ordre d'arrêter : ... —
« Avez-vous fait bonne chasse, messieurs ? nous dit le Roi.
— Sire, c'est selon, répondis-je : entre têtes couronnées

(j'étais le roi de la chasse) on se dispense mutuellement de toute étiquette. — Enfin, qu'avez-vous tué? fit le Roi. — Une douzaine de bécassines, Sire. — Et vous n'appelez pas cela une bonne chasse!... J'ai rarement été à pareille fête! La bécassine n'est pas gibier de prince. » L'accueil, le mot et le souvenir me sont toujours restés, si bien que je me suis promis, si j'étais jamais conseiller d'une couronne quelconque, de ne lui donner, mais à satiété, qu'un seul et unique conseil : celui de chasser la bécassine et de porter un défi au dicton irrévérencieux. »

Si cette citation n'est pas une des meilleures réclames que l'on puisse faire en faveur d'un livre, si l'échantillon ne suffit pas pour vous faire venir l'eau à la bouche et vous donner envie de lire tout le reste, alors n'en parlons plus, n'insistons pas, vous n'avez pas le feu sacré du chasseur. Dans le cas contraire, je n'ai plus qu'une chose à vous souhaiter quand vous tiendrez votre volume, c'est un cabinet de lecture comme celui où j'ai eu la chance de m'installer moi-même; c'est-à-dire un lit de bruyères roses, au sommet de quelque mont bien ombreux, avec Carlsruhe à l'horizon, Bade à vos pieds, la forêt Noire en face de vous, et les îles du Rhin sous vos yeux.

Bade, septembre 1858.

FIN.

TABLE

PARIS. — IMP. SIMON RAÇON ET COMP., RUE D'ERFURTH, 1.

PARIS. — IMP. SIMON RAÇON ET COMP., RUE D'ERFURTH, 1.